华为能否复制

延俊华 ◎ 著

清华大学出版社
北京

内 容 简 介

本书旨在深度挖掘华为的成功逻辑,以华为的管理体系建设为主线,通过纪实故事回顾华为的成长历史,然后对华为目前遭遇的不平等制裁进行剖析与反思,最后对华为经验的普遍适用性进行分类说明,为读者带来启发。

本书的读者对象包括企业管理者及对管理学感兴趣者,同时适合希望了解华为管理体系建设的读者。希望本书能够成为理解华为和企业管理变革的必读之作。

本书封面贴有清华大学出版社防伪标签,无标签者不得销售。
版权所有,侵权必究。举报:010-62782989,beiqinquan@tup.tsinghua.edu.cn。

图书在版编目(CIP)数据

华为能否复制/延俊华著. —北京:清华大学出版社,2022.4(2024.5重印)
ISBN 978-7-302-60091-6

Ⅰ.①华… Ⅱ.①延… Ⅲ.①通信企业－企业管理－经验－深圳 Ⅳ.①F632.765.3

中国版本图书馆 CIP 数据核字(2022)第 020154 号

责任编辑:郭 赛
封面设计:杨玉兰
责任校对:徐俊伟
责任印制:丛怀宇

出版发行:清华大学出版社
    网 址:https://www.tup.com.cn,https://www.wqxuetang.com
    地 址:北京清华大学学研大厦A座 邮 编:100084
    社 总 机:010-83470000 邮 购:010-62786544
    投稿与读者服务:010-62776969,c-service@tup.tsinghua.edu.cn
    质量反馈:010-62772015,zhiliang@tup.tsinghua.edu.cn
    课件下载:https://www.tup.com.cn,010-83470236
印 装 者:小森印刷霸州有限公司
经 销:全国新华书店
开 本:145mm×210mm 印 张:11.375 字 数:297 千字
版 次:2022 年 6 月第 1 版   印 次:2024 年 5 月第 2 次印刷
定 价:68.00 元

产品编号:094548-01

前　言

华为能否复制？企业成功的关键是什么？任正非说："企业之间的竞争，说白了就是管理的竞争；资金、技术、人才这些生产要素只有靠管理整合在一起，才能发挥出效用。"华为多年来一直狠抓管理，向全球先进经验学习，并建立了独具特色的先进管理体系。

华为的经验对于大多数企业而言是有用的，但机械地照搬照抄则很难成功。对于希望学习华为的企业，本书将提供一些学习思路和方法。

我有幸参与了华为的管理体系建设工作，并做出了一些贡献，亲眼目睹了华为从大乱到大治的漫长过程，深切感受到管理体系对公司发展的重要性。看到不少企业因为管理落后而尚在黑暗中摸索，我希望这本书能够给企业管理者以及对管理感兴趣的朋友带来帮助。

本书共七章。

第一章为华为的长征。本章讲述华为的成长经历，虽然这方面的书已经很多了，但我希望能通过关键事件更深入地揭示华为成功的逻辑。

第二章为美国为何打压华为。我想，凡是中国人都能对这个问题说出个所以然，但我希望能够更深入、系统地进行剖析。

第三章为技术之根。本章揭示中美科技竞争的关键之处。

第四章为华为能否复制。本章是本书的核心，总结、破译华为的成功密码，并给希望学习华为的企业以参考建议。

第五章为我在华为修教堂。本章讲述本人在华为十六年工作经历中的关键事件，目的是让读者相信本书的观点均来自我的亲身实践，并非人云亦云、不求甚解。

第六章为华为集成产品开发。本章介绍华为的集成产品研发（IPD）管理体系，这是华为花费五年多的时间，在 IBM 公司顾问的指导下建立起来的成熟体系。虽然 IPD 主要适用于大中型企业，但其理念和原理也可供小型企业借鉴。

第七章为华为集成供应链。本章介绍华为供应链从三流到一流的变革过程。供应链的重要性和建设难度容易被大多数公司低估，华为在供应链建设方面花费的人力和财力比建立 IPD 还要多。本章和第五章的内容可以帮助企业把自己的供应链水平提升一个台阶。

总之，希望本书能够成为人们理解华为、学习华为的必读之书。

作者联系方式：457378100@qq.com。

延俊华
2022 年 3 月

目　　录

第一章　华为的长征　　　　　/1

第二章　美国为何打压华为　　/79

第三章　技术之根　　　　　　/117

第四章　华为能否复制　　　　/157

第五章　我在华为修教堂　　　/192

第六章　华为集成产品开发　　/222

第七章　华为集成供应链　　　/299

后记　　　　　　　　　　　　/357

第一章 华为的长征

"美好的事物总是弯曲地接近自己的目标,一切笔直都是骗人的。"

——尼采

1 创业艰难

雏鹰展翅

看到华为今天的规模,一般人很难想象华为在创业初期时的艰难。

20世纪80年代初,中国人民解放军大裁军,任正非从部队转业,到深圳南油集团下属的电子厂任副总经理。1987年,任正非因轻信而被骗,导致公司的200万元货款无法收回。被南油集团开除,请求留任遭拒,妻子也跟他离婚了。43岁的任正非上有老、下有小,还背负着200万元的巨债,带着家人住在深圳只有十几平方米的棚屋中。迫不得已,1987年10月,在深圳湾畔的两间简易房里,任正非和他人合伙投资21000元创办了一家小小的公司,取名"华为"。

华为成立之初是一个"三无企业",即无技术、无资金、无背景。虽然名为技术公司,但一开始做的都是贸易生意,甚至卖过减肥药。一次偶然的机会,经辽宁省农话处的一位处长介绍,华为开始代理香港鸿年公司的用户交换机。当时,代理这种交换机的内地企业就超过了200家。

经过几年的销售,华为建立了自己的销售网络,也赚到了几百万元。这时,任正非开始考虑做自己的产品。

当时,我国邮电部下属的好几家国营单位都在生产小型交换机,华为从国营单位购买散件自行组装,第一款打着华为品牌的交换机就此诞生,这款型号为BH01的24口用户交换机属于低端机,只能在小型的医院、矿山使用。

由于华为公司的服务好,而且销售价格也低,因此这款产品供不应求。但由于竞争的影响,华为的散件货源很快就被切断了,收了客户的钱,却没有货可发。

任正非意识到，必须在最短的时间内实现自主生产，如果客户追上门来要货或退款，公司就会面临"断流"的危险。

1990年，华为开始照着BH01的电路和软件进行自主开发，这次的型号叫作BH03。从客户的角度看只是换了一个更漂亮的机壳，别的功能差不多，但BH03的软硬件却都是华为公司自己做的。

华为当时的研发条件很差，楼里没有空调，只有吊扇，人们在高温下挥汗如雨、夜以继日地工作，实在困了，就趴在桌上或在地铺上睡一会，醒来再接着干。如果睡到半夜突然来货，那就立即起来卸完货再睡。夜里蚊子太多，值班的员工就用套机柜的塑料包装把自己从头套到脚，然后在脸上挖几个洞用来呼吸，这下就再也不怕蚊子了。

公司没有钱买仪器，最初只有两台万用表和一台示波器，用万用表测来测去很考验水平。后来，硬件部经理徐文伟还写了一篇文章，题目就叫《用万用表及示波器来认识交换机》。

任正非每天都在现场检查生产和开发进度，碰到什么困难就马上现场解决。吃饭时间，任正非和公司领导就在大排档和大家聚餐，久而久之，华为形成了一种文化——公司聚餐只能由职务最高的人自费请大家吃饭。

1991年12月，华为自主研发的第一款交换机终于面世，并且通过了邮电部的验收，取得了入网许可证。

这个时候，华为所有的预付款都已经全部用完了，账户上也没钱了，再发不出货真的就要破产了。就在这个命悬一线的时刻，首批三台交换机发货出厂。

12月31日，1991年的最后一天，华为全体员工在那个破旧的办公楼里开了一场庆功会，他们自己做饭，煮个白菜，炖个土豆，炒个辣椒丝肉，隆重地庆祝着华为第一款自主研发的产品出厂。

那晚，任正非第一个发言，他坐在用几张破桌子搭的简陋的主席台上，两眼饱含深情地看了看周围一张张熟悉的面孔，突然说不出话来，最后哽咽着说了一句："我们终于活了下来。"然后他就泪流满面，两只手不断地在脸上抹眼泪。年轻人看着台上那个和他们父辈同龄的人抹着眼泪，无不动容，一时间，台上台下的人都泪流满面。

自主研发的产品让华为不再受货源的限制，任正非想立即推出第二款、第三款产品，但当时却没有更多的技术力量，于是，任正非找到了华中科技大学（当年叫华中工学院）、清华大学等高校，寻求技术合作的可能。

华中理工大学研究生郭平在导师的办公室里第一次见到了深圳"土老板"任正非，他一下子就被任正非身上特有的企业家抱负、待人的热情和诚恳所吸引。任正非当即"拿下"郭平，让郭平担任第二款自主研发产品的项目经理，该产品即HJD48小型模拟空分式用户交换机，可以带48个用户。

郑宝用从华中科技大学硕士毕业后留校执教，1989年刚读上清华大学的博士没多久，他就被郭平鼓动来华为看看。郑宝用立即迷上了华为，博士也不读了。郑宝用思维敏捷，为人随和，性格直率，大家都亲切地称他"阿宝"，任正非说他"一个顶一千个"。

郑宝用开始在郭平的项目组里研发HJD48，成为了HJD48的软硬件开发主力。

郑宝用的到来使华为的技术水平上了一个台阶，华为很快就推出了HJD48，该产品投入市场后因质优价廉，受到了很多用户的好评。

HJD48项目结束后，郑宝用就成为了华为公司的副总经理兼第一位总工程师，负责华为公司产品的战略规划和新产品研发。后来，郑宝用又在HJD48的基础上推出了系列产品，1992年，郑宝用给华为带来了总产值超过1亿元、总利润超过1000万元的销售业绩。

这一年，华为的产品大量进入市场，知名度也空前高涨，员工数量也超过了100名，为进一步的发展奠定了基础。

数字交换机

纵观那个时代的中国通信市场，虽然需求旺盛，发展迅速，但国内企业的自主研发能力却很弱，根本无法和海外厂商竞争。

当时，中国通信市场是"七国八制"，即总共有八种制式的机型，分别来自七个国家：日本的 NEC 和富士通、美国的朗讯、加拿大的北电、瑞典的爱立信、德国的西门子、比利时的贝尔和法国的阿尔卡特，毫无疑问都是一个个劲敌。

交换机市场分为面向工厂及学校的用户交换机和面向电信局的局用交换机。前者是国内厂家的天下，靠便宜和不怕辛苦赚点小钱；而在局用交换机市场，外国公司占尽了优势。各地电信局都倾向于采购外国设备，进口设备确实技术先进且稳定，而且买进口设备还可以借机出国考察，政府对购买进口设备的贷款扶持力度也比较大。电信设备对稳定性的要求很高，一旦出现故障，就会让千万人打不通电话。虽然国产设备比较便宜，但电信局更看重设备的性能。外国公司摸透了电信局的心理，要价更是"狮子大开口"，配件及服务费也不低，还要追加不少于 5000 元的手续费，即便如此，往往还要排队等待半年以上。

那时，由于技术太差，我们耗费了太多的精力和冤枉钱引进设备，还经常被人"欺负"！后来卖 1 万元的板子，当初可是卖 10 万元的。

最坑人的是导流板，一个用来填补空槽位的铁板，最初卖 35 美元一块，1 斤重，还不是不锈钢的，多年不降价。你要是敢自己装，人家的整台机器就不保修了，这可是合同规定的。

交换机的高价格最终还是要由用户承担，当时动辄上千元的装机费造成中国的固定电话普及率还不足 1%，还不如美国在"二战"前的水平，家里装部电话成了身份的象征。

随着国内售卖用户交换机的厂家越来越多，即便是自研的产品，利润也被逐渐拉低。要想赚大钱，就必须做局用交换机，与外国巨头正面竞争。

1992年，华为决定开发局用交换机，这是华为的一个重大转折点，意味着华为将直面国际巨头的挑战，要么领先，要么灭亡，没有第三条路可走。后来，在谈及华为的创业时，任正非多次说到："当时我们不懂事，误上了电信设备这条贼船，现在想下都下不来了。"看到华为如今发展得这么好，也许人们会觉得任正非的这句话有些矫情。但华为一路走来，任正非受了多少磨难，只有他自己知道。

华为的第一款局用交换机是JK1000空分式端局交换机。但是，这款产品在市场上并未受到欢迎。因为JK1000是模拟交换机，而当时数字交换机的技术已经成熟，模拟交换机优势不再。但是，数字交换机对技术和资金的要求很高，以华为当时的实力，任正非很难下决心从一开始就启动数字交换机的研发。

这时，要么启动数字交换机的研发，要么退出局用交换机的市场。任正非最终决定全力投入数字交换机的研发。

研发数字交换机要分两步走，先开发2000门的交换机，然后通过中央控制模块把多个2000门的交换机连在一起，形成万门交换机。研发任务落到了总工程师郑宝用和项目经理毛生江的身上。

时势造英雄，李一男刚好赶上了数字交换机的研发。李一男15岁就上了大学，毕业于华中科技大学少年班，22岁的时候，研究生毕业的他加入了华为。任正非慧眼识英才，把万门交换机的研发重任交给了李一男。

当时的华为虽然赚了一些钱，但面对巨额的研发投入，还是捉襟见肘。为了筹措资金，任正非甚至借了高利贷，利息高达30%。任正非曾和华为的干部们说："这次研发如果失败了，我只有从楼上跳下去，你们还可以另谋出路。"

那时候，很多开发人员都不知道数字交换机是怎么一回事，就边学边干起来，每人手边都有一本程控交换机的国内规范，因为那本书是红皮的，更因为那是每天都要看的书，所以大家称之为"红宝书"。不管硬件还是软件，由于开发水平很低，交换机"死机"是家常便饭。

最大的问题是人心不稳。虽然说工资不低，但只能拿一半，而且这一半还不知道哪一天才能发下来。华为那时候是发了这个月的工资，下个月的工资还不知道在哪里的状态。很多员工私下议论的最多是公司如果哪一天破产了，账上的那一半工资还能否拿到。任正非和大家聊天时说："我们现在就像红军长征，爬雪山过草地，拿了老百姓的粮食没钱给，只有留下一张白条，等革命胜利后再偿还。"这些账上的工资后来变成了华为的内部股，最后都得到了回报，任正非也实现了他的诺言。不少人担心公司的前景，一到发年终奖的时候，就有好多人辞职，在财务部门口排长队领账上的工资。华为尽管没钱，但也从不拖欠辞职人员的工资，这一点对稳定人心起到了很大的作用。

还有一个问题是深圳户口。华为是民营小公司，不受政府重视，深圳户口的名额很少。只有少数核心人员有深圳户口，大部分员工每年都要去办暂住证。那时候深圳查得很严，经常有保安半夜敲门来查证件。没有证件的人会被抓到东莞的樟木头，人事部经常要去派出所"捞人"。

令任正非心焦的是产品迟迟出不来。市场部已经为第一台交换机找好了地方——浙江义乌，但交换机非常不稳定，伴有呼损大、断线、死机，本计划 5 月份出去开局，结果一直拖到 10 月份。那时候，任正非好像一下子老了十岁。

10 月份，实在等不及了，尽管还不稳定，第一台名为 **C&C08** 的交换机终于到义乌开局了。开发组的大部分人员带着开发工具跟着去，相当于把开发的战场放到电信局去了。这个局开了两个多月才完成，其间遇到了无数问题，一贯信心满满的李一男甚至对下属刘平说过这样的话："我可能干不下去了，以后你要接着干。"不过，他很快又重拾信心，因为有人发现那些莫名其妙的问题只是源于简单的接地故障。交换机在投入运行后还总出毛病，经常需要开发人员维护。直到几年后，华为全部更换了新版本的交换机，这才算稳定下来。

从2000门机向万门机扩展，当时的主要做法是用内部的高速总线将多个2000门模块连接在一起。像上海贝尔的S1240、富士通的交换机都是这种结构，李一男最初做的万门机方案也考虑采用总线的方式。那时候公开的最快的总线标准速度是Intel的Multibus II总线，所以李一男决定采用Multibus II。花了20万美元买来了开发设备，但研究了几个月后，华为发现根本就没有技术实现这么快的总线。

李一男和郑宝用都是华中工学院光学物理专业毕业的，这时他们想到能否用光纤把多个模块连接在一起。这是一个大胆的想法，因为当时光传输技术还不太成熟，在交换机中采用光传输技术的只有AT&T的5号交换机。但正是这个大胆的方案为华为的发展打开了局面，华为的远端模块、接入网、光传输产品也因此发展起来。

华为当时的主要销售对象是农村乡级以下的电信局。很多人都觉得2000门交换机就足够了，万门机根本就卖不出去，大家的信心因此有所动摇。为了给万门机的开发人员鼓劲，李一男特地请郑宝用给大家开会。郑宝用说："你们尽管开发，开发出来，我保证帮你们卖掉10台。"当时大家都没想到，后来的万门机不是卖了10台，而是卖了成千上万台，成了国内电话网中的主流交换机。

万门机开局成功后，华为开始为大规模生产和销售数字交换机做准备。C&C08交换机的开发人员开始分流，他们分别被分配到市场部、生产部、采购部等部门，并成为这些部门的骨干。留下来的人员和不断招进来的新人一起成立了中央研究部。

中央研究部的第一任总裁是郑宝用，下设交换机业务部、智能业务部、新业务部和基础部。

虽然这时华为的主要产品只有C&C08，并且还很不稳定，功能也不齐全，但任正非的眼光并没有停留在交换机上。从中央研究部的组织结构上可以看出，在做好交换机的同时，他已经考虑在其他产品上进行扩展。事实上，任正非从来不会满足于已经取得的成就，这正是华为不断壮大的原因。

1994年10月25日，中国国际通信技术设备展在北京举办。华为带着刚刚开局成功的C&C08交换机首次参展。在众多国外厂商面前，华为的展台又小又土气。

这次电信展前，正好是任正非50岁的生日，他借此机会在北京宴请了一些电信局的领导。一位电信局的领导恭维任正非说："任总，你看上去很年轻呀，一点都不像60岁的样子。"

接下来的工作是召开鉴定会。在中国，新的电信产品必须开两三个试验局，然后由几个专家召开鉴定会，给出该产品达到某某先进水平的结论后，才能申请电信网的入网证。

鉴定会上测到问题的时候，接待人员就把测试人员带出去玩或者吃饭，研发人员赶快借机修改软件，晚上更是通宵达旦地修改白天发现的问题。专家们也是睁一只眼闭一只眼，交换机最后以"达到国际先进水平"的结论圆满地通过了鉴定。

1995年，C&C08交换机通过邮电部的生产定型鉴定。

也正是这一年，政府提出了"村村通"计划，给C&C08的发展提供了宝贵的契机。华为把C&C08作为"农村包围城市"战略的拳头产品，斩获了13亿元的订单。任正非早期曾预测，到2000年中国的电话普及率能达到5%，没想到此时竟然达到了50%，华为赶上了这个风口。

为了应对早期产品的不稳定问题，华为建立了强大的用户服务中心。华为的服务人员不怕吃苦，随时响应客户求助。与外国公司慢腾腾的服务相比，华为的服务优势明显，这为抢订单创造了有利条件。无论是研发还是制造方面的问题，用户服务部门全部要兜底。例如早期的交换机不防雷，一打雷就到处死机，因此用户服务人员要关注天气预报，以便尽早赶到用户机房换板件，直到公司成立了防雷小组并攻克难关后才算彻底解决这个麻烦。

尽管还存在不少问题，但 C&C08 在技术上已经达到了当时的国际先进水平，具有很强的竞争力。所以，华为也借助它撬开了境外市场。

1996 年，C&C08 交换机在香港和记电讯商用，首次服务境外运营商。

此后，作为华为的明星产品，C&C08 一度销往全球 50 多个国家，服务上亿用户，为华为创造了巨大的商业价值，也为国产通信设备赢得了广泛的赞誉。

值得注意的是，C&C08 不仅是一款单一型号产品的成功，更重要的是，它提供了一个产品平台。华为后来的所有产品，包括传输、移动、智能、数据通信等，都是在这个平台上发展起来的，都能看到 C&C08 的影子。

C&C08 项目成功后，华为开始在数据通信、传输、无线等领域投入研发力量。

光传输产品

参加过 C&C08 开发的黄耀旭充分发挥了他的组织管理能力，把传输业务部发展成为华为继交换机之后的第二个盈利点。黄耀旭也因此成为华为的高级副总裁、产品线管理办总裁。

在 1997 年初，石宏强领衔开发出了 SDH 155/622Mbps 的设备。

华为光传输产品最早的品牌是 SBS，原意是 SDH BACKBONE SYSTEM（SDH 骨干网），大家笑称为"傻不傻"，后来改成了 OptiX。

过中梁负责 2.5G 设备的开发，并于 1997 年 11 月推出产品，华为在 2.5G 上取得了骨干网的突破。

华为的 2.5G 光传输设备可以直接上下行 2Mbps 的信号，颠覆了朗讯、阿尔卡特、北电、西门子、富士通、马可尼等巨头的 2.5G 设备只能直接上下行 155/622Mbps 接口的传统做法，当时被称为"神器"，客户非常欢迎，这和华为自己研发了强大的交叉芯片有关。

基于单个波长 2.5G 的技术，华为后来又做了 DWDM（密集波分复用），即在一根光纤上传递 16 个波长的光，等于将容量扩大了 16 倍，后来又发展到了 32 波甚至更多。

在光传输的发展中，有一个关键的长传输距离的技术跨越。

华为有一款全球领先的产品，在功能和性能上超越竞争对手的一个关键技术就是通过购买外国公司的技术而获得的。该技术主要应用在骨干长途光传输系统中，其网络地位非常重要。经过技术转移和二次开发，以及必要的法律手续，华为在短短 9 个月的时间内完成了集成开发，成功推出应用了新关键技术的产品，实现了大容量、长距离（4600 千米）无电中继的光传输。

2003 年推出该方案后，传输距离大大延长，华为很快就取得了市场突破，从最初的籍籍无名，到 2005 年快速成长为全球第一的长途光传输厂家。

但这样的成就也引起了美国的警觉，这对华为后来收购先进技术产生了阻碍。

1997 年，华为在俄罗斯布良斯克签订了第一个海外商业合同，卖的就是光传输设备。在华为的其他产品还对印度市场久攻不下的时候，光传输却很轻松地搞定了印度的入网。为什么光传输反而容易进入大国呢？这主要是因为光传输是一个非常标准的管道，两头都是标准的业务接口（STM155/622 接口、标准 E1 接口等），因此，光传输成为撬开大国市场的利器。

相比而言，交换机和光传输的发展还算顺利，但无线和终端走的道路则要曲折得多。

"老船长"的无奈

1997年,任正非感觉华为有点儿"管不动"了,"公司内部思想混乱,主义林立,各路诸侯都显示出他们的实力,公司往何处去,不得要领。"

这一年,华为销售收入41亿元人民币,位列中国电子百强榜前十名,公司员工人数超过5600人。虽然中国人民大学教授帮任正非起草了《华为基本法》,但这种"管理大纲"却无法扮演细则和流程的角色,在这家创业十年的公司里,研发和市场都严重依赖于"技术英雄"和"救火队长",这让任正非感到捉襟见肘,力不从心。

在研发方面,尽管有像郑宝用、李一男这样的牛人,但华为的研发还处在"大哥带弟们猛冲猛打"的初级作战水平上,没有成熟的研发流程和决策机制,这导致市场部门胡乱答应客户的需求,研发部门手忙脚乱地疲于应付,做出来的产品被反复修改,公司的产品版本号一度多达上千个,管理混乱,效率极低。

制造和销售也是一团乱麻。前台销售拿到订单后,回到公司就傻眼,发现工厂根本生产不出来,这导致华为的及时交付率不到30%,而同期,外企对手的及时交付率却高达90%。负责中央研究部的李一男每天都疲于应付客户的新需求和投诉电话,而某产品线的研发主管更是夸张:由于每天市场方面的沟通电话不断,一个月手机话费竟然有6000多元。

任正非意识到,虽然华为仍然在高速增长,但越来越混乱的局面最终必然会导致崩溃。华为好比泰坦尼克号,靠老船长目测判断方向,在浅海尚能安全,可一旦远航,早晚会撞上冰山。华为成立了太多的救火项目组,一边救今天的火,一边埋后天的雷。各种矛盾聚集到任正非那里,越来越多,不处理还不行。任正非决定再次去美国看看大公司是怎么管理的,于是就有了华为的管理体系重建项目,第一个项目是集成产品开发（IPD），华为对IBM提出的高额顾问费报价一口答应，但华为能不能捱过5年的项目周期呢？

毫无疑问，任正非确实具有非凡的战略眼光。许多华为的高层都认为，听任总的话没错，任总看似错误的决策，后来的事实却往往能证明是自己的认识不够。长此以往，随着公司规模的不断扩大，特别是华为国际化步伐的加快，任正非纵有天大的本领也很难完全把握技术与市场的变化。大事仅靠任正非"拍板"，注定了后来无线等产品的挫折。

睡在地上的"民工"

上海徐汇区斜土路上一间破旧厂房里的四间办公室，就是华为早期的上海研究所。

王海杰是最早加入上海研究所的研发人员之一。1997年硕士毕业时，他最想去的公司是摩托罗拉，他说那时候搞无线的都想去那里。这个20岁出头的小伙子没料到他最终会选择华为，更没想到15年后，他将执掌华为全球最大的研发中心——一支有着上万人的研发团队。

改变王海杰人生轨迹的是那年的夏天，几个自称华为研发总工的人钻进上海交大的宿舍，跟大家一顿海侃："要搞核心技术，去外企干什么？到华为来！"此时正值中国移动通信从第一代模拟系统向第二代数字系统（GSM）转换的时期，华为正筹备在上海建立研究所，利用上海的人才优势从事GSM研发。华为起初只有七八杆枪，急需扩充队伍，于是将目光瞄准了复旦、上海交大等学校中通信专业的优秀人才。

"电话发明一百多年了，我们国家还没有建立自己的通信产业，我们这一代通信人，一定要做出中国人自己的GSM。"杨刚华在上海交大的宿舍里鼓舞大家说。王海杰心动了，学了这么多年的通信，他急切地想干一番事业，正是抱着这样的想法，王海杰加入了华为。

王海杰回忆他刚来上研所报到时的情景："办公室在一个厂房的三

楼，里面又黑又破，分了一台二手电脑，也没人管我，既兴奋又迷茫，旁边的材料堆积如山，很多新技术，学也学不完。"来上研所报到那天，王海杰正巧碰见杨刚华、张洁敏一行人扛着大包小包从深圳总部"学艺"归来，深圳、上海几地的研发骨干一个个意气风发地开始了艰难的 GSM 之旅。看 GSM 通信原理、啃协议、做测试、四处取经……大夏天的时候，大家光着膀子在实验室里调试，早晨再跑到卫生间冲凉，累了就铺个床垫子往地上一躺，还听到楼里的保安议论：这是一家什么公司，怎么老有一群"民工"在地上睡觉？

不舍昼夜的学习和快速敏捷的开发模式让整个开发进程十分迅速。1997 年 9 月，GSM 进入系统联调，由于前期的开发节奏过于紧张，因此很多问题在最后集中爆发。联调沟通会上，有人问杨刚华还有没有信心搞出来，杨刚华笃定地说："这种以智力为主的事，别人能做出来，我们就一定可以做出来。"

中国自己的 GSM

1997 年 10 月 24 日，华为 GSM 产品在北京国际无线通信展上首次亮相。参展的研发人员也都早早来到现场调试设备，他们既兴奋又紧张，生怕打不通电话。

往往越是担心的事情，越容易发生。在华为设备接入公网的过程中，问题出现了。设备入网从白天调测到晚上，始终无法接通，第二天一早就要开展了，大家急得手心冒汗，买来的盒饭也没心思吃，最后才发现是参数设置的问题，一番修改以后总算是接通了！

第二天的展会现场，华为展台上方，鲜艳的五星红旗下"中国自己的 GSM"格外引人注目。展台前，各省运营商、友商、各部委蜂拥而至，都不相信华为能够在这么短的时间内开发出全套 GSM 产品，都拿着仪器设备前前后后测试。一时间，华为成功展示 GSM 全套产品的消息轰动业界。

此时大家都认为成功的大门已经打开，寄托了华为无线希望的 GSM 将很快成为公司的支柱产品，殊不知，这才是万里长征的第一步。

由于国内的 2G 起步远远落后于西方公司，因此中国市场的版图已经被摩托罗拉、爱立信等国外巨头垄断，华为的 GSM 是后来者，在市场上举步维艰，迟迟打不开局面。

电信领域存在着"先入为主"的定律——运营商从自身网络运维的连续性等要素出发，一般很少会更换自己的设备供应商。这种现象无疑为后来的设备提供商设置了很高的门槛，在移动通信市场，这种现象更为明显。

作为当时唯一的移动运营商，中国移动的招标无疑是设备商的饕餮盛宴，但华为只有陪标压价的份儿。广东移动的 GSM 扩容，订单就高达上百亿元，但华为一毛钱都抢不到。

2003 年初，胡锦涛视察华为，任正非向胡锦涛汇报："去年我们虽然没有卖出一单，但我们为中国移动节约了 200 亿元！"

确实，自从华为的 GSM 推出后，三年间外国设备商降价了 60%，移动用户数量快速增长，千万消费者得到了实惠，但华为只是赔本赚吆喝。

机会在哪里？华为判断中国电信会申请移动牌照，应该是 GSM 制式 1800M 频段。为此，华为在 2001 年启动了 GSM1800 电信备战，结果备战失败，造成 10 多亿元的物料积压。

中国电信没有获得移动牌照，只是打了个擦边球，获得了小灵通的运营许可。华为豪赌 GSM，早已把小灵通预研团队解散，因为小灵通是过时的技术，华为不相信小灵通还能咸鱼翻身。结果在 2002 年小灵通开建时，几百亿元的订单被中兴、UT 斯达康收入囊中，华为颗粒无收。

紧接着是联通获得 CDMA 牌照，华为也不相信中国会出现两种制式，结果又踏空了。在获得消息的第一时间，华为马上组织人力开发

CDMA 设备，并为联通市场的抢单准备了物料，但由于产品不成熟等原因，大部分订单被中兴拿走，华为只是象征性地喝到了一口汤。至此，中兴成为国内移动设备商的一哥，华为屡战屡败。

每等待一天，多支出 300 万元

尚在 2G 领域艰难追赶之时，华为早已将目光投向了 3G，希望紧跟产业步伐，在 3G 时代彻底摆脱落后于人的被动局面。

周红、卞红林等人回忆说："从 1998 年到 2000 年，华为用两年多的时间完成了从公式到模型仿真再到关键技术验证，那时向公司汇报，估计需要投入 200 人、花 3 年做出来的产品，实际上用了 8 年，投入了近 2000 人，相当于当时全公司一半的人数。如果当时知道投入如此巨大，不知道公司是否还会坚定地投入。"

2000 年，上海金茂大厦，这座辉煌壮观的楼宇见证了华为 3G 壮观的大团队作战场面。3G 网络上的终端、基站、控制器等 8 个全新设备，深圳、北京、上海等上千人集中到金茂大厦中大会战。

2001 年，整网解决方案顺利打通，华为第一次与业界巨头同步推出 3G 产品，成为全球少数几个能够提供全套商用系统的厂商之一。这一次，华为似乎就要迎来意气风发的 3G 时代了。

但崛起之路注定坎坷。就在大家欢欣鼓舞，满怀对国内 3G 的憧憬之时，IT 寒冬骤然而至，全球 IT 泡沫席卷电信业，电信厂家纷纷裁员，国内 3G 牌照迟迟不发。华为 3G 业务在 3 年内几近颗粒无收。

"那个时候天天期盼中国能发 3G 牌照，2000 年做产品计划的时候认为 2001 年会发牌，2001 年预测 2002 年会发，2002 年预测 2003 年总会发吧，上千人的研发队伍，每等待一天，就要多支出 300 万元，心急如焚。"当时掌管 3G 研发的万飚说。

而同期，国内数家通信厂商由于投资小灵通市场，都赚取了不少真金白银。在巨大的诱惑面前，华为高层坚定地认为 3G 必定会成为未

来的主流趋势，从未降低在 3G 上的大力投入——几千人的队伍，几年下来，研发成本消耗数十亿元。

一年，两年，三年……眼见国内 3G 无望，为了活下去，无线人被迫转战海外市场。

失败的终端项目

华为最早搞终端是在 1994 年，在 C&C08 开发出来之后，华为开始做电话机的开发、生产和销售。专门成立了一个终端事业部。终端事业部开发了各种各样的电话机，有无绳的子母机，有带录音功能的电话机，有桌面式的电话机，还有挂在洗手间的壁挂式电话机等。但是电话机市场和交换机市场是两个不同的市场。如果说华为的交换机与国外交换机相比有价格上的优势，那么在电话机方面，华为和其他电话机生产厂商相比就有很大的劣势。再加上当时华为的电话机质量也不行，所以电话机市场一直打不开。最后，终端事业部生产的电话机只能在公司内部使用，还有一些当礼品送给客户，送客户有时候还会适得其反。北京办事处主任曾经给一位局长送过一台子母机，结果没用几天就坏了，换了一台后很快又坏了，最后换了三次才可以使用，这样反而影响了华为的形象。后来，因为电话机的主要用户是内部员工，公司号召员工积极购买自己的电话机。这样的终端事业部最终以亏损 2 个多亿宣告收场。

也许是因为做电话机的失败经历，也许是想专注于网络设备，任正非对"华为不做手机"异常坚持。1998 年，信息产业部发放了 20 张手机许可证，希望华为做手机，却被任正非一口回绝。

老对手中兴却迅速出击，全面拥抱小灵通。到 2002 年，手机从濒临被卖掉一跃成为中兴的三大战略业务之一，前前后后赚了 100 多亿元。与此同时，爱立信、诺基亚、松下等外资品牌凭借和中国移动的合作大赚特赚。一台松下 GD88 彩信手机都能卖到 8000 多元，而且一机难求。

华为眼馋了，每年都有人提起做手机，任正非也曾心动过，他跑到诺基亚本部考察，当对方介绍他们仅手机研发团队就有 5000 人时，任正非放弃了。此后谁再建议做手机，任正非就直接否决："华为不做手机这个事不要再讨论了，谁要是再胡闹谁就下岗。"

任正非的固执自有其道理。2000 年前后的华为，无线在烧钱，传输、数通还没有起来，基本上是仅靠交换机赚钱，怎么敢把摊子铺得太大？况且 B2B 和 B2C 的商业模式有着天壤之别，而消费者又特别认手机品牌，当时，诺基亚、爱立信、摩托罗拉都有着极高的知名度，华为在此毫无优势。正因为这些原因，在任正非眼里，"做手机"是和"搞地产"一样的不务正业。

"巨大中华"

在 20 多年前，还有三家通信设备企业比华为的先天条件更好，然而如今除了中兴外，其他两家的状况让人唏嘘。

20 世纪 90 年代，国内通信设备市场一片火热，为了打破国外电信巨头"七国八制"的垄断，有关部门组织科研单位开始攻坚通信设备，并将技术成果产业化。90 年代初成立的巨龙通信、大唐电信和 80 年代成立的中兴通信是其中的佼佼者，他们与华为并称为"巨大中华"，成为民族通信设备制造业的代名词。

这样的排名既朗朗上口，也基本反映了当时四家企业的技术实力，华为在技术、资金、政府支持等各个方面都比别人落后很多。

巨龙背靠军方技术团队，以国内首台万门程控交换机 HJD04 起家，04 机一度是最先进的国产交换机。在短短三年的时间内，巨龙通信的营业额就超过了 30 亿元。然而巨龙的股权复杂，内部管理混乱，再加上技术团队的撤出，1999 年后的巨龙一落千丈，不断被重组拍卖，曾经排名第一的巨龙通信第一个倒下了。

排名第二的大唐电信成立于 1998 年，是电信技术研究院控股的企业，技术实力深厚。成立当年的营业额就达到了 9 亿元，利润超过 1 亿元。大唐电信的辉煌是在 10 年前的 3G 时代，由大唐电信主导的 TD-SCDMA 受到政府的重视，成为三大主流技术标准之一。然而大唐投入巨大的 TD-SCDMA 到了 4G 时代就被完全取代，没有了技术演进路线。不过大唐电信一直在努力进取，2018 年甚至不惜把研发楼卖了投入 5G 的研发。

"巨大中华"中唯一可以与华为相提并论的就是中兴。在被美国制裁前，中兴通信占据世界通信设备 10% 的市场份额，是全球第五大通信设备制造商。但制裁事件让中兴元气大伤，不仅管理层重新洗牌，而且在业务发展上也深受打击。

作为同在深圳的竞争对手，多年来华为和中兴的竞争是全方位的，从市场到研发，当然还少不了情报战。20 年前，华为的高层会议刚开完，会议精神还没传达，中兴的高层领导就拿到了会议纪要。当然，华为也马上知道中兴拿到了华为的会议纪要。

那段时间，各部门总监都接到通知，在招人的时候要注意应聘人的工作背景，防止招到商业间谍。中研部查出了好几个拿着中兴的工资到华为工作的开发人员，他们可是拿双份工资的；另一个信息泄露的渠道是员工配偶。华为员工中，有很多人的配偶或男女朋友在中兴工作。公司发现这是一个保密漏洞，于是通过自查和公司调查掌握了所有配偶在中兴工作的员工名单。对于这些员工，首先是动员他们让其配偶离开中兴；如果不行，则控制使用，即永不提拔。

为了防止技术资料被对手盗走，华为采取了各种措施：在开发实验室中安装摄像头，检查员工的电子邮件。所有电脑的对外接口都被封掉，却还是挡不住泄密。直到后来费敏任研发总裁的时候狠抓了保密体系建设，华为的信息安全才有了根本好转。

原《华为人报》的一个主编离开华为、投奔中兴的事件掀起了不小的波澜，他写了一封检举信，检举华为在经营中有不法行为，如内部职工银行是非法集资等。在1998—1999年，中央派了一个调查组进驻华为进行调查。在等待调查组结论的那段时间，任正非一定是在忐忑不安中度过的。

后来，时任总理朱镕基让人转告任正非："技术上要创新，经营上要稳健！"

任正非得到消息后很兴奋，朱镕基的话无疑是透露了中央的态度：华为没有多大的问题，只不过是经营不够稳健，改了就好了。后来，华为做了一些改进，包括取消了内部职工银行，改为将工资直接发到银行卡上了。

这一次的事件对任正非的触动很大，任正非感觉到他已经没有精力去应付外面的这些事情了。这就促成了2000年经任正非提议，选举孙亚芳任公司董事长。

一切为了客户

在"巨大中华"四家企业中，华为早期在技术方面并没有优势，之所以能够脱颖而出，最主要的原因是华为真正做到了以客户为中心。

华为的营销之道颇具特色。在华为，全心全意为客户服务是宗旨，客户比天大，一切为了客户，在最短的时间内响应客户需求成为华为制胜市场的法宝。

任正非认为，华为之所以能活到今天，是因为它有一种以客户为主导、以市场为先导的危机意识。

国际上有一个公认的定律，叫"二八定律"。大部分企业都推崇这个定律，它们认为给自己公司带来80%利润的是20%的客户。按照这个原则，如果能把这20%的客户找出来并提供更好的服务，这对于公司的业绩增长无疑是有利的。

但是，华为不完全认可"二八定律"，而是面向普遍客户，旨在告诉所有员工：客户不分大小，职务不分高低，只要是和产品销售有关的人员，必须全面攻克。

在任正非看来，任何一个不起眼的细节和一个不起眼的角色都有可能决定某一项目中华为的去留，所以华为规定：在处理客户关系的时候，必须一视同仁，不能轻视订单量小的客户，不能只重复地接触个别高层领导，对于其他一些中层领导甚至是普通员工，都要"奉为上宾"。

为什么要这样要求呢？现在的决策体系中，个人霸道地进行决策已经不存在了，想不想都得开个会，各方面的意见都会对会议结果产生影响。这就是我们与西方公司的差别，我们每层每级都贴近客户，分担客户的忧愁，客户就给了我们一票。这一票，那一票，加起来就有了好多票。

华为确立了每一个客户经理和产品经理每周要与客户保持不少于5次沟通的制度，并注意有效提高沟通的质量。

市场部经理加大与客户的沟通力度是销售工作的需要，但是任正非认为研发是产品的源头，也必须搞好普遍客户关系，所以他要求研发部门的所有副总裁级人员也要建立每周见几次客户的制度。

华为今天之所以有进步，就是客户教的。不断与客户进行沟通，就是让客户不断帮助华为进步。如果嘴上讲365天都想着产品、想着市场，实际上却连市场人员、客户的名字和电话号码都记不住，还有什么用呢？

华为已经形成了一个共识：生存下来的理由是为了客户。全公司从上到下都要围绕客户运转。普遍客户是华为之魂，建立客户价值观，就是围绕着客户转，转着转着就实现了流程化、制度化，公司就实现无为而治了。所以，普遍的客户关系在华为得到了有效的推广应用。

任正非认为，客户是华为发展的力量源泉，客户比天大。他说："从企业活下去的根本来看，企业要有利润，但利润只能从客户那里来。员工是要给工资的,股东是要给回报的,天底下唯一给华为钱的,只有客户。我们不为客户服务,还能为谁服务?客户是我们生存的唯一理由!"

服务客户是华为的生存之本,一切都要以客户为中心。严冬雪封大地,华为人前去解决客户问题被困在零下 20 多摄氏度的野外;夏天烈日炎炎,去服务客户的华为人挤在超载的长途车上。大年三十,爬上高高的铁塔维修也是华为人的家常便饭。他们不分昼夜地坚守在岗位上,维护着华为的声誉。

国际化

20 世纪 90 年代中期,政府放开了受管制的通信设备市场,国际行业巨头爱立信、摩托罗拉、北电等公司纷纷杀入中国市场,而当时的华为才刚刚站稳脚跟,如何在巨头林立的市场中活下去是华为面临的最紧迫的问题。

早在 1994 年,当华为自主开发的数字程控交换机刚刚取得一定的市场地位时,任正非就预感到未来中国市场竞争的惨烈以及参与国际市场的重要意义。果然,在 1995 年后,中国通信市场的竞争格局发生巨变,外国通信设备巨头把刚起步的中国市场作为主攻目标,主动挑起价格战,在家门口围堵中国企业。

在市场的腥风血雨中,任正非提出了一个宏大目标,要把华为做成一个全球化的公司,未来和国际巨头三分天下,华为要占领境外市场。于是,完全没有任何境外经验的华为开始了跌跌撞撞的国际化历程。

香港试水

1996 年,华为进军境外市场的第一站是中国香港,签约客户是李嘉诚旗下的和记黄埔。

尽管香港毗邻深圳,但华为还是显示出水土不服,香港用惯了西门子的产品,对国产交换机信心不足。香港电信管理局要对新入网的交换机进行严格的检查,如果通不过测试,许可证就别想拿到了。

香港毕竟是大市场,许多世界知名的电信运营商都集中在那里。制式的不统一,网络间信令配合的千差万别,加上用户习惯的差异,都使得调测难度大大增加。

面临真正的考验,华为才发现自己准备不足,交换机总是接二连三地出问题。时间紧迫,华为的工作人员就买来睡袋在机房打地铺,日夜轮番调试。同时,内地的工作人员也给予积极支持。每到周末,深圳总部的设计人员都自动放弃休息,协助调试。那一段时间,每当凌晨两三点钟,项目组组长的手机就特别繁忙,不停地传递调试信息。他们艰苦奋斗的精神也感动了和记黄埔的人员,他们伸出了援助之手,提出各种建议。人心齐,泰山移,问题终于解决了。华为的第一站总算是站稳了脚跟。

转战非洲

华为人走出去才发现,放眼一望,所能看得到的良田沃土早已被西方公司抢占一空,只有在那些偏远、动荡、自然环境恶劣的地区才有一线机会。

当时的非洲异常落后,农村地区甚至没有公路,加上疟疾肆虐,许多国际大公司都看不上非洲。

刚到非洲,面对 25 个国家、4.5 亿人口、面积差不多是中国两倍的陌生市场,几乎没有人知道华为公司,甚至都没有人了解中国,一切都要从零开始。许多人不相信中国拥有自己的技术,诧异地问:"这真的是中国人自己开发的产品吗?"他们怀疑这是发达国家的技术,只是在中国加工生产的。

在进军刚果(金)的时候,华为人的经历可谓惊心动魄。

屋外枪响如鞭炮,一颗子弹射进来,弹孔在墙上,弹头掉到锅里,"当"的一声响。

战事最激烈的时候,华为员工所在的宿舍楼被交战双方包围了起来。办事处的30多人来不及撤离,全部被困住了。他们无计可施,只能自求多福,希望子弹不要打偏了。

走出去的艰辛

多年后,任正非谈起了走出去的艰辛。

自1996年开始,众多华为员工离别故土,远离亲情,奔赴海外,无论是疾病肆虐的非洲,还是硝烟未散的伊拉克,或者海啸灾后的印尼,以及地震后的阿尔及利亚……到处都可以看到华为人奋斗的身影。

有员工在高原缺氧的地带开局,爬雪山,越丛林,徒步行走了8天,为服务客户无怨无悔;有员工在国外遭歹徒袭击,头上缝了30多针,康复后又投入工作;有员工在宿舍睡觉,半夜歹徒破门而入,拿枪顶着员工进行抢劫;拉美某地的班车也遭遇了持枪歹徒的抢劫;即使是货物运送,也经常需要雇佣特殊人员护卫;有员工在飞机失事中幸存,惊魂未定又救助他人,赢得当地政府和人民的尊敬;也有员工在恐怖爆炸中受伤,或几度患疟疾,康复后仍继续坚守岗位;在一些国家,有70%的中国籍员工得过疟疾,还有三名年轻的优秀员工在出差途中因飞机失事不幸罹难……

为获得中东某电信运营商的认可,面对世界级电信设备商的竞争,华为人冒着室外50摄氏度的高温进行长达数月的现场作业,靠着全心全意为客户服务的诚意,经过两年多的不懈坚持,终于开通了华为在全球的第一个3G商用局……

1999—2000年,华为陆续进入非洲、中东、亚太、独联体、拉美等十几个国家,华为的品牌在第三世界打响。

2000年以后,华为将目光转向欧美,开始进入世界通信巨头的腹地。发达国家对于供应商有诸多的要求，缺乏经验的华为步履维艰，每一个客户的突破都困难重重。2002 年，为了能够进入英国电信的采购短名单（短名单厂商才能参加招标），华为接受了英国电信长达两年的认证，这次认证让华为真正了解到发达国家市场对供应商的要求。经过不懈的努力，华为通过了认证，为后面赢得大合同打下了基础。欧洲另一巨头沃达丰，华为也经历了两年多的时间才实现突破。

当华为开拓国际市场时，遇到的困难是今天走出国门的中国企业无法想象的。20 世纪 90 年代末的中国还不够强大，世界上的很多国家对中国的认知还停留在改革开放前，甚至是民国，Made in China 是廉价劣质的代名词，例如在俄罗斯的大街上，常见到商店门口竖着一个招牌——"不卖中国货"，可想而知，在这样的环境下拓展市场有多么艰难。不仅发达国家对中国是这种印象，连非洲对中国的印象也是如此。

走出国门的华为意识到，要想销售产品，必须让世界了解中国的快速发展，华为的品牌背后其实是中国的国家品牌。因此，华为制定了一个"新丝绸之路"计划，邀请大量的外国政府电信官员和专家到访中国，了解中国。

首先，华为请这些官员和专家参访中国的城市，比如上海、北京、西安等，这些客户吃惊地发现，中国城市的发达程度在世界上都不多见；然后，让他们体验中国的电话和手机，他们发现中国通信行业的发展质量、电话普及率已经接近世界先进水平；再安排他们到中国电信和中国移动的机房参观华为的通信设备，让华为在中国的客户告诉他们，华为是中国最大的通信设备制造商；最后再到深圳参观优美的园区和展厅，并进行技术交流。

华为的冬天

在华为逐渐领先于国内同行，以优异的营业收入保持高速发展时，任正非预见到了 IT 泡沫很快会破裂,他于 2000 年年底发表了著名的《华为的冬天》一文,提醒企业上下"向死而生"的危机意识。

公司所有员工是否考虑过,如果有一天,公司销售额下滑、利润下滑甚至破产,我们怎么办?

我们公司的太平时间太长了,在和平时期升的官太多了,这也许就是我们的灾难。泰坦尼克号也是在一片欢呼声中出的海。而且我相信,这一天一定会到来。

……

为了准备过冬的棉衣,华为决定转让或剥离所有与核心业务、主流设备不相干的产品线,把主要精力、资源从非核心业务抽出来。于是,华为电器事业部被改制成安圣电气子公司,然后卖给了艾默生公司,获得了几十亿元的过冬资金。

海外找活路

2001 年,华为在深圳五洲宾馆举行了"海外出征誓师大会",面对海外市场,谁都没有把握,虽然唱着"雄赳赳,气昂昂,跨过太平洋"的歌声,可总有点"风萧萧兮易水寒"的气氛。

虽然华为早在 1996 年就开始拓展国际市场,但这个时候大举出海寻找机会,不仅是为了寻求发展,更是生存所迫,这与国内市场上的连遭失利不无关系。

1998—2002 年是中国通信市场竞争最激烈的一段时间。中国移动当时正在密集投资 2G(GSM),但这些巨额投资基本上都被占据先入优势的爱立信、摩托罗拉、诺基亚等外国公司揽入囊中。投入巨大的无线产品线(GSM 和 WCDMA)在国内拿不到订单,只能向海外拓展。

更为关键的是,西方对手已经开始全面"围剿"华为,他们吸取固网电话市场被"巨大中华"打败的教训,只要华为和中兴研发出某款产品，他们就联合进行大幅度降价（如果没有国产设备，就继续卖高价），以阻挡两家公司拿下订单。

屋漏偏遭连夜雨，这段时间，任正非又接连做出了三个错误的判断。

首先，过早放弃了 CDMA，一直押宝 GSM。结果是 GSM 无法突破爱立信等公司的围堵，只在部分边缘省份拿到一些订单，国内收入寥寥，只能被迫去海外寻找市场。而当听说中国联通要投资 CDMA 时为时已晚，在 2001—2002 年联通一二期招标时败北。

其次，错失"小灵通"几百亿元的市场。任正非对"小灵通"一直很"鄙视"，忽略了当时中国电信想通过落后的小灵通曲线进入移动市场的渴望，亲自否决了"小灵通"项目，导致 UT 斯达康异军突起，风光无限，并且误判中国电信会得到 GSM M1800 牌照，最终备战落空，造成库存积压。

第三，由于对市场主流技术的发展路径判断错误，NGN 早期版本亏损 10 亿元。

2001 年前后，随着全球 IT 泡沫的破灭，不仅是华为，很多美国的科技互联网企业都是哀鸿遍野。

后院起火

相比公司业务的危机，更大的打击来自身边的人。

2000 年，多年倚重的下属李一男离开华为，迅速变成华为的对手，攻入华为核心产品领域，并带走大量华为员工，正面与老东家对抗。2001 年，任正非的母亲在昆明遭遇车祸，匆忙回国的任正非只见到了最后一面；2002 年，郑宝用上班时晕倒，被检查出脑癌，任正非亲自把他送上了前往美国治疗的飞机，临别时痛哭不已。

李一男离开不久后，华为光传输创始人黄耀旭也离开了华为，创办了"钧天"，2004 年和李一男的"港湾"合并。

任正非回忆道:"华为那时弥漫着一片歪风邪气,都高喊'资本的早期是肮脏的'的口号,成群结队地在风险投资的推动下合手偷走公司的技术机密与商业机密,像很光荣一样,真是风起云涌,使华为摇摇欲坠。"

多年后,任正非回忆起来仍然心有余悸,他说:"公司基本濒临崩溃了,内外交困。"

2001年开始的网络泡沫使市场急剧下滑和萎缩,尤其是2002年,华为深深地感受到了严冬的彻骨寒冷。那一年,华为的销售是负增长的,很多员工因为暂时的不利处境纷纷离开华为。更加使华为雪上加霜的是,不少离开公司的员工带走了华为的源程序、设计原理图等核心商业机密,在外面自己开公司或卖给同业者进行仿制,在市场上全面形成了对华为的正面竞争,几乎造成公司的灭顶之灾。

生死诉讼

这场严冬的最后一场雪,在2003年年初如约而至。1月22日,距离春节还有9天,思科向位于美国得州东部的马歇尔镇联邦法院起诉华为侵犯其知识产权,指控涉及专利、版权、不正当竞争、商业秘密等21项罪名,打响了华为海外出征的第一场遭遇战。

华为早知道美国市场不好进,所以进入美国市场的计划一拖再拖,因为任正非希望华为先在其他地方站稳脚跟,积累足够的资本后再进入美国。就在华为准备挺进美国时,思科竟然把华为告上了法庭。

思科要求法院判决华为支付一系列惩罚性赔偿金,按照这个赔偿方案,华为预计需要赔偿上百亿美元,这是欲置华为于死地。

诉讼发生后,华为在国际市场上的合作伙伴纷纷暂停了与华为的业务往来,持观望态度,而国内也有不少公司开始趁机抢占华为的地盘。

2003年1月30日,郭平抵达美国,担任这场遭遇战的前线总指挥，他们的年夜饭，是在宾馆里叫的外卖。

郭平在去美国之前，任正非说："学习韩信能忍胯下之辱，只要我们能站起来。"郭平去美国后，每去一个律师事务所就会问："万一打败了，我们要赔多少钱？"

在种种不利的情况下，华为步步为营。郭平一行人聘请了美国著名的 Shearman&Sterling 和 HellerEhrman 律师事务所的律师应对诉讼和谈判事务，又聘请了爱德曼国际公关（Edelman PR Worldwide）公司一起制定计划引导舆论，慢慢扭转了思科诉讼早期时华为负面报道铺天盖地的情形，从被动中走了出来。

著名律师 Robert Halsam 帮助华为找到了思科公司的一个大漏洞，那就是私有协议。

所谓私有协议，就是企业内部自定的协议标准，其只适用于本企业生产的产品，企业制定私有协议的目的就是技术垄断。在数据通信市场，思科占有全球 80% 的份额，他们生产的路由器很早就成为行业标准，其他厂商想要在市场上存活，就必须向他们的标准靠拢，这就造成市面上的产品与思科的产品极为相似。对于按照思科的标准生产路由器是否侵犯知识产权一事一直存在争论，毕竟私有协议有可能构成行业垄断，而垄断是任何一个市场都不允许的。在美国和澳大利亚，私有协议是受法律保护的，但在绝大多数国家，私有协议并不被法律保护。这样一来，华为就找到了为自己辩解的有力证据，即在中国生产的路由器并不涉及侵权。

在第一次听证会上，华为就提出了私有协议的观点，同时也状告思科有意损毁华为的形象，故意打压华为，尤其是污蔑华为盗用核心技术，给华为在全球范围内造成了严重的经济损失。在听证会结束后，华为又向媒体表示"思科的行为就是在遏制竞争"，华为的反击手段打到了思科的痛处。由于当时中国市场上 80% 的数通设备都是思科提供的，因此这相当于利用私有协议进行垄断。在国际上，垄断是一个比较严重的问题。任正非直接在国内发起诉讼，控告思科公司垄断中国路由器市场。

在美国，华为也开始进行强势反击，华为向美国得州的马歇尔法院提交了一份 18 页的答辩词，对思科提起了反诉讼，其中罗列了 90 多项对思科的指控。

2003 年 3 月 20 日，华为与美国 3Com 公司共同建立合资公司，名为华三（H3C）。这是一步好棋——让美国"祖师爷级"的公司来为华为说公道话。3Com 公司的 CEO 克拉夫告诉媒体："华为的工程师都相当优秀，他们拥有我所见到过的最先进的研发条件。我多次去过华为，并做了为期 8 个月的双向认证。我以几十年的职业生涯保证，华为的技术和实力是值得信赖的。如果侵权事实存在，那么 3Com 不会冒着巨大的风险与其成立合资公司。"

面对华为的一系列反击，思科也害怕将事情闹到不可收拾的地步，而思科也非常清楚这桩案子原本就非常模糊，为了避免两败俱伤，思科提议各退一步。2003 年 10 月 1 日，华为与思科达成了初步协议，双方将接受第三方专家的审查，官司将暂停 6 个月。

上面的任何一个危机都足以压垮一个企业，何况几个巨大的危机几乎是同时泰山压顶一般的袭来，对于其中的凶险，常人很难体会。这段时间，由于压力过大，任正非患上了抑郁症，同时查出了癌症，有半年时间，严重的失眠和抑郁让任正非在夜里时常大哭。

华为"卖身"

2003 年 12 月，就在华为与思科的官司进入中场休息之际，华为差点"卖身"给美国的摩托罗拉公司。

任正非谈到过："我们曾经准备用 100 亿美元把公司卖给摩托罗拉，合同也签订了，所有手续都办完了，两个团队穿着花衣服去海滩上比赛跑步，但美国公司发生了变化，新上任的董事长认为价格高了，否决了收购。我在我们公司是投降派、妥协派,什么事情都想让一让,少壮派、激进派坚决不卖;我就说十年之后和美国在山顶上遭遇,我们肯定拼不过他们的刺刀,他们是吃牛肉的,我们要有思想准备,就准备了备胎计划。"

如果与摩托罗拉的交易成功,那么无疑将改变电信业的历史进程。虽然华为有可能挽救衰落的摩托罗拉,但更大的可能恐怕是摩托罗拉会毁掉华为。

2 脱胎换骨

华为的成长经历了各种困难,例如资金紧张、被告状、各种对手整团队地挖走华为的研发员工、研发成果被偷窃,以及十多年来美国政府不断升级的打压,等等。以上这些都是来自外部、看得见的危机,而内部隐形的危机也从来没有远离过。"堡垒从来都是从内部攻破的",组织的内耗和惰怠才是最大的敌人。华为的成长史,也是不断克服这些挑战的历史。

局外人很难体会电信市场竞争的残酷,一路走来,华为战胜了一个个强大的对手,根本原因是华为能首先战胜自己。

管理改进就是熵减

关于战略和执行的关系,任正非说:"方向只能大致正确,而组织必须充满活力。这里的方向是指产业方向和技术方向,我们不可能完全看得准,做到大致准确就很了不起了;其次,在方向大致准确的情况,组织充满活力非常重要,这是确保战略执行、走向成功的关键。做事业就像舞龙,龙头要抬起来,这就是方向,至少要大致正确,更重要的是随后的龙身也要舞动起来,要有力,整个龙才能舞起来、活起来。"

成功的最大敌人，不是没有机会，而是没有立刻行动。对于一个容易犯官僚主义问题的大公司来说，立刻行动、肯打、能打就意味着组织活力。

因为未来的不确定性，方向不可能完全正确；而充满活力的组织是取得胜利的根本保障。没有活力的组织，即便方向完全正确，也不能取胜。相反，《亮剑》中的李云龙团队，就是充满活力的组织的典型，即便方向错误，他还是能打胜仗。

怎样才能保证组织充满活力呢？答案是需要不断进行组织的熵减。

"熵"是一个物理学名词，其物理意义表示系统的无序程度。无序程度增加是熵增，反之则是熵减。

在华为的组织管理中，任正非曾多次提及熵增和熵减的概念。

"我们一定要加强中高级干部和专家的实践循环，在循环中扩大视野、增加见识、提高能力，这就是熵减。万物生长是熵减，战略预备队循环流动是熵减，干部增加实践知识是熵减，破格提拔干部也是熵减，在合理的年龄退休也是熵减……"

要保持华为的竞争力，"熵减"运动必不可少。只有循环流动起来，才可能熵减。

任正非用简单的身体锻炼来说明熵减。

"你每天去跑步，就是耗散结构，就是熵减。为什么呢？你身体的能量多了，把它耗散了，就变成肌肉了，就变成了坚强的血液循环了。这就是最简单的耗散结构。你们吃了太多牛肉，不去跑步，你们就成了大胖子。"

耗散结构是能够实现熵减的有效结构，它有两层含义，一个是华为在盈利后并非把利润全部分掉，而是将大量的利润投入到技术研发和人才培养上；任正非认为，如果把钱都分掉，那么员工就会变得"白白胖胖"，队伍就会变得怠惰，企业也就慢慢走向死亡了；另一个是对矛盾的耗散，企业是人和人聚集的地方，工作中充满了矛盾，如果这些矛盾长期得不到疏导和化解，一旦爆发，损失就是巨大的。所以，华为经常做运动，搞管理变革，让人员流动，就是为了慢慢耗散矛盾。

一个有前途的企业一定要有一个耗散结构，若不如此，企业就会不可避免的走向僵化，看看柯达、摩托罗拉等企业的衰落，不就是因为它们组织内部的循环流动不足、无法做到"熵减"吗？

任何一个组织都是如此，新陈代谢是规律，但对"陈旧"的一方来说，他们可不是这样想的。比如在一个企业中，总有一群老人占着位置，你对他们说腾出位置给新鲜血液才能让企业有竞争力，他们也明白这个道理，可他们作为既得利益群体，是没有办法自己终结自己的。

熵减的过程十分痛苦，但熵增的结果更加痛苦，熵增的结果就是失败和死亡。

网上有一个段子形象地说明了熵减：我们所有人的归宿都是火葬场，全在排队，医生的作用就是防止有人插队，时不时地把人从队伍里拎出来往后排排，当然，有的人实在拎不动，也只能随他了，有时候把他拎到后面还会挨顿揍。

医生的作用正是帮助病人熵减。

如果有一个药方能够让人变得年轻，相信没有人会拒绝，但组织的熵减却不容易受到重视。

熵增定律告诉我们，无论是个人、组织还是星球、宇宙，最终都会死亡，但这并不妨碍我们尽力延长个人和组织的生命。并且，组织的生命可以不受人的寿命的限制，百年企业不是梦，日本还有千年企业呢。当然，企业要想长寿，就必须及时做好熵减。

企业的熵减就是管理改进。

企业是一个商业组织，而组织的内涵就是管理，如果没有有效的管理，那么一群人聚在一起不过是乌合之众。土匪为什么打不过正规军,关键是土匪没有组织管理,而看一个组织有没有战斗力和前途,关键就是看它的组织管理能力。

为了提高华为的组织力,任正非不断推动着公司的管理改进,甚至采用了一些"惨烈"的手段。

市场干部大辞职

华为有一个里程碑式的历史事件,那就是 1996 年 1 月市场部的集体辞职。这个事件的发生背景是:当时华为已经发展到一定规模,而且产品也从原来的小型程控交换器发展到几千门的大型局用交换机。这个时候,销售就不能仅是维护与客户的关系,而是要给客户提供很多解决方案及技术方面的支撑和服务,因此需要大量的产品方案人员和技术人员,与销售人员一起组成销售服务团队。这是市场倒逼企业提升服务能力和技术水平,对企业的长远发展来说是好事。但是,很多办事处主任从意识到能力都已经不能适应新的销售要求了。习惯了单打独斗的他们,也很难通过组建团队进行市场策划或设计服务方案去开拓新的大客户、提升服务水平。于是,很多办事处主任成了企业发展的瓶颈。新人进不去,老人出不来,怎么办?

很多公司都会经历这样一个阶段,就是企业初创的时候,更多的是靠情感凝聚,靠个人能力突破。但是发展到了一定程度的时候,便需要依靠团队能力,依靠制度力量,依靠新的知识能力,所以管理者需要新陈代谢。能不能适当地调换创业元老,让更加职业化或能力更符合新的发展阶段要求的人担任管理者,关系着企业能否跨越成长瓶颈,进入新的、更高的发展阶段。

很多人讲面子、讲关系、讲情感,"干部能上能下"事实上对很多企业来说是一件非常艰难的事情。事业要轰轰烈烈地前进,跟不上队伍的人就会被淘汰,这似乎很残酷,但又是必须的。

1996 年春节前,华为所有市场部干部向公司总部提交了两份报告,一个是辞职报告，表明如果我的能力不能适应公司的发展需要，我愿意把这个位置让出来，让更加优秀的人继续往前冲；另一个是述职报告，表明如果公司继续让我担任这个职务，我要怎样改进，以继续把这个事情做好。两份报告中，公司只会批准其中一份。

当时举行了市场部的集体辞职活动，主管市场部的副总裁也递交了辞职申请书。集体辞职活动举行以后，大概有 1/3 的办事处主任被撤换了，由更专业、更合适的人接任。

这一举动在业内引起了轩然大波。摩托罗拉的一位高管说："这种做法放在绝大多数公司，都不知道会产生什么后果。市场人员本来流动率就高，培养一个客户经理多么不容易，刚要出业绩又被人挖走，带走一批客户关系，你却让他主动辞职，而且几十个人全部辞去，只有华为有这个魄力！"

而在华为，市场部集体辞职不仅没有引起任何骚动，却变成了一场凝聚团队的誓师活动。当时的市场部总裁孙亚芳代表市场部作了集体辞职演说，她称这是一次向传统"官位"挑战的壮举，意味着"能上能下"在市场部不是口号，而是实践。市场部代表宣读完辞职信后，许多市场人员自发地走上主席台，慷慨激昂地表态：

"为了公司整体利益，牺牲个人，我毫无怨言。"

"华为的企业文化是团结和发展，作为一个华为人，我愿意做一块铺路石。"

"华为的事业长青，不能因为我而拖公司的后腿。"

对于当时辞职的办事处主任来说，他们在一线也非常敬业，非常投入，对市场是有感情的，让他们下来，其实大家心里都很痛苦，很难接受。但是华为必须提倡这种文化，干部要能上能下，为了公司的发展，让更加优秀的人往前冲。

华为市场部集体辞职的行动开创了"干部能上也能下"的先河，为华为建设系统化、规范化的管理体系开了一个好头，对于华为后续的发展起到了非常重要的推进作用。

市场部成立五年，为华为的原始积累立下了汗马功劳，称得上是一支雄狮劲旅。为什么公司要将这支部队全部换血呢？华为决策层的观点是：

其一，我们的对手足够强大，强大到我们还没有真正体会到。我们和竞争对手相比，就像老鼠和大象相比。我们是老鼠，人家是大象。如果我们还要保守，还要僵化，还要故步自封，就像老鼠站在那里一动也不动，大象肯定一脚就把我们踩死了。但是老鼠很灵活，大象老是踩不到。我们必须要有灵活的运作机制和组织结构体系。

这是华为创业以来一直面对的现实，现实逼出了市场部的变革。

其二，"兵为将用"而非"兵为将有"。

"兵为将用"，但万不可"兵为将有"。华为早期的发展有点"募兵制"的影子，"人，你去找；事，你去干"，但任正非从一开始就对组织内部的抱团现象，包括所谓"下级对上级的高度忠诚"、同学会、同乡会等抱有高度警惕；华为干部频繁轮岗、能上能下的制度，在某种程度上大大降低了组织发展中的"拜山头"现象。市场部集体辞职的做法，无疑是极富远见的举措。

那么，兵为谁有？为创始领袖所有吗？当然不是。组织中的任何人都只能为组织所有。任正非在华为内部不交一个朋友，不搞所谓的"公权私授"以及所谓的"推己及人"——一切以面向客户的奋斗和贡献为标准。

其三，启动与国际接轨。

任正非说："市场部的集体辞职，行动是次要的，精神是主要的，它是启动与国际接轨的里程碑；它推动了公司干部大调整的行动，使人们不会感到精神上的失落；它把本来可能产生的阻碍转化为动力。由于市场部的启动，全公司每个部门都在自觉或不自觉地启动。没有干部的国际接轨，没有组织的国际接轨，所有国际接轨都是假的，都是不可能实现的。干部能上能下是正常的,下去的干部不见得将来就上不来,也不见得上来的就能升得更高。没有基层工作经验的人不能做科级干部,没有周边工作实际经验的人不能做部门经理。一定要不断深入实践中去,只有实践才能全面检验真理。"

市场部集体大辞职后,市场部的组织得到了优化,包括狼狈型组织的建立。

任正非在华为市场部的一次讲话中提到:"我们提出'狼狈组织计划',是针对办事处的组织建设的,是从狼与狈的生理行为归纳出来的。狼有敏锐的嗅觉、团队合作的精神,以及不屈不挠的坚持。而狈非常聪明,因为个子小,前腿短,在进攻时不能独立作战,因而它跳跃时是抱紧狼的后部,一起跳跃。就像舵一样操控狼的进攻方向。狈很聪明,很有策划能力,并且很细心,它就是市场的后方平台,帮助做标书、网规、行政服务……

"狼与狈是对立统一的案例,单提'狼文化',也许会曲解了狼与狈的合作精神。而且不要一提这种合作精神,就理解为加班加点和出苦力。那样太笨,不聪明,怎么可以与狼狈相比。"

市场部的狼狈组织计划强调了组织的进攻性(狼)与管理性(狈)。

产品行销部就是典型的狈组织,不仅与市场客户部构成狼狈组织,并且还是连接研发部的桥梁。

中试部的成立

1995年,华为成立中试部。其实,中试部与研发部也是狼狈组织关系。

作为华为研发体系的重要一环,中试部的使命除了加快研发成果的产业化外,还有另一个重要的任务——提升产品质量。

中试部也为后来的研发体系变革发挥了重要作用。

在中试部成立之前，随着自主研发的产品的数量和型号的增多，华为在产品的批量生产中遇到了不少问题：

一到量产时经常会出现大批量多次返工、交付客户的产品问题不断、研发人员经常需要到产线解决问题、少装漏装错装、小问题导致大批量废品、发货清单不全……这些问题既增加了产品的成本，又严重影响了产品及公司的声誉。

在这种情况下，中试部带着提升产品质量的使命成立了。

中试部人才济济，作为研发部门，自然都是高学历、高技能人才。中试部里的工程师默默优化、稳定新产品，对产品进行全面的测试，直至确定可以正式投产。不像研发设计部因为设计出新产品而激动，也不像生产部可以以优质产出为傲，中试部处于更低调的地位，中试部是产品品质的堤坝，是产品的过滤膜。

中试部里的工程师耐着寂寞，仔细推敲每一个部件是否稳定、每一项安装工艺是否合理，他们甚至提出了"板凳要坐十年冷"的口号，默默为提升产品质量做着奉献。

华为中试部成立之初，组成部门为试制部与测试部，通过在批量生产前对产品进行试制及测试，华为的产品质量得到了显著改善。在这一阶段，公司积累了初步的中试方法和流程。

到 1996 年，华为开始在中试部增设下属部门，在新产品工艺设计、装备设计、物料品质、BOM 和技术文件等方面提供支持。

工艺试验中心：为新产品进行工艺设计，提高批量生产的生产效率，降低生产过程的成本。

装备研发中心：研究、试制生产过程中所需的测试装备、夹具等，以及生产线的研制、引进及集成。

物料品质测试中心：为批量生产的物料质量提供技术支撑，物料品质中心的成立改变了研发用料的随意性，未经物料品质测试中心测试通过的物料不可以在设计中选用，这使得研发设计的成熟度大幅提升。

试制中心：由原中试制造部改造而成，起到新产品导入的作用，一方面协助研发部完成试制任务，另一方面把关产品转产，它是中试的出口部门，是连接研发与供应链的桥梁。

BOM 中心和技术文件中心：中试部成立 BOM 中心和技术文件中心，由专门的部门进行发布前的审核，减少了出现错误的可能性，此外，BOM 中心也制定了对研发人员随意更改 BOM、对待 BOM 态度不认真等行为的奖惩制度，提升了对 BOM 和技术文件的管理水平。

中试部开展了大规模的中试流程建设和业务能力提升工作，除此还进行了多项设计工作，建立多个产品实验室，加大对中试部的人员投入量，最多时超过千人。

在不断的优化与发展中，华为中试业务能力和管理能力大幅提高，研发产品转产周期显著缩短，产品质量更是得到了显著提升。

至此，华为产品中试的能力大大增强，其中部分重点产品的品质达到了较高水平。然而这阶段的产品质量控制仍然属于"事后控制"模式，公司逐渐意识到需要从"源头"解决产品质量问题。

2003 年，华为 IPD（集成产品研发）流程全线贯通，产品质量在严密的 IPD 流程中得到控制和保证。中试部的各项业务活动已经融入 IPD 流程，中试部作为一个单独部门存在的必要性已经不大，各项业务活动分别划归到相应的资源部门。

任正非指出，华为最重要的基础是质量，要从以产品、工程为中心的质量管理，扩展到涵盖公司各个方面的大质量管理体系。

2016 年，华为公司获得了中国质量领域最高政府性荣誉——中国质量奖。"这个奖项的获得是我们华为人特别骄傲的一件事，不夸张地说，华为是得奖得到手软的公司，但没有一个奖项在公司内部造成这么大的刷屏，包括我也贡献了一次转载。"华为常务董事、产品与解决方案总裁丁耘在接受采访时这样说，"如果没有那次'呆死料大会'，没有充满阵痛的质量体系建设,华为不可能走到今天。"

所谓"呆死料大会",是早年华为研发体系召集的一个"质量大会",通过一个"隆重"的仪式,任正非把由于工作不认真、测试不严格、盲目创新造成的大量废料,以及研发、工程技术人员因此而奔赴现场"救火"的往返机票成箱成盒地包装成特殊的奖品,发给了相关产品的负责人,冲抵年终奖。激发他们对质量不合格的强烈羞耻感。之所以搞得这么"隆重",是为了使大家刻骨铭记,一代一代传下去。想来,正是这种工匠精神的传承,成就了今天的华为。

《华为基本法》

《华为基本法》是华为员工的心理契约,也是华为员工的共识与希望。可以说,《华为基本法》凝聚了华为人的梦想和广泛共识。

《华为基本法》提出了一整套价值创造、价值评价与价值分配理论,它不仅修正了以亚当·斯密为代表的古典经济学提出的至今仍流行的价值学说,并在四要素学说(劳动、知识、企业家和资本创造了公司的全部价值)的基础上,提出了价值分配的理念。这一创造性的提法,回答了后工业社会困惑人们的难题。

通过基本法的形成过程促使公司各层级之间能达成共识,思想对齐,上下同欲。

任正非是这样评价《华为基本法》的:

"1997年后,公司内部的思想混乱,主义林立,各路诸侯都显示出他们的实力,公司往何处去,不得要领。我请人民大学的教授一起讨论一个基本法,用于集合大家发散的思维,几上几下地讨论,不知不觉中,'春秋战国'就无声无息了,人大的教授厉害,怎么就统一了大家的认识了呢?从此,开始形成了所谓的华为企业文化,这个文化不是我创造的,而是全体员工悟出来的。"

不做企业,就不知道与人打交道的困难。企业以人为本,创业带队伍,时时都要与人打交道,而人的性格和背景都不一样,各有各的脾气。如何让五湖四海、不同性格的人凝聚在一起做事,真是天大的难题。

比如创业者与股东、合伙人之间的关系,合作伙伴和员工之间的关系,无不决定着企业的成败。

是的,财散人聚,要想带好队伍,利益的共同体非常重要,但比利益更重要的是价值观。因利益而聚集的性质是脆弱、短暂和不牢固的,"小人之交甘若醴",只有价值观一致的队伍才能走得更远。

价值观的内涵是思想和意志的统一,利益可以让人聚在一起,价值观却可以让人的心连在一起。"胜则举杯相庆,败则拼死相救"的企业文化,只会出现在价值观一致的队伍中。

不然的话,只是利出一孔,是做不到力出一孔的。

在《华为基本法》中,华为把自己的核心价值观总结为七个范畴:追求、员工、技术、精神、利益、文化、社会责任。它们集中体现了华为的愿景、使命和战略。

华为的愿景是丰富人们的沟通和生活,使命是聚焦客户关注的挑战和压力,提供有竞争力的通信解决方案和服务,持续为客户创造最大价值。

华为的战略又分四个方面:

① 为客户服务是华为存在的唯一理由,客户需求是华为发展的源动力。

② 质量好、服务好、运作成本低,优先满足客户需求,提升客户竞争力和盈利能力。

③ 持续管理变革,实现高效的流程化运作,确保端到端的优质交付。

④ 与友商共同发展,既是竞争对手,也是合作伙伴,共同创造良好的生存空间,共享价值链的利益。

企业只有统一了思想，凝聚了精神和意志，上下拧成一股绳，才能战无不胜，攻无不克。

《华为基本法》与市场部集体大辞职及中试部的建立基本上是同步进行的，起到了变革松土的作用，同时，在充分讨论基础上形成的共识成为大家自觉信奉的华为文化。

市场部集体大辞职只是一个切入口，华为决策层期待搅动起整个公司变革的旋风，使得更多部门都能有一种面向市场、面向客户的紧迫感，更重要的是要与国际接轨。华为在这个阶段已经开始了与 IBM 管理咨询团队的接触。

之后的 IPD 变革对华为来说是一种脱胎换骨式的革命。最大的阻力来自哪里？来自个人权力的被剥夺和重新分配，来自人的"权力本位"的传统观念。回过头看，当年的市场部集体辞职与《华为基本法》的双轨启动，其实就是在为即将到来的制度和流程的全面变革做组织和舆论上的双重准备，既像实战前的组织压力测试、吹响冲锋号之前的预演，又是实实在在的排兵布阵。与此同时，也将 IPD 变革可能带来的剧烈震荡提前释放了一部分，到真正"削足适履"之时，"美国鞋"已经不是那么太夹脚了。

一年后，IBM 咨询团队进驻，华为开始了轰轰烈烈、长达十多年的管理体系变革。

"知本论" 不是虚的

《华为基本法》最核心的价值观是以"客户为中心，以奋斗者为本"，体现在《华为基本法》的第一条、第二条及第五条。以奋斗者为本就是"知本论"，承认知识和资本一样创造价值。知本论不是虚的，而是真实的。每年大批的毕业生来到华为时，只有几箱书和衣服，一年以后，华为就把他们的知识变成了资本，配给他们期权，这就是知本论。华为就是运用知本论不断吸收优秀人才的。

很早的时候,任正非就给骨干员工讲理想,他说终有一天大家的收入会超过香港人。那时候,华为工程师的待遇是一个月300元,香港人的人均收入是一个月1万元,大家不相信,后来真的超过了!任正非说:"你们以后一定会很有钱,会发愁怎么在阳台上晒钱了。"

1993年,华为推出了员工期权计划,期权就像眼前的苹果,这个苹果越来越大,但是老吃不着,刚想吃一口的时候,苹果就往前移了一下,但是苹果确实越来越大了。公司每年给员工分红,本来员工可以直接把钱拿走,但是新配的期权还得拿钱买,而员工也愿意买,因为分红高。所以当时华为干得越好的人,越没钱。当时,期权分配其实也没有很规范的体系,但大家就是相信:只要齐心协力一起拼命干,拼命努力,总会有未来。

随着越来越多的员工拥有期权,任正非个人的股份就被不断稀释。经过不断稀释以后,到2019年,任正非占的公司股份只有1.14%。任正非有一个理念,他的比例越来越小,但大家的饼越来越大。

任正非敢于分钱,华为很早就在运作内部期权,这是一般人做不到的。

一个企业人才机制、激励机制究竟有多重要,可以从20世纪90年代涌现的中国通信行业四大巨头"巨大中华"的发展演变中体会。"巨"是巨龙通信,当时是以学校为背景的研究机构,它第一个开发了大容量局用程控交换机,但是由于没有企业化的运作机制,所以它第一个倒下了。"大"是大唐电信,它是国有企业,缺乏良好的市场竞争机制,相比较而言,它的发展很缓慢。"中"是中兴通信,它采用市场化的运作机制,在上市后配给高管期权,但没有配给员工期权,使企业缺乏前赴后继的全员创业精神,也使公司的核心竞争力不断退化。现在就业绩上而言,它已远远落后于华为。

从某种程度上来说,华为走到今天,与它很早就建立了科学的激励机制及人力资源管理体系是密不可分的。

当时，任正非在内部经常讲"循环理论"，他说："华为能发展，首先是这个行业给了我们机会，我们抓住这个机会以后，又引进了很多人才，我们把这些人才用好，把他们激励起来以后，又获得了产品的开发能力，生产出产品，最后获得更大的机会，是这么一个循环的过程。"

任正非自评道："我既不懂技术，也不懂管理，也不懂财务。我就提了一桶'浆糊'，把18万员工黏在一起，让他们努力冲锋。"

这个"浆糊"表现为华为的价值观与企业文化，是源于任正非的思想养料。基于知本论的分配机制是"浆糊"的主要成分。

从销售到营销

以客户为中心不是口号，而是要体现在企业的组织和流程中。

一些中小企业家最关心的是销售和产品，B2B企业往往最关心客户关系。我们生活在一个产能过剩、买方市场的社会，如何使自己的产品和服务突显出来？大部分的中小企业没有"营"的概念，只有少数企业会投资去做营销。

一个企业发现客户的需求，就会通过开发产品和服务以满足客户需求，其实这是一个营销（Marketing）的过程；简而言之，就是从客户中来，到客户中去。一个企业将自己的产品和服务推向市场，把货卖出去，再将钱收回来，就是销售过程；总体来说，就是从公司和产品出发，到客户中去。

营销在企业价值链中扮演了牵引者的角色，它沟通客户与研发，并和销售的"推动"相连接。

2001年，IBM顾问说华为是一个销售导向的公司，华为过分关注销售的推力，而忽视了市场的拉力。华为销售的力量太强大，很多Marketing的工作零星地分散在销售和行销（销售前技术支持）的组织中，既不系统，也无成效。因为销售的工作大多是紧急的事情，而

Marketing的工作大多是重要而不紧急，需要持续投入和时间的积累的事情。华为要想成为一个卓越的公司，就必须完成从销售导向型转变为客户需求导向型的变革；要想完成变革，就需要组织保证。于是，在庞大的销售体系和研发体系之间成立了Marketing体系，一开始称之为营销工程部，之所以叫工程部，是因为任正非认为所有的事情都要有工程的概念，从策划、设计、实施到验收，要形成闭环。

例如，在2001年的巴西市场，基本上是在中国卖什么，就在巴西推什么。但中国城市的居住特点是以公寓为主，所以在当时刚刚兴起的宽带市场，DSLAM（宽带接入模块）的最小容量都是1024线以上，而巴西中小城市的居住特点是以别墅为主，大量需要容量在64~100线的模块。在投标时，相当于用十吨的卡车拉一吨的货，当然没有成本优势。市场一线要求公司宽带产品线开发小型化的设备，在电话和邮件里多次争吵，以至于巴西办事处主任因为急躁而恶语相向，受到了通报批评。争吵的焦点是，研发部门说：你承诺多少销售量，我才开发；销售一线说：产品都没有，你让我如何承诺？后来，"官司"打到了最高领导那里，终于立项开发。后来证明，MINI-DSLAM系列产品成为华为在全球宽带市场销售得最好的产品，出货量位居全球第二，仅次于阿尔卡特。很多公司里都存在这样的部门博弈，其根本原因是没有建立以客户需求为导向的运作机制与流程。

华为在2005年正式成立战略Marketing体系，这个组织在整个公司中起到龙头作用，牵引整个公司响应客户需求。所谓体系的理想概念，就是没有"部门墙"，以流程定义角色，跨部门的组织形式。这个组织有以下三大功能。

① 公司的战略规划和商业计划、产品规划、商业模式研究。

② 客户需求研究和搜集。在全球重点区域和国家派驻人员搜集和研究客户需求。

③ 品牌和公共关系。

组织有了保障以后，就要开始梳理流程，Marketing 主要流程是市场管理流程，主要内容是产品的商业计划，与研发的主流程 IPD 对接，同时还有客户需求和产品发布的流程，主要是将客户需求纳入产品的研发版本和生命周期管理。

华为向全球几十个国家派驻了上百名技术专家，其工作是搜集和研究客户的需求，去粗取精，去伪存真，由表及里，由此及彼。由客户的需求牵引着产品的开发和生命周期管理。

华为的这次变革，使华为真正做到了以客户需求为导向，而不是仅停留在口号上，这是从优秀走向卓越的一个里程碑。

变革就是革命

如何用 3 号人物制衡 2 号人物，如何用自我批评压制干部野心，如何用轮岗制瓦解地方主义，如何用"五马进京"的方式防止诸侯做大……这些手段，对熟读四卷《毛泽东选集》的任正非来说驾轻就熟。对于很多出生于 20 世纪 40 至 60 年代的企业家，毛泽东的著作都是他们对外战略和对内权术的教科书，任正非并不是唯一。

但在察觉到华为的危机之后，任正非放弃了传统中国企业家渐进式改良和头疼医头式的方法，他决定直接对体制动刀，拜当时管理水平最先进的公司为师，让华为彻底成为一家现代化的公司。当然，在完成这个目标之前，他需要用他至高无上的创始人地位，借助专制的铁腕，把华为推向现代化的轨道。

华为当时的研发管理体系是早期设计的"三驾马车"架构：战略规划办负责决定"做什么产品"，中研部负责"把产品做出来"，中试部负责测试并反馈"产品好不好"。这套体系在早期运转时效率很高，只要战略方向豪赌成功，就能够迅速搞出产品并投向市场，华为早期"每年翻一倍"的崛起靠的就是这套简单粗糙的体系。

路易斯·郭士纳（Louis Gerstner）只比任正非大两岁，他刚刚通过大刀阔斧的管理改革将庞大而僵化的 IBM 拯救出泥潭，这简直是一个为任正非量身订做的样板。正在担忧华为无法突破管理瓶颈的任正非，被 IBM 高管展示的 IPD 研发管理模式打动，当时就下定决心：无论花多少钱，也要让华为学会这套东西。

IBM 的报价也毫不客气：5 年的 IPD 项目，仅顾问费就超过 5 亿元人民币，加上华为方面的人力和物力投入，整个项目的成本有 10 多亿元，这无疑颠覆了当时中国企业界的认知，但任正非异常坚持，甚至连还价都省了，他向大家解释道："人家多赚点钱，会更尽心地教我们，咱们学会了，就是赚到了。"

IPD 的全称为集成产品开发（integrated product development），是一种跨部门合作的体系，在产品立项阶段便将研发、市场、采购、制造、财务等部门黏合在一起，避免了研发部门单打独斗的情况。

引入 IBM 的 IPD 管理制度，几乎是把原先的制度推倒重来，难度非常大。但任正非决心已定，在项目启动会上，他拍着桌子喊道："谁要是抵触变革，谁就得下岗！"

1998 年，IBM 的 IPD 项目顾问入驻华为，华为的初步诊断结果不容乐观。

文化：故步自封，技术驱动，以自我为中心。

组织：本位主义，部门墙，各自为政，内耗大。

人员：依赖英雄，成功难以复制，组织风险大。

流程：缺乏结构化的端到端流程，运作过程割裂。

技能：游击队，作业不规范，专业技能不足。

产品：和市场分离，产品开发不是围绕市场成功进行的。

技术：技术开发和产品开发未分离，质量和进度不受控。

交付：质量不稳定，频发的售后服务问题冲击研发节奏、蚕食利润。

国际化：进入国际市场后，知识产权、法律、标准等方面的新问题层出不穷。

从 1998 年到 2003 年，华为进入密集的体制改革期：先"解放思想"，掀起"真理讨论"，通过撤换干部来立威，然后圈定"特区试点"，最后普及全公司。

解放思想：针对一批老干部的不理解和基层员工的观望，任正非变身最大的"吹鼓手"，不断在各种场合强调 IPD 的重要性，甚至用政治化的语句来阐述："决心要穿一双美国鞋，那我们就不能摇摆，如果我们今天这样，明天那样，我们将会一事无成。所以要坚定不移地向 IBM 学，集中精力向 IBM 学，不摇摆。"

对外开放：1998—2003 年的华为是极为开放的华为，对 IBM 顾问彻底敞开了大门。为了获得 IBM 总部的重视，任正非力排众议，将华为采购的服务器和业务软件全部换成 IBM 的；他甚至将半层写字楼装修成美式风格，咖啡机、冰箱、微波炉一应俱全，连厕所也从蹲位换成马桶，确保洋顾问能感到宾至如归。

改革立威：任正非深谙"政治路线确定之后，干部就是决定的因素"的道理，所以他有意识地用雷霆手段来立威。有一位产品部的总工程师在加入 IPD 项目组后发现工作量很大，怕影响自己的业绩和晋升而提出离开，IBM 顾问告到上面，公司马上对这位总工进行降级处理，以儆效尤。到后面，甚至连消极配合 IPD 改革的人都会在考核中被扣分。

特区试点：在 IBM 顾问的指导下，华为挑了三个产品线做试点，2000 年 5 月 17 日，华为无线业务部大容量移动交换机 VMSC6.0 产品作为 IPD 的第一个试点，用了 10 个月的周期跑通全流程，其他两个产品也随后完成试点。华为员工惊讶地发现：IBM 的方法果然管用，尽管流程烦琐，但产品研发的总周期却降低了 30% 左右，后来流程运作顺畅后，研发周期更是大幅下降。

全面复制：无线业务部的试点成功就像"深圳经验"一样，开始像野火燎原般在华为内部复制。2001 年年初，华为总结试点经验，推出了 IPD 体系 1.0 版，2002 年便有 50% 的项目纳入 IPD 体系，2003 年年底，几乎所有项目都采用了 IPD 体系。经过五年的自我革命，整个公司的研发体系已经脱胎换骨。

IPD 系统以及后续的供应链（ISC）、人力、财务等系统的变革落地，使华为拥有了能够成长为全球级企业的制度框架，任正非把华为由船队变成了航母战斗群。1998 年之后的制度改革，才是华为能够攻城略地、战无不胜的关键，而不是靠技术英雄和加班文化。

但在 1998—2003 年，制度改革的好处尚停留在洋顾问的 PPT 里，而公司之外的通信江湖早已群狼环伺、烽火连天。这段时间的华为和任正非本人，正在捱过最艰难的冬天。

古往今来的变法、新政和改革，从王安石到张居正，从庆历新政到洋务运动，基本上都是"动标不动本"。内部变革如此之难，因为它意味着重新分配利益，固化的山头和圈子不愿意放弃既得利益，会千方百计阻挠。当遇到寒流和挫折时，这些改革往往就会停下脚步，最终偃旗息鼓，不了了之。

IPD 变革就是一场革命，一些习惯了旧体制的干部不愿支持变革，有公开反对的，有等待观望的，也有因此离职的。

就拿李一男来说，IPD 变革前他是研发一把手，由于他身在此山中，反而不容易看到研发的问题，所以任正非把李一男调离研发岗位，由洪总主导 IPD 变革。但习惯了研发岗位的李一男随即心态失衡，换了几个岗位都不太适应。

2000 年年初，在先后担任了华为电气总裁和华为美国研究所所长等职务后，李一男正式向任正非提出了辞呈。2000 年 12 月，任正非率领公司中高层干部在深圳五洲宾馆为他举行了隆重的欢送会。

对人才的使用，任正非是有深刻教训的。早在开发交换机的时候，华为也开始开发通信电源。华为用高薪从北京挖来了一个通信电源领域的技术专家，给他分配了一套房子，还把仅有的几个深圳户口给了他一个。1993年，通信电源产品刚开发出来，他就带着通信电源的技术骨干离开华为自立门户，在深圳开了一家通信电源公司。华为的通信电源开发部门只能重新来过。这件事给了任正非很大的教训，他后来总结说："我们要尊重人才，使用人才，但绝不能依赖人才，放纵人才。"

IPD变革就是要让产品研发摆脱对个人权威的依赖。在李一男调离研发岗位的时候，华为其他部门的干部置换已经是常事了，研发动了李一男，就带来了一场地震，这也正说明了IPD变革的必要。

功不可没的财务转型

IPD/ISC项目上线后，华为发现财务能力成了公司管理的短板。

从2000年开始，华为公司的财务部门已经参与成本核算，但是还是缺乏前瞻性的预算管理——中国绝大部分企业都很难做到这一点，但这却是跨国企业擅长的，这是因为这些国际大企业的财务体系会参与整个业务流程。比如，每个产品的定价和成本核算等工作都拥有一套完整的制度和运作流程，以确保每一单投标都能清楚地计算出成本和利润。

此前，华为和绝大多数中国企业一样，财务部门还没有参与每个产品的定价和成本核算，还停留在传统的财会角色上。规模小的时候，公司还可以人为控制风险。但是，当公司规模越来越大，业务已经全球化，供应链越来越长，客户差异性越来越多的时候，如果没有全球化的财务管理，财务风险将难以控制。

2007年，在一次内部会议上，任正非曾不无忧虑地说道："我们的确在海外拿到了不少大单，但我都不清楚这些单子是否赚钱。"

的确，尽管华为的扩张步伐强劲，但是如何在保持高速增长的同时进一步提高盈利水平，成为华为必须解决的问题。

经过深思熟虑,任正非亲自给 IBM CEO 彭明盛写了封信,希望效仿 IBM 的财务管理模式进行转型。华为需要的不是一般的财务咨询顾问,IBM 自己的财务人员必须亲自参与其中。之所以认定 IBM,不但是因为之前 IBM 帮助华为实施了 IPD 等项目,带给华为脱胎换骨式的改变;而且,任正非认为,作为百年老店,IBM 的财务管理非常严谨,全球化运作最为成熟。

不久,华为就正式启动了 IFS(集成财务转型)项目。

华为的集成财务转型项目进行了一年多时间,实现了部门、产品线、项目的三维度预算和核算,加上华为强大的 IT 能力,为各业务环节的快速决策提供支持。随着财务逐渐融入整个业务流程,华为的管理模式发生了重大变化。

现在,华为都在强调有效增长、提升人均效益,"利润"和"现金流"成为与"收入"同样重要的考核指标。华为公司鼓励员工往前冲,但不鼓励不计成本地占领市场,而是更强调盈利能力,并将此体现在考核指标上。比如,华为对各个层级的一把手实施以有效增长、利润、现金流、提高人均效益为起点的严格考核:凡不能达到人均效益提升改进平均线以上的,要进行问责。华为财务转型后的财务部门融入整个商业流程体系中,做到了结果管理和过程管理相结合,促进了经营指标的实现。

在新的财务管理流程体系的保障下,华为对组织架构进行了大调整。此前的组织结构有些类似于 IBM 的横跨各业务部门的一体化销售模式,是高度集中的组织架构,它强调资源共享——一个客户经理代表所有产品面对一个客户,其好处是对客户有统一的接口。但由于华为的产品跨度太大,内部沟通复杂,这给内部的协作和与合作伙伴的协作带来了挑战。一些业务部门对一线服务支持不到位,责任不明确,经常会出现内部相互扯皮的现象。2009 年年初,任正非在题为《让一线直接呼唤炮火》的内部讲话中,用惯用的军事化语言对华为正在进行的组织结构调整的原因进行了明确的表述："我们现在的情况是，前方的作战部队只有不到三分之一的时间是用在找目标、找机会以及将机会转化为结果上，而大量的时间却用在频繁地与后方平台往返沟通和协调上，而且后方应解决的问题让前方来协调，拖了作战部队的后腿……"

华为把原来跨业务部门的销售模式调整为现在的按业务块划分的结构，把原来的统一销售部门打散，划归到各个业务部门，形成按业务单元把产品部门和销售部门、服务部门完全结合的、类似于事业部形式的组织结构。任正非受美军特种部队的启示颇大：美军特种部队前线小组由一名信息情报专家、一名火力炸弹专家、一名战斗专家组成一组，这样华为就把原来由客户经理一人面对客户的模式调整为以客户经理、解决方案专家、交付专家组成的三人工作小组，形成面向客户的"铁三角"基层作战单元。在项目管理上，依据 IBM 顾问提供的条款、签约、价格三个授权文件，以毛利及现金流进行授权，在授权范围内直接指挥炮火，超越授权要按程序审批。调整后，由以前的单兵作战转变为小团队作战，而且决策过程缩短，内部沟通成本大幅缩减。

华为从成立以来一直实行的是高度中央集权管理模式，但随着规模的快速扩张，这种中央集权的管理架构带来的效率低下、机构臃肿等问题日渐突出。于是，华为在新的财务体系的保证下，决心实现部分权力的下放。如果没有配套财务管理体系的支持，华为是不敢轻易放权的。

任正非在接受采访时表示，有些美国公司之所以失败，是因为他们把命运系在一个人身上。他的安全关系股市价值；他们认为不能坐民航客机，因为民航客机不安全；还要带着贴身保镖。

在我们公司，我实际是一个"傀儡"，我在与不在对公司都没有什么大影响。当年我们向 IBM 学习管理变革时，IBM 顾问跟我讲："管理变革最终就是把你'杀'掉,让你没有权力,你有没有这个决心?"我说我们有。

权力到哪里去了?按流程配置了,基层干部反而权力很大。所以,我们向西方学习的变革中最成功的一条就是我虚位了,下面有各种组织,他们都被赋予了不同权力并循环着。

这就是无为而治吧。

曾经有一位科技公司的领导感慨:华为的100位研发人员可以创造16亿元的产值,而在他自己的公司,100位研发人员一年只能创造不到1亿元的产值!其实人员的技术水平差距并不大,很多工程师还是同一个学校的同门师兄弟,但结果为什么会差这么远呢?差距就在管理上。

有人把任正非神化了,似乎他能神机妙算,让华为在每一步都抓住机会、踏准步点。其实,任正非对华为最大的贡献就是推动管理改进,让华为持续不断地熵减。

3 厚积薄发

两只翅膀

无论是管理变革还是队伍建设,都是为了提升综合能力,最终落实在人均效益的提升上。早在大规模管理变革之前,任正非已经意识到必须提升两个基本能力:软件能力和芯片能力。这两个能力后来成为助力华为腾飞的两只翅膀。

华为的 CMM 之路

华为对研发投入有一个硬性指标——按照当年销售额的 10% 进行投入,这个比例已经达到欧美高科技企业的水准。实际的研发投入可能更高，例如 2019 年的占比为 15.3%。即便是在 IT 泡沫破裂后的 2001 年，华为的销售额为 255 亿元人民币，而其在研发方面的投入是 30 亿元人民币。

华为属于知识密集型 IT 类企业，大部分研发投入都在软件方面。早期的软件资金投入占研发投入的 80% 以上，近年来华为加大了基础研究和综合能力建设的比重，但软件投入仍然在 70% 以上。

华为很多电信设备产品的价值体现在软件上。智能网产品就是这种产品，它没有什么硬件，在现成小型机上开发出来的软件才是核心价值。实际上，在华为独步天下的交换机上的所有增值服务都是由软件实现的。

因此，软件对于华为而言是非常重要的。虽然没有办法计算华为软件产生的价值，但考虑到华为的软件开发人员所占的研发比例超过 70%，华为才是中国最大的软件企业。

2000 年前，华为一直受软件不稳定问题的困扰。早期的拳头产品 C&C08 交换机曾在软件中设置了每天凌晨两点的重启清理，导致自发鸣叫现象，局方用户戏称之为"半夜鸡叫"。版本升级多次才解决这个问题。

早期，华为的软件研发最后能不能成功需要依赖运气，或者依赖团队里是不是有一个天才式的开发人员。这样的状况经常使华为的生命线变得非常脆弱。后来，公司多招了些研究生开发软件，但也没有好转，因为研究生更强调自主性，大家都按自己的意思来，这对于大型软件开发而言就是灾难。

印度从 20 世纪 80 年代后期开始就已经是软件大国了。印度的官方语言是英语，劳动力廉价，且美国的夜晚就是印度的白天，所以美国公司把大量软件业务外包给印度，印度与美国的软件团队就实现了 24 小时连续循环作业。

印度的软件人员大多是高中水平，但为什么他们能够开发出高质量的软件呢？这是因为他们学到了美国的 CMM 规范开发方法。

CMM（软件能力成熟度模型）是美国卡内基·梅隆大学软件工程研究所应美国联邦政府的要求，于 1991 年开发出来的一种用于评价软件承包商能力并帮助其改善质量的方法。目前，CMM1 是国际上最流行、最实用的软件生产过程标准，也是软件企业成熟度的认证标准，它是 CMM 的最新版本。CMM 由低至高共分为 5 个级别：初始级、可重复级、定义级、管理级和优化级。

在考量印度的优势时，华为管理层发现，印度有世界上最好的 CMM 环境。在 2000 年前，中国的绝大多数企业还不知道 CMM 的概念，只能在黑暗中摸索，而印度已经把 CMM 做成国家的品牌了。

1999 年年初，华为公司研究管理部副总裁陈青与任正非签下了一纸"军令状"——到 2000 年，使华为的软件研发能力有一个质的提高，基本达到 CMM 二三级之间的水平。

1999 年 6 月，华为在印度的"硅谷"班加罗尔成立了印度研究所，开始向印度"取经"。一些曾被派驻到印度研究所的华为员工认为，公司在印度设立研究所有些得不偿失，他们在印度并没有见到很多高水平的软件工程师，尤其在印度研究所设立之初，由于在当地缺乏名气，华为聘用的印度工程师的水平普遍低于国内派驻的员工。据说，印度研究所成立 3 个月后，所长回国向任正非汇报说印度工程师的水平不高，任正非听后一拍桌子说，让你去向印度人学习，既然你看不到人家的长处，就回去高薪招一个印度人当所长，你当副所长。后来，华为高薪招聘了一些软件"高手"，快速提升了印度研究所的整体水平。2000 年年底，陈青的任务如期完成。到 2001 年 12 月，华为的印度研究所成为中国第一个获得 CMM4 国际认证的软件研发机构。在此基础上，华为进行了全公司复制，2006 年成为中国最早的 CMM5 企业。

软件能力的上台阶为华为插上了一只翅膀。

华为的"造芯"之路

芯片被称作"现代工业的粮食",是信息技术产品最重要的基础性部件。从手机、计算机到高铁、电网,再到物联网、大数据……这些领域的产品都离不开芯片。

华为很早就感受到了无芯之痛,高端芯片花钱也买不来,偏高端芯片价格昂贵,好不容易研发出来的新产品利润微薄,因为上游芯片公司把钱赚走了。自己没有芯片能力,专用芯片就没有和外国公司讨价还价的筹码。

1991 年,华为成立了 ASIC 设计中心。1993 年,华为成功开发出第一块数字 ASIC 芯片,用于华为的拳头产品 C&C08 交换机。

1994 年,华为已成功设计了 30 多款芯片,这些芯片正式使用在华为的各种交换机设备中。

有了自己的芯片能力,华为产品的成本大幅降低,拉低了通信设备市场的价格,使千家万户用得起电话和手机了。

当然,华为还是尽量使用外国芯片,专用芯片或高价芯片才自己开发。

华为自行设计的芯片随着产品线的扩展而不断增加设计品种,在某些产品领域,研发初期就会同步启动自主芯片的研发设计。新产品刚投放到市场就用上了自己的芯片,使得华为产品具有较强的成本竞争力。

2004 年 10 月,华为销售额达到 462 亿元,员工人数也达到数万人。有了一定底气的华为在 ASIC 设计中心的基础上成立了深圳市海思半导体有限公司,也就是我们现在经常说的华为海思。

说到华为海思,很多人都会首先想到华为手机现在普遍使用的麒麟处理器。华为海思的研发并不仅限于手机芯片,它覆盖的市场包括移动通信系统设备芯片、传输网络设备芯片、家庭数字设备芯片等,统统都做。比如安防监控领域，华为海思经过 10 多年的深耕，其全球市场份额一度高达 90%。

当年，华为在只有不到 100 位工程师时就勇于研发芯片技术，并在设计上取得突破，其自主研发的成功经验表明：中国企业是可以在芯片设计等领域掌握核心技术的。

任正非对海思非常看重，他对海思女掌门何庭波说："我每年给你 4 亿美元的研发费用，再给你 2 万人，一定要站起来，适当减少对美国的依赖。芯片暂时没有用，也还是要继续做下去，这是公司的战略旗帜，是不能动摇的。"

要知道对于芯片研发而言，不仅研发周期非常长，并且还需要很高的技术水平，以及非常雄厚的研发资金支持，做芯片之难可谓九死一生。

一款芯片从启动到研发成功至少需要三年时间。造芯片，就是在指尖上造城。

就拿海思的手机芯片来说，作为目前国内最顶尖的芯片设计企业，海思用了三年时间，在 2009 年才推出第一款手机芯片 K3。但由于这款芯片存在发热量大、性能差等诸多缺点，华为不得不将这款芯片彻底地回炉重造。海思又花了三年时间，在 2012 年推出了 K3V2 芯片。K3V2 芯片产品依旧存在 GPU 性能落后的问题，海思又花了两年进行"补课"，在 2014 年推出了第一款麒麟 910，才算差强人意。随后的麒麟 920、麒麟 925、麒麟 928 也都处于不断改进、优化状态之中。直到 2017 年，在华为推出了全球首款 AI 芯片麒麟 970 时，华为的麒麟芯片才开始逐渐领先。随后，华为又推出了麒麟 980、巴龙 5000、麒麟 990 5G SOC 等多款出色的芯片产品，最终让华为海思成为全球领先的手机芯片设计厂商。可见，华为海思从最开始的"技术一片空白"到今天手机芯片的领先地位花费了长达 16 年的时间，足见造芯之难。

正是有了一流的手机芯片，华为才能赶超苹果、三星！正是有了自己的核心芯片,华为的网络设备才能击败一众国际巨头。

芯片设计能力使华为如虎添翼。

烟消云散

前文讲到华为与思科达成了初步协议,双方接受第三方专家的审查,并将官司暂停6个月。专家审查的内容正是这场诉讼的关键——华为是否剽窃了思科的技术。审查结果表明,华为并不存在侵权行为。当时,法庭对比了华为与思科的源代码,华为的源代码有200多万行,而思科的源代码则有2000多万行,两者几乎没有相关性。有人称,"200万行的软件去抄袭一个比你大10倍的软件,这无异于天方夜谭"。

有了这份鉴定结果,危机自然也就解除了,两家企业最后达成和解。对华为来讲,因为与思科的官司,华为一下子成为美国家喻户晓的公司。最为难得的是,华为由此获得了一张海外市场的"合法入场券",没有人再怀疑华为,这为接下来的海外扩张积蓄了力量。思科也有所收获——暂时阻止了华为进入美国市场。

诉讼之后,思科开始寻找其他阻碍华为进入美国市场的办法,如所谓华为有政治色彩,会影响美国国家安全,等等。

从2001年到2003年,在港湾不断获取更大市场份额的同时,李一男把眼光投向国外,决定与外国企业合作获取资金支持,以此壮大港湾。李一男的种种举动最终突破了任正非的底线——任正非绝对不允许外国资本在港湾进进出出,他将这些资本视为"不怀好意"的威胁:"这些基金在美国的IT泡沫破灭中惨败后转向中国,以挖空华为、窃取华为积累的无形资产来摆脱困境。"

华为很快在内部成立了一个组织,主要任务就是研究对抗港湾的策略。这个组织有一个很直率的名字,叫"打港办",其主要职责就是与港湾参与竞标活动,但凡港湾投标,华为就一定会去竞标。

在华为的强大攻击下,港湾被迫缴械投降,于2006年被华为并购。

2003 年之后，华为慢慢走出了冬天，同时，各条战线的绝地反击让一大批核心骨干得到了锻炼，而华为的研发、财务、人力、供应链等系统也在边打边练中得到了强化。经历了 2000—2003 年的增长乏力之后，华为在 2004 年重新加速，收入超过 462 亿人民币，2005 年又突破了 667 亿元人民币。

在华为反击的同时，一项对中国意义深远的政策正在结出第一批果实：2002 年，高校大扩招后的第一届大学生终于毕业了。此后，大批受过高等教育的年轻人源源不断地涌向社会。那时，媒体和舆论忙着批判扩招后带来的素质下降和工作难找，"工程师红利"这个词没几个人听过，但华为已经在充分利用工程师红利了。

对于已搭建好巨型公司管理架构的华为而言，这些廉价好用的理工科毕业生是珍贵的资源和宝藏，他们的足迹将随着海外业务的崛起而遍布全球几乎每一个角落。

华为在小灵通领域的战略失误让 UT 斯达康趁机崛起，2004 年巅峰收入超过 200 亿元，并投入巨资研发 3G，对华为形成威胁。2003 年后，华为管理层及时纠正错误，决策进入小灵通和手机领域。

经过内部管理革命后的华为，此时发挥出了恐怖的战斗力：仅用 6 个月的时间就攻破了小灵通技术，并且借助强大的供应链系统将小灵通手机的出货价拉低到令人咋舌的 300 元（之前一度高达 2000 元）。于是，UT 斯达康迅速被打成亏损，只好忍痛砍掉 3G 产品线，彻底沦为末流。

无限的无线

早在华为无线产品线成立的时候，国际上还没有一家公司能把有线和无线同时做好，华为的有线已经领先，这是否会影响无线的发展呢？华为无线的早期局面似乎印证了这个魔咒。

IPD 变革尚未落地，IBM 的管理思想已经开始让华为受益。任正非意识到各产品线应该对自己的经营绩效负责,过去决定产品方向时让自己拍板是不对的。在一次会议上,笔者亲眼见证了任正非砍人之刀快,任正非对无线产品线总裁说:"你们每次都让我决策,说甲方案有三个优点、一个缺点,乙方案有三个缺点、一个优点,我拍板甲方案,却总是错,算谁的?你要把华为害死,我先把你'埋'了。"

不久,无线产品线总裁换成了徐直军,从此,无线产品线打开了局面。

农村包围城市

活下去是硬道理!怎么打开局面?老办法,农村包围城市。2000年左右,在夹缝中生存的华为 GSM 开始重新定位市场方向,把目光投向了广大的农村、乡镇等边远地区。此时,中国的大中型城市基本已由西方通信巨头完成布网,余下的农村等边远地区却无暇顾及,很多人在城里买了手机,回到家乡却没有信号。

GSM 瞄准了这部分市场,设计了一款差异化竞争产品——边际网小基站,它体积小、成本低、建站快速,可以帮助运营商有效解决乡村通信的覆盖问题。市场人员回忆说:很多乡镇网络开通时,局方搬张桌子,乡镇里的百姓排起长队等待放号。这一时期的中国边远地区,处处活跃着华为人的身影。

早期的手机用户都有这种体验,坐电梯、下地库没有手机信号,那是外国公司不愿意做边角覆盖,边角区域的设备安装和维护既费力,也不赚钱。正是华为边际网小基站补上了边角区域,现在坐电梯再也不会中断通话了。

尽管条件艰苦,但这条起步于边际网市场的农村包围城市之路,让 GSM 在诞生之初逐步站稳了脚跟。从农村到县城,从县城到市区,逐步扩大搬迁,正是这些插花似的不断布局突破,华为 GSM 在全国移动市场的局面才逐步打开,与此同时,GSM 在亚非拉等海外发展中国家也实现了连续突破。

无线产品线总结小灵通失败的教训,一方面推出小灵通产品积极参与竞争,另一方面考虑到中国电信所处的尴尬局面,开发了一款擦边球产品 RASYS,其技术上比小灵通先进,但又和移动、联通的业务不冲突,这一解决方案受到了中国电信的欢迎。

定位决定地位

时至 2006 年,GSM 经数年苦心经营终于初具规模,实现三年连续翻番,逐渐成为无线乃至整个公司举足轻重的产品。

当自以为可以喘一口气时,一场 GSM 历史上的重大危机出现了。

面对华为 GSM 的市场扩张,业界巨头亦加大投入,不断推出新产品,从成本、功能、性能等各方面对华为进行全方位阻击,GSM 产品在功能、性能上与对手的差距不断拉大,全球不少项目拓展屡屡失败,市场形势异常严峻。

"定位决定地位,过去,GSM 长期定位于二流的目标,结果做成了三流的产品,真正打败我们的是我们自己,不是别人。追求的高度决定最终的格局,要做就做第一!"无线产品线总裁余承东如是说。

2006 年年底,一款肩负改变 GSM 命运的产品——新双密度基站正式启动开发。"竞争力必须做到行业领先,GSM 能否反败为胜在此一举。"GSM 产品线总裁何刚在各项目组的开工会上说。

上海研究所陆家嘴软件园 9 号楼是 GSM 研发团队的大本营,这里每晚灯火通明,出租车司机深谙华为人的作息规律,每晚十点准时在软件园门口排起长队。

从开发部长、PDT 经理、版本经理到普通员工,都以一种奋不顾身的精神向前狂奔。经过大半年夜以继日的攻关鏖战,新双密度基站如期推出,领先的架构和性能让 GSM 产品有了质的飞跃,并迅速展现出强大的竞争力。

2007 年上半年，中国移动选择华为 GSM 全面搬迁成都市核心城区的所有基站，出色的网络质量充分证明：GSM 已经具备在全球任意网络进行交付的能力。

2008 年年初，欧洲著名电信运营商 Telefonica/O2 将德国的 GSM 网络搬迁和扩容项目授予华为。

2008 年 5 月 8 日，华为携手中国移动挑战世界之巅，华为 GSM 基站在海拔 6500 米的地方第一次成功传送出奥运圣火登顶珠峰的画面。

2010 年，华为 GSM 已经悄然成为业界出货量最大的供应商，产品应用于全球 125 个国家，服务全球 10 亿用户。

3G 的突破

GSM 产品的曲折经历也类似地发生在 3G 的 WCDMA 设备上。1998 年，余承东拉队伍搞 3G，2001 年产品就做出来了，但由于迟迟不发 3G 牌照，华为无线产品线亏损严重，被迫转战境外。

任正非见到无线产品的负责人时经常问："你们什么时候能给我把 40 亿元拿回来？"无线产品总裁徐直军和 3G 产品总监余承东压力巨大。这种背景下，境外市场成为无线部门的救命稻草。像交换机一样，3G 产品出境的第一站也选择了香港，为了首战告捷，华为索性做出惊人之举：自己花钱买一个订单！

香港虽然是弹丸之地，但影响力巨大，能在此立足，具有标杆意义。一家叫作 Sunday 的运营商手上有一张稀缺的 WCDMA 牌照，华为通过借钱给买方的方式拿到了 Sunday 的订单。通俗地说，就是借给你钱买我的设备，如果设备运营不赚钱我也亏损。因为华为在开发产品的时候就考虑了客户的客户，所以对自己的产品能为客户带来的价值完全有信心。就这样，华为成功地将 Sunday 做成标杆性案例，并借此向全球客户推广。

但境外 3G 的突破有其特殊的难度，早期紧跟技术潮流建设 3G 的国家和地区一般都很发达，他们更愿意与国际大公司合作。特别是欧洲，那里是爱立信、诺基亚、朗讯、西门子、阿尔卡特等电信巨头的故乡，因此对华为而言，那里也是全球最难进入的市场。

汪涛是最早一批开拓无线 3G 境外市场的"特种兵"之一，"卖 3G 太难了！西方的电信巨头虎踞龙盘，压得我们喘不过气来。"汪涛回忆起早期市场拓展的艰难，"做梦都想拿下一个单，前赴后继，不放过任何一个机会。当时任总也很着急，只要听到任何地方有 3G 项目，就马上飞过去。"

2003 年年底，华为终于得到了命运之神的垂青。华为中标阿联酋 **ETISALA** 的 3G 网络项目，这个项目对华为无线来说关乎生死。在数年不计成本的投入之后，无线 3G 产品终于在境外实现了零的突破。

更大的转机出现在一年之后。2004 年年底，华为参与荷兰一家小运营商的 3G 网络竞标，在交流中了解到，由于站点租金、工程施工等建站总成本太高，运营商迫切需要一种既节省机房空间，又能快速实施部署的全新解决方案。

时任无线产品线总裁的余承东和项目成员一起深入一线，到站点考察，讨论方案。在实地勘察和不断交流碰撞中，他们诞生了一个大胆的想法——分布式基站，即基站室内部分做成分体式空调的样式，体积只有 DVD 一般，然后把大部分的功能放到室外。

然而，从方案构想到实现并非一朝一夕之功。陆家嘴软件园 2 号楼的一间普通会议室被临时改造成一间办公室，负责方案实现的总设计师吴旺军带领算法、硬件、软件等关键技术骨干将办公室直接搬到了会议室，一边设计开发，一边讨论。每次开技术讨论会，他都先放出话来："方案不确定，不能回去。"

一年以后，这款被业界称作"架构型的颠覆性创新产品"按当初的构想诞生在了上研实验室。相对于传统基站，分布式基站的体积减小到了原来的十分之一，重量减小到原来的十五分之一，所有部件都可以用手拎到现场，工程部署不再费时费力。

2006年7月，由于分布式基站的独特价值，华为大份额中标Vodafone西班牙3G网络项目，由此撬开了欧洲市场的铁幕，在拉美、欧洲、亚太等市场开花结果。2009年，国内3G建设启动，华为斩获中国联通的最大份额。也正是这一年，华为3G产品历时十年的持续投入，终于实现累计盈利。十年磨一剑，正是华为3G团队的经历。

在分布式基站取得巨大成功的同时，研发团队对基站产品的更小型化、更大带宽、更高性能的创新性研究从未间断。

"要想彻底改变2G时代起起伏伏的被动局面，就必须要有革命性的解决方案和产品。"2006年，射频领域首席专家、公司Fellow吕劲松率领团队向无线多载波技术这一世界性难题发起挑战。

2007年年底，上研陆家嘴软件园903实验室，多载波项目团队联合华为俄罗斯研究所历时一年半，终于突破多载波技术。不久之后，以此技术为基石的SingleRAN解决方案问世，这是整个华为研发历史上的传奇作品。通过复杂的数学算法实现单一基站，将2G、3G、4G以及未来所有制式融合在一起，大幅降低了运营商的投入成本，这款革命性的创新产品一举奠定了华为无线的优势地位。

2008年，在德国Telefonica O2项目中，华为成功交付业界第一个2G/3G融合的SingleRAN网络；2010年，SingleRAN成为行业标准。在无线部门高歌猛进的助力之下，华为的总收入在2011年超过了2000亿元人民币！

2013年，中国4G新三大战役的告捷奠定了华为4G时代领导地位的坚实基础；2014年，华为无线引领4.5G/NFV产业，实现从做产品向做产业转型。无论是技术水平还是市场份额，华为无线都成为行业领先者。

华为无线早期连连失利，后期却横扫全球，这背后靠的是华为强大的制度保障。华为花20亿元上马的IPD和ISC系统都逐渐运用成熟之后，任正非并没有停下脚步，继续引进各种先进的管理系统：2005年，推动所有的海外分支公司搞 ERP 系统，到 2007 年年底全部实施完毕；2007 年，在 IBM 的帮助下实施集成财经服务（IFS）。

一般人很难体会制度的重要性：以巴西为例，如果把一台设备从里约热内卢的库房转移到圣保罗的库房，即使没有销售，也要开一张发票，加上巴西不同地区的税率差异，导致设备从进口到销售要经历无数烦琐的环节。华为巴西项目组花了整整五年时间才做好巴西版的 ERP 系统，保障每个项目的成本都能够被严格管控。

在强大管理体系的支撑下，华为的人才梯队爆发出超强的战斗力，这里有一个小故事可以参考。

摩托罗拉放弃了自身的 GSM 研发，贴牌生产华为的产品。两家员工谈判结束后一起喝酒，摩托罗拉 GSM 研发部的总工程师，一位白发苍苍的老科学家问华为 GSM 总监王海杰今年多大，王海杰说他 32 岁。对方黯然：我进摩托罗拉时你还没有出生，我从事无线研发 30 多年了，却被你们打败了……说完后他就趴在酒桌上哭了。

从任正非对"小灵通"产生误判之后，华为已经多年没有出现过重大的战略失误了。

一家英国电信公司在评价华为时，讲出了大家都不太愿意相信的事实：华为是一家中国的美国公司。

因为华为的管理体系主要是学习美国，但不是僵化地学习，华为进行了全面的本地化改造。这是一家被美国忌惮无比的公司，却又是一家因学习美国而成长起来的公司。

一直在向西方学习最先进、最卓越的东西，这是华为在被围堵的同时，保持冷静和克制的定力和底气：学会你，超过你，才是真赢。

但如果你拆开华为的西方管理框架，就会发现这家公司最根本的底色仍然是中华民族的勤劳与智慧。

凭借着管理制度和人才梯队，华为步步为营，西方电信巨头破产的破产，合并的合并，衰落的衰落，剩下的几个也疲于应付，很多时候都需要搬出政治资源来阻挡华为。中国工程师红利的全球变现之路，终于被一家民营企业趟了出来。

终端的崛起——起步

2001—2003年是华为的困难时期，增长乏力，利润大幅下滑，内部的管理变革尚未落地，外部还有港湾公司的恶性竞争。

当时的华为已经开发出3G系统，但是国内的3G牌照迟迟不发，于是华为选择从海外下手。当时，欧美运营商早已经开始3G运营，但是苦于缺少3G手机来配套。

任正非反复思考之后，决定拿出10亿元资金做手机。

很早就不断有人在任正非面前鼓动做手机，任正非坚决不同意。看到今天华为手机的成功，舆论一边倒地认为任正非压制手机业务是战略失误。

如果华为太早做手机，以早期的内外形势，加上手机特有的高风险，华为能不能度过冬天就不好说了。

2003年11月，华为成立了手机研发部，挂在无线产品线下。

摆在他们面前的是一场红海大战。此时，国内分布着上千家大大小小的手机公司，深圳华强北满大街的山寨机，外加诺基亚、摩托罗拉这些国际巨头，在双面夹击下，华为手机的战略空间在哪里？

刚开始，华为是做白牌机，即给全球的运营商贴牌供货。虽然2007年华为手机的发货量达到2000万台，2008年成为CDMA定制手机的全球第三大供应商，但采用不做品牌及与运营商合作的模式利润微薄，库存积压风险极大。

支撑华为活下来的是固定台电话和3G数据卡，1998年抗洪时，江泽民使用华为的固定台电话进行指挥调度，这让华为人自豪了一把。但此时诺基亚如日中天，波导、夏新、TCL也风生水起，华为手机则无人知晓。

2008年左右,华为再次遭遇"冬天",运营商业务由于和竞争对手在全球短兵相接,因此利润率大幅下滑,公司负债率高企。做贴牌机又苦又累还不赚钱,华为决定出售手机公司49%的股权,找了一圈顶级的基金来谈,黑石、银湖、KKR、贝恩资本都来了。

人算不如天算,2008年金融海啸席卷全球,进入收购谈判最后一轮的贝恩和银湖的最终报价只有华为预期的3/4,任正非一气之下决定不卖了。这个收购如果早推动一个月,可能就成了。不过既然卖不出去,就只能重新规划华为的手机战略。

终端的崛起——定位

2010年年底,华为公司进行了重大的战略调整:面向未来数字洪水的浪潮,确立了影响深远的云管端战略,运营商业务、企业业务、消费者业务并驾齐驱,手机业务升级为公司三大业务板块之一。

2010年12月3日,任正非组织召开了一次高级座谈会,徐直军、郭平、陶景文、万飚、余承东等高层参加。在这次会议上,任正非对终端业务重新进行了定位。

任正非在会上说:"我认为在终端上,我们的创新不够,能力不够。要抓住自己的优势,要做出几款好的产品……要好好想想我们的战略是什么,怎么才能胜利。现在我们要改变以前不做品牌的策略,以前我们做低端手机,不做品牌,不做渠道。我们怎么才能确定客户需求?这是个大问题。

"采取什么样的战略需要你们自己想明白,到底是先把规模搞得大一点,还是先把利润搞得多一点,这个不要我来给你们判断,否则你们CEO不应该拿这么多钱。你们现在提升自己的竞争能力是最重要的。

"只有进攻才可能成功,防御是不可能成功的。没有渴望和客户见面的干部,要立即从行政职务上退下,害怕和媒体接触的,你也别做行政干部了。"

在这次会议上，任正非对终端业务进行了重新定位，明确了在手机终端领域做全球第一的长远目标，对终端业务做出以下三个调整：在产品上，从低端手机转向高端手机；在市场上，从无品牌转向自主品牌；在用户重心上，从运营商转向消费者。

这种顶层设计为华为终端之后的发展指明了方向，拔高了它的战略地位，让终端公司有了更广阔的发展空间。

一年过后，华为手机虽然有品牌了，但80%的渠道仍然依赖运营商，B2B向B2C的转型不容易呀。

2011年11月的三亚会议上，任正非再次强调把最终消费者作为公司客户，会后任正非任命了余承东担任终端公司的董事长兼CEO。

余承东硕士毕业于清华大学，1993年加入华为，他从基础研发员工做到华为无线产品线总裁。2007年，他主导的Single-RAN产品横扫欧洲，助力无线产品收入跃居世界第二，逼近爱立信。

余承东接手的终端是一个烂摊子，在此之前，三任总裁都没有挽回手机终端业务的颓势。技术能力、渠道能力、供应链能力都不行，流程体系是套用网络设备的IPD，开发周期长。市场形势严峻，可谓前有猛虎，后有群狼。

余承东上任终端公司后的第一件事就是统一思想、确定战略。多年来，终端的一把手走马灯一样地换，各路人马都有自己的想法，如何统一思想是一个大难题。

公司要求终端的长远目标是世界第一，当时绝大多数人是没有自信的。余承东在讨论会上先问大家，谁知道世界第二高峰的名字？没有人答上来。余承东说：“登上世界第二高峰也很难，但却没有知名度，为什么我们不能鼓劲登上第一高峰？取其上者得其中，取其中者得其下，我们不敢取其上，最多只能得其下。"

大家在讨论是否放弃运营商定制机的问题上争论激烈：运营商关

系是华为多年积累的宝贵资源，放弃了太可惜；直接面向消费者的汪洋大海，又该怎么下手？谁也没有经验。放弃运营商定制机如同当年放弃国家的铁饭碗去下海创业！

做运营商定制机的成功例子也不少，最典型的是宇龙公司。郭德英创立的宇龙公司早期是做寻呼业务起家的，并在香港上市。寻呼业务衰退后，宇龙的股价曾经跌到0.1元，人才大量流失。后来宇龙开始做手机，但也很难打开局面，在3G牌照发放之前，郭德英调整了战略。

那是一个月明星稀的夜晚，郭德英睡不着觉，一个人到莲花山山顶膜拜邓小平的雕像，忽然来了灵感：3G牌照发放在即，国家一定会支持中国自己的TD-SCDMA标准，而西方公司决不会做TD-SCDMA手机，中国公司大多也会观望，就赌TD-SCDMA手机。郭德英的判断是正确的，宇龙靠给中国移动做TD-SCDMA定制机实现了二次腾飞，特别是后来的酷派系列大获成功，公司干脆注册了酷派子公司，一度与中兴、华为、联想并称"中华酷联"。在华为与运营商解耦之后，酷派仍坚持与运营商捆绑，两年后酷派面临困境，被360和乐视并购。

那么，与运营商捆绑在一起有什么坏处呢？

就拿国内来说，每年年底，中国移动、中国联通、中国电信三大运营商会向各大厂家提出明年的手机规格要求和要货量，每家提三种规格，厂家就要开发9款手机。关键是要货只是预测，到时候卖不了那么多怎么办？还是要由手机厂家承担损失，谁让你的手机没有竞争力。运营商不会做细致而前瞻的客户需求分析，运营商把手机厂家与最终客户割裂开了。并且，国内外运营商那么多，需要开发的机型太多，手机厂家哪个都做不好。

华为特别强调以客户为中心，搞清楚了运营商不是直接客户，千万手机用户才是客户，华为终端的新战略才有了方向。为了与客户对接，终端公司成立了与研发部平级的客户体验中心，收集客户需求，倾听客户反馈，代表客户与研发部门 PK。

终端的崛起——探索

客户找到了，产品目标就清晰了，余承东大幅缩减机型数量，把原来的上百个产品版本压缩成四个产品系列：D 系列（Diamond 钻石）、P 系列（Platinum 铂金）、G 系列（Gold 黄金）、Y 系列（Young 年轻）。其中，P 系列和 D 系列走高端旗舰路线。后来的 Mate 系列取代了 D 系列，Nova 系列取代了 G 系列，Y 系列演变成畅享系列。华为向苹果学习，每个系列一年只推出一两款新产品。

要想做高端手机，就必须有自己的高端技术，苹果和三星是华为面前的两座高峰。苹果有自己的芯片和操作系统，三星有自己的芯片，操作系统是基于安卓的深度订制。余承东决定向三星学习，开发自己的 CPU 芯片，软件是基于安卓深度订制的 EMUI。

2012 年 3 月 9 日，上任不久的余承东发了一条微博："最近被那些盲从的跟风者搞火了，我在此不谦虚地说一次，我们今年底明年初将推出一款比 iPhone 5 强大很多的旗舰手机。"这条吹牛的微博被网友冷嘲热讽，之后"余大嘴"的称号便不胫而走。

这种方式，是余承东偷师雷军的。2011 年 8 月 13 日，小米 1 发布，雷军在微博上摇旗呐喊，获得巨大成功。

此后，余承东还充当了 CMO 的角色，发微博对华为手机进行推广营销。

此时的中国智能手机市场才刚刚兴起，国内智能机都在中低端阵营，因为积累不够，特别是自研的芯片不成熟，余承东要打造高端机非常艰难。

2012 年，华为首推的高端手机 P1 并没有获得市场认可，销量惨淡，随后问世的 D1、D2 依旧如此，Mate1、P2、Mate2 也反响平平。这些手机大多使用华为自己的 K3V2 芯片，手机发热，加载缓慢，缺乏美感，用户体验差。另一方面，华为零售渠道不足的软肋暴露无遗，门店数量少，渠道管理不善。虽然余承东经常到门店站台，亲自向客户介绍手机的性能指标，但绝大多数客户是听不懂指标的。

此时，消费者对 K3V2 的厌恶也达到了极点，有网友写了一副对联调侃："海思恒久远，一颗（K3V2）永流传"。

殊不知，芯片一定要在真实场景中不断运用才能暴露问题，只有找到了问题，才能对症下药。如果没有华为手机，海思芯片就无法成长起来，这是华为相较于其他手机厂商的机遇，同时也蕴含着错过市场机会的巨大风险。

就在这一年，余承东为了让团队专心做智能手机，将总量 5000 万台的运营商定制功能机直接砍掉 3000 万台，并要求打上华为的 logo。这一要求引起了运营商极大的不满，15 家欧洲运营商中有 14 家终止了与华为的合作。有人以华为被沃达丰、法国电信等世界级运营商剔除为契机搞了个"倒余运动"，想让余承东下课，后来闹到任正非那里，任正非一锤定音："不支持余承东的工作就是不支持我。"

2012 年年底，因为没有完成预定的绩效任务，余承东的年终奖为零。

任正非把一架歼-15 战斗机的模型送给余承东，意喻"从零起飞"，不过这并没有缓解余承东的压力，他带着团队去广东增城白水寨瀑布团建了一次，他在微博上感慨："号称落差最大的瀑布，爬山很吃力，再到山顶的天池，则一片平静。人生、事业也是如此吧？"

终端的崛起——腾飞

痛定思痛，余承东带着团队连夜开会。在他看来，华为手机此前失败的原因在团队的思想观念上，包括产品设计上的工程师情结，缺乏面向最终消费者的意识。接下来，华为手机的两条战略也已确定：

第一，全面转向以消费者为中心，不能只看重工业参数，更要重视美观；

第二，继续用海思芯片，继续投入技术研发。

余承东倾注全部资源孤注一掷，压在一款产品上——华为P6。这款手机投入的研发人员近千人，Dream Lab实验室和2012实验室全力以赴，工程师数月驻扎在供应商工厂里，全面把控工艺和质量。

2013年6月18日，华为发布的P6成为华为手机高端之路的转折点。

虽然P6仍然采用K3V2芯片，但是P6的机身厚度仅为6.18mm（双卡版为6.48mm），是当时全球最薄的智能手机，整机的一体感较强，金属机身也摆脱了廉价感，定价为2688元，全球销售了400万台。

宣传推广P6时，华为用一句"美，是一种态度"替代了所有的参数和专业术语。

从P6开始，华为才学会往冰冷的手机硬件里注入情感认知，用艺术代替参数配置，与消费者建立价值认同感和情感共鸣。

此后，华为陆续推出P6S、P7等产品，P7的定价比P6高200元，最终销量为700万台，对市场的摸索伴随着产品的迭代逐渐精确。

背水一战的胜利让余承东终于走出泥潭，慢慢找到了做消费者业务的感觉。

这一时期，国内智能手机厮杀的主战场仍然集中在千元机，小米模式、粉丝经济和电商分销已经成为一种成功模式。该不该向小米学习电商模式？市场方面仍有抵触。最后由任正非拍板：中低端荣耀品牌采用电商模式，高端仍然采用渠道模式，但渠道能力要加强。任正非还特别提醒：要对安卓进行深入研究，要发展自己的操作系统能力，防止将来人家不让用。这才有了后来的鸿蒙。

于是，2013年年底，华为确立了"华为+荣耀"的双品牌。荣耀全面复制小米，小米模式能成，那华为也要搞一个。

一连串的变革终于换来2014年华为手机销量的爆发，当年荣耀的全球发货量为2000万台,一年增长近30倍。

华为手机真正被大众熟知,是售价近4000元的高端机Mate 7的问世。

这款被消费者戏称为"美腿妻"的手机一上市便成了爆款。创新的整机架构设计让这款手机拥有业界中最大的屏占比,全金属机身、按压式指纹识别、一触解锁等创新设计让Mate 7一经亮相便惊艳全球,在各地市场持续热销,一机难求。

传奇有多动人,背后的付出就有多艰辛。在这款手机上,研发团队投入了太多的心血,一直奔跑在追求极致的路上。如何解决金属机身下的天线性能问题?如何把指纹识别做到最好用?如何在大屏、大容量电池和紧凑的机身之间平衡?面对各种挑战,考验的不仅是实力,更是勇气和毅力。

为0.1毫米的尺寸改结构,为万分之一的潜在失效修改版面设计,正是这种偏执狂般的完美追求让这款产品实现了跨多代的极致改进。无论是外观、硬件规格还是用户界面,都有了大幅提升,成为一款跨越性的产品。Mate 7的最终出货量超过700万台,开始扭转华为在消费者心中的低端机印象,取得了里程碑式的胜利。紧接着,2015年4月,华为发布了另一款旗舰机型P8,销量突破1000万台。

2016年4月,华为的最新款旗舰机P9正式发布,这款由华为与德国百年相机品牌徕卡携手合作的首款作品,将手机摄影带上了一个全新的高度。

随着芯片的演进迭代,华为P30搭载的麒麟980芯片已经能够PK行业老大高通的骁龙855,从被骂惨的K3V2到跻身世界一流芯片行列,海思最终实现了任正非的期许:一定要站起来,减少对美国的依赖。

同时,华为手机的销量节节攀升。2018年,华为全年销售2亿台,已成为中国市场的第一大品牌,从2012年到2018年,6年的时间,华为的智能机几乎是从零做到了中国第一,从 B 端到 C 端的切入打造出荣耀和华为这两个成功的品牌。昔日高居榜首的三星几乎被挤出了中国市场。

美国的打压对华为手机而言无疑是灭顶之灾,中国政府和企业界开始全面布局芯片产业,等到中国有了自主的芯片制造能力,相信华为手机一定会王者归来。

终端的崛起——思考

华为手机的成功不仅仅是华为人敢打敢拼的结果,更靠数十年在无线通信领域锻造的雄厚研发实力:仅旗舰机研发中心上海研究所就拥有手机厂商中最大最全的电磁兼容实验室、6000 部真实终端的大话务量实验室、最先进的音频实验室等八大网络/终端实验室。此外,这些年华为一直在全球构建最顶尖的智慧资源,包括在时尚之都巴黎设有美学研究中心,在全球设计中心伦敦设有设计研究所,在数学家最多的俄罗斯设有算法研究中心,在日本设有小型化设计和质量控制研究中心,在硅谷专门建立了创新中心。

一台华为手机的背后,是全球强大的研发中心和实验设施在保障其品质。

回到 2010 年,任正非豪言要把华为手机做到世界第一,没有人相信;回到 1994 年,他信心满满地说华为的交换机在十年内要三分天下有其一,也没人相信。不过似乎每一次,他都能把吹过的牛给实现了。

一台华为手机的崛起史,是过去十年中国大陆消费电子黄金时代的缩影。

全球科技电子行业产业转移、巨头采购模式变化、资本市场的繁荣和支持、企业家精神和中国工程师红利交相辉映,勾勒出了一个波澜壮阔、英雄辈出的年代。中国智能手机从低端机起步,打败三星,追逐苹果,一个万亿级市场最终由国产品牌占据主导,完成逆袭。

揭秘华为"2012实验室"

央视新闻播放了2019年5月21日央视《面对面》节目在华为总部独家专访华为创始人兼CEO任正非的纪录片。

任正非表示,完美的人就是没用的人。在家里,太太和女儿都骂我笨得要死。我不管了,我只做我的长板,再拼上别人的长板,拼起来不就是一个高桶了吗,为什么要让自己变成一个完整完美的人?完美的人就是没用的人,我们公司从来不用完人,一看这个人总是追求完美,就知道他没有希望。这个人有缺点,缺点很多,这个人好好观察一下,在哪方面能重用他一下。

"俄罗斯研究中心有一个小伙子,是大数学家,我今天早上跟他们说,你们有合适的女朋友给他介绍一下,这小伙子不会谈恋爱,只会做数学。他到我们公司十几年了,天天在玩电脑,不知道在干什么。我们管理五万名研发人员的人到莫斯科去看他,打个招呼,一句话就完了。我给他发那个院士牌牌的时候跟他讲话,嗯、嗯、嗯,三个嗯完了,没有了。他不善于打交道,他十几年默默无闻地在干啥,我们并不知道。有一天有人突然告诉我,我们把2G到3G突破了,把这个算法突破了。我们马上在上海进行实验,实验确实证明了,我们就这么一下就领先全世界了。"

华为在招纳人才方面面向全球,吸收宇宙能量,汇聚全球优秀的DNA。整体来说,哪里有优秀人才,华为就在哪里设置研发中心,比如莫斯科、东京、伦敦、巴黎、班加罗尔等地都有华为的研发中心,以此争夺全球各地的优秀人才。

任正非说的那个天天玩电脑的小伙子就来自俄罗斯研发中心。俄罗斯诞生了很多数学家,为此,华为在这里设立了以算法为主要研究方向的研发中心。对算法的重视及投入让华为在这方面取得了领先。之前,不同的网络制式,其算法是不一样的,华为俄罗斯研究所的那名数学天才打通了不同网络制式之间的算法，帮助运营商节省了超过30%的成本，并且更加环保，让华为在这个领域处于绝对领先的地位。

华为的2012实验室被誉为中国黑科技最多的地方，也代表着国内顶级的科研水平。据称，该实验室的名字来自任正非观看电影《2012》后的畅想，他认为未来的信息爆炸会像数字洪水一样，华为要想在未来生存发展就得构造自己的"诺亚方舟"。

就连海思半导体也是属于2012实验室下属的二级部门，其他二级部门还包括中央硬件工程学院、研发能力中心、中央软件院。2012实验室的主要研究方向包括新一代通信、云计算、音视频分析、数据挖掘、机器学习等；主要面向的是未来5~10年的发展方向，很好地支持了华为在5G领域的突破。

多年前，华为正是看到了一篇有关5G的报告，才开始投入千人研究5G，这么多年过去了，他们在5G上取得了很多傲人的成绩，这都与大量的研发投入和对5G的重视程度息息相关。

在2012实验室对外展示的一些片段中，热实验、结构材料与力学实验室、先进力学研究实验室和天馈实验室等都有不同程度的露面。外界得以窥见华为领先全球的技术是如何诞生的。

热实验室研究设备如何控制热量，比如大家使用的手机如果热量过大，处理器就会降频，性能就会受到影响，由于华为要在5G基带中集成对4G等以下网络的支持，所以发热量控制就显得尤为重要，热实验室就是要给出整体设备的散热解决方案，并且研发出新型的散热材料，等等。

至于机构材料与力学实验室，华为的举例也非常直白，那就是研究5G设备的耐用性，由于这种设备不会像手机那样频繁更换，寿命一般都是5~10年，而在这期间，设备是不能因出现损坏而进行维修的，所以在克服外界因素上就显得很有必要，比如这种设备外的涂层都含有很高的科技含量，不怕冰雪覆盖，也不怕盐水浸泡，材料足够坚固，同时设备的摄像头防水。

最后是华为的天馈实验室，它是目前全球最大、最先进的天线实验室，能测试验证天线的设计指标和要求，比如华为手机的天线设计，其要求在极端的环境下也能保持正常通信，对天线的设计和测试都是在这个实验室进行的。

除了上述部分环节，华为还曾主动透露过2012实验室中不少机密的组成部分，比如AI人工智能目前在华为手机上已经应用，华为通过核心算法把手机照片作为训练数据进行一对一匹配，让模型学会怎么把质量较差的照片转为质量较好的照片；而在视频处理速度上，华为通过AI芯片和压缩算法把大算力学习放在云端，把训练完成之后的模型放到端侧。

还有就是实验室中的产品体验测试，这是华为自主研发的第四代自动测试系统，价值千万级，能够基于应用场景测试用户实际使用中面临的各种问题，并给出具体的优化方案，目前是业界最领先的系统。

比如，仿生机器人能够完全模仿人手点击、拖动、划曳等操作，精确记录某个软件在第几秒出现卡顿，智能甄别故障。实验室的各种测试项目都基于常用场景，更具实际意义，比如通过仿生机器人进行微信抢红包测试，并通过测试结果进行改良，加快抢红包的速度。

任正非曾表示，基础学科看起来虽然容易，但实际操作起来非常困难，华为就是要大力发展基础学科，同时，华为还要坚持大力地投入研发费用，做好创新，保持竞争力，公司坚持将年收入的15%投入研发。

任正非此前公开介绍过华为至少有700名数学家、800多名物理学家、120多名化学家、7000名基础研究专家、6万多名高级工程师或工程师，还有在编的1.5万多名基础研究的科学家和专家，还有6万多名应用型人才。

华为为什么能异军突起？无数人问过这个问题。

任正非在战略务虚会上给出了这样的回答：方向要大致正确，组织要充满活力。通信业务是华为的主航道这一点从未动摇，进而切入手机市场，攻下芯片。任正非和华为上上下下犯过诸多错误，但对商业本质的把握，对优秀人才的虚怀若谷，以及不断试错、快速自我修正的体制，从来都没有变过。

所有的成功都不是一蹴而就的，所有的强大都是数十年坚持科技自立的慢慢积累和探索。没有异禀天赋，没有坐拥资源，除了励精图治，艰苦奋斗，甚至透支自己来缩短与竞争对手的差距，别无他法。这样的故事，不就是我们这个民族四十年来的缩影吗？

华为用实践告诉我们，中国庞大的工程师队伍在先进管理制度的保障下，能够焕发出强大的生命力，让中国的产业可以真正屹立于强者之林。华为用三十年的实践，在"中国人到底行不行"这个问题上，率先交卷。

慷慨地对待每一个奋斗的个体，用科学的制度释放他们的生命力，中国人就会不断创造出奇迹。一个公司是如此，一个国家也是如此。

第二章　美国为何打压华为

国与国之间的竞争很大程度体现在两国企业之间的竞争上,美国打压华为,是因为美国惧怕华为的竞争力,这是没有硝烟的战争。

众所周知，华为受到了美国疯狂的打压。该怎么应对？不谋全局者不足以谋一隅，我们首先要搞清楚美国对中国进行战略遏制的基本逻辑。

1　美国为何遏制中国

特朗普上台后，美国颁布的《国家安全战略报告》首次将中国定义为"战略竞争对手"，这标志着美国对中国的战略转向——从合作转向遏制。随后的贸易战、打压华为等动作都是这一战略的具体体现。一向倡导贸易自由的美国为何变成了贸易保护主义的恶霸，并利用各种关税措施对付中国呢？

WTO是多边国际组织，其规则是由发达国家制定的，发达国家通过对发展中国家进行限制，以及运用领先优势建立技术壁垒，从而削减多边贸易体制本应带给发展中国家的利益。表面上互惠互利的国际贸易，实际上却是发达国家占便宜。归根结底，你的低级产品我有选择权，而我的高级产品你没有选择权。

为什么美国对WTO产生不满了呢？这就要从21年前中国加入WTO说起。

从"美好的一天"　到"历史性错误"

2000年3月8日，在位于华盛顿的约翰·霍普金斯大学，时任美国总统克林顿进行了一场热情洋溢的演说。

克林顿的演讲很长，下面给读者画一下重点：

"中国是我们在二战中的盟友，在朝鲜战场上是我们的对手，后来成为我们制衡苏联的力量。未来中国走什么道路我们不能决定，但我们可以施加影响。中国已经选择了改革和开放，如果我们转身而去，那么其他国家就会占领中国市场，接下来的20年里，我们会不断后悔为什么把协商好的利益交给别人。

"支持中国加入WTO不仅关乎我们的经济利益,而且符合我们更大的国家利益。这是自20世纪70年代尼克松总统第一次访问中国,以及随后10年卡特总统实现中美关系正常化以来,我们必须在中国创造积极变化的最重要机遇。拥有全球最大市场的中国向资本主义靠拢是符合美国的长远利益的。

"我们不仅要扩大贸易,而且要以一种反映我们基本价值观的方式扩大贸易。加入WTO将促进中国的自由经济。中国越是开放经济,他们的人民就越需要更多的发言权,进而促进中国的选举自由,一旦被释放,自由的精灵便不会再回到瓶子里。

"在新世纪,自由将通过手机和互联网传播。从加入WTO到2005年,中国将取消对信息技术产品的关税,我们更便宜的通信工具将加速中国的自由开放。"

2000年5月17日,美国国会众议院投票同意给予中国永久正常贸易关系地位。该投票的结果其实就是支持中国加入WTO,这被认为是克林顿总统在任期行将结束前最优先的要务,他后来说:"对美国来说,这是美好的一天。从今往后的10年,我们将回望这一天并将对这么做感到开心。"

对于中国来说,经过15年的艰辛努力,以及与WTO的37个成员进行的100多轮双边谈判(中美谈判25轮,中欧谈判15轮),终于和最挑剔的美国达成了协议,虽然做出了不少让步,但总算是获得了全球贸易竞技场的入场券。

10多年后,有人不开心了。特朗普把美国中下层民众的生活困窘归咎于中国,并靠煽动不满情绪当选总统。特朗普一上台就和中国打起了贸易战,他的几个"小弟"更是极尽攻击中国之能事,甚至指责前任政府允许中国加入WTO。

莱特希泽是强硬鹰派的代表人物,美国首席贸易代表,出生于冷战元年，成名于美日贸易战，他是《广场协议》的策划者，并在2017年再度受命于中美贸易战。

2018年，莱特希泽向美国国会提交报告，对中国加入WTO后的表现给出了非常负面的评价，指责中国违反了WTO的规则，在中美贸易中让美国吃了大亏，中国对美贸易的巨大顺差就是中国占了美国大便宜。他认为，当初让中国加入WTO就是一个"历史性错误"。

白宫总是说中国没有履行入世承诺，而WTO总干事、中国入世时的欧盟谈判代表拉米早在2011年就表示："中国履行入世承诺的成绩可以得到A+。"2018年，拉米再次表示："中国没有欺骗，美国错了，中国遵守了他们当年签下的WTO承诺。"

按照WTO官方的统计，在截至2016年的20年间，美国因违反WTO承诺而被起诉128次，欧盟被起诉82次，中国被起诉37次。如果中国确实全面违反了WTO承诺，那为什么很少被起诉呢？反倒是"遵守游戏规则"的美国竟然被起诉了128次，比整个欧盟还要多！

特朗普政府对全球发动贸易战后，全面违反了WTO承诺，遭到了多国的起诉，于是美国干脆搞瘫了WTO仲裁法庭，让你们没处说理。

打个比方，WTO就像奥运会，中国队多年申请加入，美国队却百般阻挠，最后，中国队答应给美国队洗衣捶背，美国队才同意中国队加入。没想到中国队在加入后夺金摘银如探囊取物，于是美国队污蔑中国队违反规则，还想把中国队赶走。后来裁判处罚了美国队，美国队干脆把裁判都赶走了。结果是美国队把足球踢成了橄榄球，特朗普就像抱着足球满场跑的恶棍。

美国对中国贸易逆差的必然性

美国的贸易逆差由来已久。自1971年美国单方面宣布美元与黄金脱钩后的40多年里，除个别年份外，美国一直处于贸易逆差中，与其他后发国家和新兴经济体的争端也持续不断，最初是与德国和日本，随后是与亚洲"四小龙"。2000 年，中国取代日本成为美国最大的逆差国。

美国的贸易逆差长期无法解决，其中一个重要原因就是其维持美元霸权。美元是国际市场中主要的结算和储备货币，美国需要向全世界其他国家提供美元流动性，这就形成了贸易逆差。也就是说，如果美国没有贸易逆差，就不能满足国际贸易对美元的需要，就不可能维持美元的主要国际货币地位。因此，在现行体系下，美国的贸易逆差不可能消除，但会在不同国家之间转移。即使中国对美的贸易逆差有所缩减，也会由其他国家补上。

美国对中国的贸易逆差的最主要原因是美国不愿意向中国出售高端产品。中国出口美国的商品，换回来的美元不过是一堆绿纸，只有买回自己需要的东西才有价值，可是又能买到什么呢？

买科技公司的股份？不卖！

买芯片？不卖！

买农庄、买固定资产？不卖！

买战斗机？更别想！

美国卖什么？就卖农产品，大豆、玉米……要不就是卖纺织品，NIKE、LEE、COACH……

中国对美国的出口产品越来越高端，美国对中国的出口产品却越来越低端，现在已经搞不清楚谁是科技国、谁是农业国了。

美国从对华贸易逆差中获取极大好处

第一，美国的进口商及跨国公司拿到了贸易差额中的绝大部分利润。美国对中国货物的贸易逆差有将近 60% 来自外商投资企业，其中相当一部分是美资企业，销售这些商品最终会形成美国公司的收入和利润。美资企业的全球海外销售总额增长中的 1/3 来自中国市场。中美贸易不平衡中的 61% 来自加工贸易，在实际价值分配中，中国真正得到的增加值很少。比如苹果手机，富士康在中国生产出来再出口到美国，中国劳动者只能得到约1%的加工费收入。

第二，美国消费者通过中美贸易获得巨大的"消费者剩余"。据估计，美国市场的零售商品中有1/4是从中国进口的。中国物美价廉的产品源源不断地输入美国，降低了美国人的生活成本，提升了福利水平。自20世纪90年代以来，美国出现了"高消费、低通胀"的奇迹。即便是在实施量化宽松的10年里，美国也没有出现明显的通货膨胀，其中一个重要原因就是人口超过欧、美、日总和的中国处于高速工业化时期，空前地增加了全球消费品的供给量。

第三，美国获得巨额廉价资本回流。中国贸易顺差积累的资本，以购买美国国债等美元资产的方式支撑着美国的消费和投资。中国资本的持续流入使得美国市场的资金成本极低，为其经济的复苏和繁荣创造了极有利的条件。

说白了，由于美元的霸权地位，中国需要使用美元和全世界做生意，中国的廉价商品在换取美元的同时也供养了美国，而美国没有与我们交换同等价值的商品，中国需要的高技术产品他们却不卖给我们。

正像中国银保监会主席郭树清说的那样，美国从中美经贸往来中得到的好处，相当于从一头牛身上剥下了许多张皮。

醉翁之意

既然美国在中美贸易中占了大便宜，为什么还要装成受害者呢？原因有三。

第一，虽然美国在中美贸易中赚得盆满钵满，但利润却大多流到富人手中，中下层民众仍相对贫困。2019年5月23日美联储发布的抽样调查显示，在因紧急意外情况而需要支出400美元时，有39%的被调查者无法以现金、储蓄或者信用卡的方式进行支出。而且，美国到处打仗欺负小国，大量的军费开支导致没钱搞建设和改善民生。特朗普正是靠美国中下层的不满情绪煽动民粹上台的,把美国自身的问题甩锅给中国,容易获得中下层民众的支持。正像诺贝尔经济学奖得主约瑟夫·斯蒂格利茨说的那样:"美国正逐步演变为一个1%的国家,即美国的经济和政治都只为最顶层的1%的人而存在,也被那1%的人所操纵。美国已经成为一个满是穷人的富国,美式资本主义病了,失败的不仅是经济,还有政治。"特朗普不敢得罪那1%的既得利益集团,将炮口对准中国以转移国内矛盾是最简单的办法。

第二,美国号称"整老二"专家,屡次对GDP达到美国60%～70%的第二大经济体进行遏制,苏联和日本都在这个阶段受到了美国的无情打击。中国通过40年的改革开放和不懈的努力成为了世界工厂,2016年,中国的GDP达到美国的60%,特别是中国中高端制造能力的提升让美国担心中国经济超越美国,威胁到自己的霸主地位,所以美国要千方百计地遏制中国的发展。从中美贸易战中美国对中国商品的加税清单就可以看出,他们重点打击的都是"中国制造2025项目"和高技术产品。这哪里是要解决贸易逆差问题,分明是要限制中国的高端制造业,想让中国永远为美国所需的低端商品打工,再用赚取的微薄利润购买美国昂贵的中高端商品。

第三,美国式的政治制度对中国输出无望,美国担心中国制度的成功会动摇西方的价值观。从克林顿的讲话中可以看出,美国希望在中国加入WTO且经济开放的同时将政治体制向美式民主靠拢。中国的制度成功和文化自信让美国的期望落空。很多人认为美国的富强是靠民主自由,这是错误的认识!民主自由对美国的富强充其量只是排名第四位的因素。所以,那么多东施效颦学习美国选举制度的国家并没有富强起来。反之,美式民主是美国控制其他国家的工具:只要一个国家搞美式民主,站在灯塔高处的美国就很容易利用政治、经济、军事、文化等方面的影响力左右该国的选举,使不合意者很难上台;即便侥幸上台,美国的情报机构也可以靠煽动民众或制造丑闻把他赶下去。

客观地说，究竟什么样的政治制度适合治理国家和发展人类社会？这还是一个没有彻底解决的社会学难题，每个国家都有权选择适合自己的政治制度和发展模式。如果处处学美国，则永远赶不上美国。

国际舆论对中国入世的评价

美国《外交》杂志刊文称："除了让中国加入 WTO 以外，美国并无其他更佳的选项。"在长达 15 年的中国入世谈判中，美国等国给中国设置了许多障碍，但对美国来说，除了为中国提供永久最惠国待遇以外，几乎不需要再做任何新的让步，而美国自 1980 年以来基本上一直为中国提供这种待遇。美国有其他选项吗？如果拒绝，中国将对其他国家的进口削减关税，同时继续对美国产品征收高关税，美国得不偿失。还有一个选项是继续孤立中国，但这么做很危险，不合情理且不可行——美国当时已经很难孤立朝鲜和伊朗，更不要说孤立发展迅速的庞大的中国。

美国铭基亚洲投资策略师罗福万在英国《金融时报》上撰文说："中国加入 WTO 是福利而非错误，许多美企因此受益，在中国市场上叱咤风云。中国也成为美国农民最大的海外市场，自 2001 年以来，美国对华的农业出口已经增长了 10 倍。"

至于有说法称美国"被抢走"了上百万就业岗位，文章称"这些工作都是在 10 年内逐渐丧失的"。而其他研究发现，仅 2015 年一年，美国对华出口就直接和间接地支撑起美国 180 万个就业岗位。另外，人们容易忽视中国产品对美国消费者的好处，经济学家研究发现，"各种制成品的低价使美国消费者受益于中国入世"。

2017 年 1 月，奥巴马政府在新任总统特朗普上台前发布的最后一份年度贸易报告称，美国与中国就贸易争端进行的持续谈判得到了WTO 的支持，对美国公司产生了效果。报告同时列出数据：自中国入世以来，中国与其包括美国在内的许多贸易伙伴之间的贸易和投资激增，美国对华商品出口增长 505%，其中，服务贸易出口增长 802%，中国成为美国在北美以外地区的最大商品市场。

事实上，对于中国的入世，压倒性的观点就是"双赢"。柏林洪堡大学国际政治学者霍尔特曼对《环球时报》的记者表示："WTO 代表各方利益，并不只有利于一个国家；出现问题时，各方可以通过仲裁解决；中国的入世没有让美国受损，美国通过在中国投资等行为获益，这是共赢。"

其实，贸易的基本属性就是互利，没有互利，就没有生意。

对中国而言，入世的最大收获不仅是获得了更自由、更广阔的国际市场和更丰富的投资来源，中国也逐渐学会利用 WTO 的游戏规则提升自己的产业水平，维护自身权益。对工业化国家而言，中国的入世让约占全球 1/5 人口的庞大群体纳入全球化体系，并意外地在非常短的周期里获得了超乎预期的回报——不仅有物美价廉的超市产品，也有能在关键时刻救急的资金和惊人的全球工程施工能力。入世让中国繁荣发展，也让中国成为世界经济的发动机。入世后，中国的进出口同步增长，出口稍快，但进口增速超过了其他所有国家的进口增速，中国的入世为世界带来了巨大的市场。

地主肥胖怪罪长工

深入分析就会发现，中国的发展和美国的衰退确实有关：中国的改革开放调动了十多亿勤劳人民的积极性，这是多么强大的力量！源源不断、物美价廉的商品把美国人养懒了，美国人活得太安逸了，岂有不败之理？2017 年，曹德旺到美国创办玻璃厂时发现美国人只想着多拿钱、少干活，在这样的环境下，美国自己的企业都争相外迁，更遑论制造业回流。20 多年来，中国人在拼搏流汗，德国人和日本人在精益求精，美国人却在大肆印钞，到处打仗欺负弱小国家。

可悲的是，美国人并不认为自己有什么问题，他们把美国的问题归咎于中国的崛起，自己得病却让别人吃药。新冠疫情的暴发暴露了美国社会的种种问题，但特朗普却说美国的抗疫工作是全球最好的，并且拼命抹黑中国。作为医疗水平最发达的国家，在疫情面前却闹出了上百万人死亡的惨剧，死亡人数超过了美国历次战争死亡人数的总和。

2021年4月21日，美国参议院外交关系委员会通过了《2021年战略竞争法案》，该法案又称"美国两党对华全面法案"，矛头直指中国，简单来说，就是不择手段地全方位遏制中国的发展。

该法案有一项条款，居然要求每年拨款3亿美元专门抹黑中国。

国外社交媒体上调侃了这3亿美元的用法：星期一、三、五报道中国即将崩溃；星期二、四、六宣传中国是一个大威胁；星期日记者休息。

中美利益高度关联融合，美国的一些政客把中美关系搞成对立关系，这对双方都没有好处。关键问题是美国要不要承认中国的发展权，是否允许中国勤劳致富。

从国际政治角度来说，国际秩序并非建立在价值中立的基础上，相反，它体现的是秩序构建者的意志和利益，现有的国际秩序正体现了美国的霸权意志。美国的霸权本质上是讲求弱肉强食，而非文明的理念。

实际上，西方文明的一切出发点都是利益，无论是个人还是集体，西方文化认同不择手段地追逐利益。中国文化讲求共赢，所以中国追求的和平崛起在西方眼中是无法理解的。

今日的中国不仅在低端制造领域已经超越美国，在中高端制造领域也逐渐赶了上来。自然而然地，中国的经济发展模式对美国所谓的"新自由主义市场经济"产生了挤压和冲击，因此美国在恐慌和不自信情绪的支配下，对中国挥起了大棒。

正像美国前驻华大使芮效俭指出的:"美国在潜意识里就将中国当作是意识形态上的敌对方,甚至把两国的关系描绘成不同制度的对抗,还要求其他国家必须选边站队。这样的做法缺乏理性,而且也根本不适合国际形势的发展。"

澳大利亚前总理保罗·基廷说得更明白:"美、日、印、澳四方的安全对话只有一个目标,那就是遏制中国。在他们看来,20%的人类摆脱赤贫、接近于成为一个现代国家的这一事实是不合法的;但更重要的是,其存在本身就对美国构成了冒犯——中国的存在就是对美国卓越地位的挑战。"

总之,对于中国的迅速发展,美国已经将其解读为战略威胁,并且美国已经挑起了全方位的争端。中国没有退路,唯有迎难而上,勇敢亮剑,苦练内功,广交朋友。只有自己强大了,才能取得应有的国际地位,这是中华民族在复兴征途中必须翻过的一座山。

2 美国为何打压华为

在全球化产业转移的过程中,西方国家处于主导地位,他们设计出产业雁阵,将中低端产业转移给发展中国家,西方国家则保留高端产业,以获得最大的利润。但现在,雁阵设计被中国破解了,中国产业升级,不断提高高端产业的比重,这让美国高层非常焦虑,他们搞不懂这个民族为什么能够在短短的几十年中取得如此之大的成就。

华为无疑是突破美国雁阵设计的领头雁,所以会受到美国的打击。

一连串大棒

华为并不是世界上第一家被美国针对的企业,但却是第一家被美国用举国之力打压的企业。

美国为了达到阻止中国发展高科技的目的,不断打压中国的高新技术企业，前有中兴的巨额罚款，后有华为遭受美国制裁，还有几十家中国企业甚至高校被美国政府列入制裁名单。而此次美国制裁华为却与之前打压其他中国企业不同，美国几乎动用了一切可以动用的手段全面打压华为。看看世界第一强国，看看推崇自由市场经济的美国打压华为的手段是何其卑劣。

(1) 产品禁售。

美国打压华为的第一步就是禁止华为在美国销售产品。

(2) 造谣污蔑。

造谣华为的产品有后门、不安全，却拿不出任何证据。

(3) 市场禁止。

美国政府让已经使用华为设备的电信运营商拆掉华为的设备，甚至不惜给中小型运营商补贴19亿美元。

(4) 拉拢盟国。

除了自己打压华为以外，美国还要求盟友也一起打压华为，将华为的产品和服务拒之门外。

(5) 封锁技术。

美国的芯片、软件等高新技术产品是世界上很多企业的通用品，而这也成为美国打压华为的手段——通过禁止美国企业向华为销售产品和提供技术支持破坏华为的供应链。

(6) 切断供应链。

针对华为的备胎计划，美国修改了技术限售标准，将禁令范围扩大到海外市场，对美制技术的含量标准门槛从25%降低到10%，想要彻底切断华为的供应链。

(7) 莫须有的指控。

美国司法部做局，以莫须有的罪名指使加拿大拘捕华为高管孟晚舟。堂堂一个大国，竟然连绑架勒索的手段都使出来了。

对于美国的打压，先听听任正非的说法："华为想点燃5G的灯塔，想在突进无人区后为世界做些贡献。但刚刚擦燃火柴,便迎来当头一棒。起先,华为以为是合规系统出了问题,结果一棒接一棒,后来才明白美国的某些人希望华为倒闭,于是华为开始求生。但无论如何,华为永远不会忌恨,因为只有一部分人不希望华为变好。而且一个企业要想真正强大,就必须向所有人学习,包括敌人。"

无线霸主的衰落

究竟是什么原因让世界头号强国联合多个盟国去打压一家中国民营企业,必欲除之而后快?

简单地说,美国通过垄断通信领域的上游技术获得了巨大利益,而华为的技术赶超打破了美国的垄断。如果要展开,那么下面的故事可以写出一部无线领域的《三国演义》。

谈及无线通信,不能不提的一个关键人物就是集美貌和才华于一身的海蒂·拉玛(Hedy Lamarr)。《高通方程式》一书的作者莫克这样评价她:"只要你使用过移动电话,那么你就有必要了解并感谢她。要知道,这位美丽的女明星为全球无线通信技术所做出的贡献至今无人能及。"

1914年,海蒂·拉玛出生在奥地利首都维也纳的一个犹太银行家家庭。身为银行家的父亲也是一个科技爱好者,在小海蒂的心里埋下了热爱科技的种子。

少女时代的海蒂迷上了表演,她放弃了选修的通信专业而到柏林学习表演。18岁那年,海蒂作为女主角出演了电影《神魂颠倒》(*Ecstacy*)。

纳粹德国占领奥地利前夕,反纳粹的海蒂逃往美国,打入好莱坞继续自己的演艺事业。也许是因为海蒂太过美丽,导演只想让她成为电影的美丽背景。

海蒂不甘心只出演"花瓶"角色,她是一个天生的科学家,美丽的容貌虽然改变了她的人生轨迹,但却没有改变她那颗热爱科学的心。在演艺事业如日中天之时,海蒂一天要工作 15 小时;回家后,她还要扑在工作台上进行研究和发明,在她看来,"我们的大脑比外表更有意义"。

在"二战"最激烈的时期,海蒂得知反法西斯盟军的鱼雷很难攻击到纳粹德国的潜艇,而盟军的潜艇、军舰乃至渔船则会经常被敌人击沉。一方是迫害犹太人同胞的纳粹德国,另一方是自己赖以生存的美国,尽管她不是美国公民,但她还是想为美国做点什么。于是,她在钢琴家好友的帮助下发明了跳频技术,而这也成为后来 CDMA、Wi-Fi、蓝牙、GPS 等技术的基础。海蒂为跳频技术申请了专利并赠送给美军,但是美军并不领情,他们不相信一个如此漂亮的女人能解决当时众多科学家都无法解决的技术难题,甚至污蔑她的方案是偷来的。

美国海军曾对海蒂说:如果你真想为这场战争做些什么,那就出去推销战争债券吧,你这么漂亮,一个吻就很值钱。让人没有想到的是,海蒂真的去了,她用演出、签名和向陌生男人卖吻的方式售出了 2500 万美元(约合现在的 14 亿美元)的战争债券,海蒂是真的想要结束这场惨无人道的战争!然而可笑的是,战后的美国政府并不承认她的贡献,甚至以"敌方外国人财产"的名义没收了海蒂的跳频技术专利。

1985 年,美国的一家小公司在圣迭戈成立,并在海蒂的专利基础上悄悄地研发出 CDMA 无线数字通信系统。这家公司就是高通。高通现在已成为全球 500 强的大公司,而其理论的发明者海蒂却差点被人遗忘。

海蒂的发明是无线通信的基础,其价值无法估量,就好比特斯拉发明了交流电。但海蒂的晚年却在贫病交加中去世,她的发明便宜了高通公司,美国从此成为无线技术领域的霸主。

为了打破美国在 1G 模拟通信时代的垄断,在 2G 数字无线通信时代，欧洲推出了 GSM 标准，用来与美国高通的 CDMA 标准抗衡。由于高通的专利费比较高，绝大部分国家的无线网络都选择采用了 GSM 标准。

进入 3G 时代后，高通将 CDMA 标准升级到 CDMA 2000，欧洲把 GSM 演进到 WCDMA，中国推出了 TD-SCDMA 标准。注意，这三个标准的名称中都含有 CDMA，说明它们都采用了 CDMA 技术。

当 CDMA 技术成为 3G 的唯一技术方向后，高通利用其专利收取了巨额的许可费用，从一家小公司发展成为行业巨头，并取代 Intel 成为最大的 IC 公司。

业界把交给高通的专利许可费称为高通税。高通税对不同的厂家是不一样的，具体要看双方专利实力的对比，以及商业和政治上的多种因素。对于一些终端厂商，高通税可以达到手机售价的 7%，即整机价格的 7%，而不是利润的 7%，这简直就是抢钱。

为了避开高通的专利牵制，欧洲国家联合起来，又拉上中、日、韩成立了 3GPP 标准组织，从 3G 时代就开始与高通展开较量，处处要和高通搞得不一样。

高通对 3GPP 组织不屑一顾，CDMA 技术的主要专利都是我的，你还能变出什么花样来？3G 时代，虽然欧洲凭借 3GPP 组织把一大堆专利纳入了国际标准，但与高通的核心专利相比仍不是一个量级，所以高通依旧能够挥舞着专利大棒到处收钱。

技术是不断发展的，进入 4G 时代后，3GPP 组织推出了 LTE 标准，摆脱了高通的控制。高通也启动了 UMB 项目，想与 LTE 标准抗衡。但高通早已在业内赚得了"流氓"的恶名，和小伙伴们越走越远了。UMB 项目没人支持，日渐式微。最终，高通还是明智地把 UMB 项目停掉了，向 LTE 标准靠拢。至此，4G 时代的无线技术标准终于统一为 LTE，真正实现了全球统一，这也意味着美国这个昔日的无线霸主走下了神坛。

华为的突破展示了中国力量

华为自从被思科诉讼之后就非常重视保护专利,加上一直以来的研发高投入,华为凭借大量专利,在 4G 时代已经可以和欧洲厂商抗衡,并且在市场占有率上超越爱立信,成为全球第一。

进入 5G 时代,华为的技术方案在 3GPP 组织中获得高度认可,标志着华为不仅在设备占有率方面领先,而且在技术标准上也成为了全球领先者。

德国专利数据公司 IPlytics 于 2020 年 6 月 2 日公布的数据显示,在声明的 4G/5G 关键专利方面,华为的整体持有数量排在第一位,其次分别是高通、诺基亚、三星和 LG。昔日在互联网领域有着"设备商霸主"称号的爱立信在本次排名中位居第七,处于较靠后的位置。

单独看 5G 专利,华为的 5G 专利族声明数量也稳居第一,且中国公司的 5G 标准必要专利族声明量占总量的 33%,均以一定的优势排名各国第一。美国公司占 14%,落后于韩国和欧洲。

值得一提的是,不同于 5G 领域的一般专利,标准必要专利意味着这些专利将成为行业标准,在日后的网络环境中不可缺少且无法绕开,所以标准必要专利的价值非常高,它是衡量一个国家或企业 5G 实力的关键要素。

正所谓一流企业做标准,二流企业做产品。对于 5G 网络的研发,各国都希望能够在 5G 标准中获取尽量多的核心专利,从而让自己在未来的国际市场中获得更多的话语权和收益。可以说,5G 标准的制定既是全球通信产业的合作,也是各国之间的博弈。

从 1G 到 5G,中国经历了从 1G 时代的空白到 2G 时代的参与、3G 时代的跟随、4G 时代的并行发展,再到如今 5G 时代的引领的成长历程,整个过程得益于以华为和中兴为代表的高科技企业在技术研发上的大力投入。

研发费用的投入直接决定着公司的创新能力。在华为公布的 2019 年财务数据中，华为的研发支出高达 1316.59 亿元，占整体营收的 15.3%。

华为的努力大幅改变了我们的生活环境。

试想，抖音这种新型的社交软件为什么首先由中国公司取得成功，而不是其他国家的公司？

这是因为中国电信基础设施的建设全球最好，使用移动网络的人数最多。前者提供了条件，后者提供了市场，两者相互作用，便成就了中国这块移动互联网企业生长的"风水宝地"。

包括美国在内的其他发达国家和地区的移动支付为什么不如中国发达？

有人会说美国人习惯使用信用卡。这种说法其实和吹嘘欧洲人喜欢在地铁里看书一样。当欧洲的地铁里也有了手机信号后，欧洲人其实也喜欢在地铁里看手机。截至 2020 年 3 月，全球无线基站数不到 1000 万个，中国就占了其中 550 万个，美国仅有 35 万个。

中国的网络设施全球最好，对于中国互联网企业的蓬勃发展，华为的贡献首屈一指。多年来，华为默默甘当互联网的"水管工"。从有线到无线，从设备到终端，连通千家万户，连通室内、户外、山巅、角落，连通全世界。

很多人把 5G 当成 3G 到 4G 的迭代，其实这并不准确，5G 可以说完全不是之前的技术能比的。5G 相比 4G 有三个优点：超高速率、超低时延、海量连接。未来，依托 5G 很可能发展出下一次科技革命。

科技革命也称工业革命，第一次科技革命使人类进入蒸汽时代，那时候的中国还在睡梦中，于是有了鸦片战争和近代百年耻辱。

第二次科技革命使人类进入电气时代，那时的中国刚刚醒来，虽然建立了新中国，但穷困了几十年。20 世纪 80 年代初，日本产的 18 寸彩电就是奢侈品。

第三次科技革命使人类进入信息时代，以计算机、核电站、航天为标志。经过改革开放后40多年的苦苦追赶，中国基本赶上来了，科技给我们带来了翻天覆地的变化。

第四次科技革命关乎未来，至今谁也说不清楚，大体上以人工智能、虚拟现实、量子技术、基因工程为核心，5G会成为这些应用技术的基础。

正如金一南教授所说："自1840年以来，5G使中国第一次真正在技术领域获得领先，西方的技术城墙被华为撕开了一个巨大的缺口。"

华为的创新能力让美国忌惮

据英国广播公司报道，谷歌前CEO埃里克·施密特在接受采访时认为，西方世界应当转变心态，要在技术领域和中国竞争，而不是和中国"脱钩"。他坦言，西方国家对中国充满了偏见，在关键研究和创新领域，中国与西方国家一样出色，甚至可能更好。

施密特现任美国国防创新委员会主席，他曾掌舵谷歌长达十年，担任CEO的职务。在硅谷呼风唤雨的职业经历，让他对于科技的发展、研发与创新都有重量级的发言权，他认为西方低估了中国的创新能力。

"在我和中国人共事的多年时间里，我自己对中国也充满偏见。"施密特说道，"这些偏见包括他们非常擅长照搬甚至剽窃我们的东西，他们的组织动员能力强，会动用大量的人力去做事，但是他们不会创新。现在我们需要彻底摒弃这些刻板的偏见了。

"在关键领域的研究和创新方面，中国人不仅和西方人一样出色，甚至可能更优秀。他们投入了更多的资金，他们走出了一条不同的路子。"

在现代国际竞争中，技术永远是重要的因素之一。因为中国有了科技实力，所以习惯于依仗先进科技欺负他人的美国不高兴了，甚至不惜动用一切力量对华为进行打压：出台禁令、造谣污蔑、修改禁令规则等。

在制裁华为时，美国政府一口咬定华为的通信设备存在安全后门，威胁到了美国的国家安全。虽然华为不断对此做出澄清，并且承诺无条件接受来自全球诸多地区安全部门的网络设备检查，而且不限制次数，以证明自己的设备不存在所谓的后门，但美国政府依然我行我素，不断加码打击华为的力度。有趣的是，2019 年德国电信应美国的要求对网络设备进行了全球检查，结果没有发现华为的设备有"后门"，反而在美国思科的设备上发现了 13 个"后门"。

美国不仅禁止本国企业和华为合作，还将境内的所有华为设备拆除。小型运营商难以承受拆除华为设备的损失，美国政府不惜拨款数十亿美元的补贴也要强制拆除。美国政府在百忙之中还特别派出代表甚至是特朗普总统本人，要求盟友不许使用华为的设备，到处散布华为设备不安全的谣言，逼迫盟友选边站队。

2020 年 7 月 14 日，特朗普在电视上说："我们说服了很多国家不使用华为的设备，大部分都是我亲自劝说的，因为我们觉得它是个巨大的安全风险，如果想要和美国做生意，就不能用华为设备！"

美国对于华为的抵触由来已久。

2011 年，以国家安全为理由，美国政府阻止华为收购美国服务器技术公司 3Leaf。

自 2012 年起，华为就被美国政府打上了"安全威胁"的标签，尽管华为当时积极配合调查，但还是被拒之门外。众议院发布报告，警告华为对美国构成国家安全威胁，美国政府部门及公司应避免与华为开展业务。

2016 年，美国政府开始担心华为等公司的设备安装了后门，能够监控美国的用户。华为否认了这些指控，认为这是一种民族主义的恐慌。"我们在这个行业已经有 30 年了，从未出现过一起安全事故。"华为负责国际媒体事务的副总裁 Joe Kelly 说。

2018 年 8 月，时任美国总统特朗普签署了一项法案——禁止在"必不可少"或"关键"的系统上使用华为的组件或服务。

2019 年 5 月 23 日，时任美国国务卿蓬佩奥接受美国 CNBC 的采访，再次无端指责华为的设备不安全，"威胁"国家安全。

主持人："对华为的这些指控，美国能不能拿出证据？"

蓬佩奥："这是一个错误的问题！关键是 5G 技术要符合美国的价值观和体系，美国要主导 5G。"

蓬佩奥的意思很明白：5G 很重要，美国必须领先，不能领先就打压领先者。还有一句蓬佩奥不会说的话：如果到处都是华为的 5G 设备，那么美国就无法监视全世界了。

除了众所周知的棱镜门计划，后来又爆出美国情报部门与一家小公司 Anomaly Six 合作窃取手机用户信息的丑闻。这家公司由两名拥有情报背景的退伍军人创办，他们将公司的软件植入超过 500 款应用程序，以追踪和窃取全球数亿用户的信息。

针对美国的指责，华为将计就计地提出了一个方案：可以将 5G 技术卖给美国公司，包括源代码和整套生产工艺。按理说，美国公司买过来后，以美国的技术而言，如果不安全一定能发现，不仅如此，还能补上后门。美国掌握了源代码，自己生产自己用，美国和整个西方应该可以放心了吧，可是美国人不接招。可见，说华为 5G 威胁美国国家安全完全是借口，醉翁之意不在酒。再后来，美国又说华为偷取美国的技术，可是华为的 5G 技术明显领先于美国公司，偷来的比原创的更先进，可有点儿说不过去啊。

蓬佩奥的名言是："我们撒谎、欺骗、偷窃……这才是美国不断探索进取的荣耀。"

美国《名利场》杂志对蓬佩奥的评价是："他对惩罚北京的痴迷让我们无处遁形且孤立无援，他的信誉低到让人们怀疑他的任何言辞。"

据《华盛顿邮报》统计，特朗普上任1267天的时候已经累计发表了20055次虚假或误导性言论，平均每天23次。

英国国际问题专家菲尼安·坎宁安更是坦言："美国人，至少是美国的政治阶层，他们的傲慢与无知让他们成为了世界上的一个无可救药的祸害。"

物品霸权

如果说前面的打压手段是不让华为赚美国及其盟友的钱，那么禁止美国企业向华为出售产品，就是"宁可我不挣你的钱也要害你"了。禁止美国公司为华为提供芯片、软件等，对华为手机的海外销售影响很大。虽然华为手机有自己研发的芯片，硬件备胎计划也使得华为可以不依赖美国的供货商，但谷歌的应用软件GMS是海外客户的手机标配，就像中国客户依赖微信一样。美国禁止华为手机安装GMS，就是要断掉华为手机的海外销路。

针对华为的备胎计划，美国一计不成又生一计，而且这一计十分霸道、狠毒、蛮不讲理。原来海外公司使用美国技术的门槛为25%，美国强制把这一门槛降低到10%，不允许使用美国技术的公司给华为供货。

很多人说，美国不让华为使用美国的技术没有问题啊，就像两个人有矛盾，我的东西不让你用，这有什么问题吗？

更多人说，都怪咱们技不如人，赶快补课吧。课当然要补，但我们首先要明白问题的实质。

美国的10%禁令意味着，一家第三方公司只要使用了10%的美国技术，哪怕另外90%是中国技术，那也不许给华为供货。按照原来的标准，台积电可以给华为代工芯片，但在新标准下就不允许了。这是赤裸裸的强盗行为，台积电购买了含有美国技术的设备，但花了钱东西就归属台积电了，至于台积电为谁服务，美国管得着吗？

美国这是在搞一种新的霸权——物品霸权。任何人只要买了美国生产的物品，就可能受到美国的限制。尽管你已经付过钱，但并没有买到美国商品的使用支配权，美国的霸权会限制你使用你的物品。

你买了美国的汽车，美国可以限制你不许搭载中国人。

你开饭店买了日本生产的锅，但锅盖是日本从美国进口的，美国就可以限制你只能给美国人做饭吃，不许为其他人服务。

全世界的自来水处理厂都会用到装有美国 CPU 芯片的电脑，于是美国便可以随意限制别人喝自来水？！

这样下去，谁还敢买美国的东西？

如果 10% 的门槛还卡不住华为，美国可以继续把标准降低到 1%、0.1%，只要设备上使用了美国的螺钉，就不许为华为服务。

物品霸权的背后，有美元霸权和军事霸权作为支撑。

在全球化时代，随便一个产品都包含多国的技术。以荷兰 ASML 的光刻机为例，其光学设备取自德国蔡司，光源技术取自美国，阀件取自法国，轴承取自瑞典……这些光刻机的核心部件都是取各国之所长，补己方之所短，在互帮互助下才能造出一台最顶级的光刻机。这也是生产全球化的体现，足以说明全球化的重要性。但美国就是这么霸道，因为光刻机中有美国的技术，哪怕只是一小部分，你就不能给中国供货，用这些光刻机生产的芯片也不能给华为供货。

如果中国采用美国的制裁方式，绝对可以让美国的电子产品停止生产，因为中国有十多种电子零部件的全球市场份额位居第一。那么为何中国不采取同样的制裁呢？因为这是害人害己的做法，并且非常短视，一时祸害别人，最终会害了自己。说到底，特朗普只是一个目光短浅的商人，只能打着美国优先的旗号加速美国的衰落。

摆脱美国控制

美国打压华为的举动已经在全球掀起了一股"自强"风暴！

在美国利用其在半导体领域的优势封锁华为获得芯片的渠道后,中国就从三方面入手尝试加快芯片核心技术的国产化,解决"卡脖子"的情况。

人才方面。先是"南京集成电路大学"正式揭牌成立,旨在培养系统、专业的半导体技术人才,后来清华大学等多所大学都成立了集成电路学院。

材料方面。发改委、工信部、财政部、科技部四部门联合印发加速新材料技术突破的意见书,旨在加速国产光刻胶、硅片、电子封装材料等新材料领域的突破,解决国产芯片发展过程中需要的材料问题,防止将来被西方国家"卡脖子"。

设备方面。中科院正式宣布入场,明确表示,将举全院之力攻克光刻机等半导体领域的核心技术,推动芯片制造国产化的进程。

人才、材料、设备一起抓,这对中国芯片产业后续的发展与突破将起到积极作用。而在不远的将来,中国必然能摆脱美国技术,实现大部分芯片国产化的目标。

德国、法国等 13 个欧洲国家已经明确表示,将联手投资芯片和半导体技术,增强欧洲在数字时代的核心竞争力。

而从欧盟发布的合作声明来看,欧洲 13 国将携手研发新一代芯片和半导体技术,促进尖端芯片制程逐步向 2nm 技术节点迈进。

主流舆论认为,欧洲 13 国之所以能达成共识,联手发展半导体技术,可能是因为美国在打压华为的过程中展现出其对全球半导体行业恐怖的影响力,让欧洲 13 国产生了忌惮心理,进而促进他们结盟对外。

英国天空电视台对此评价说:原本美国是经济全球化的最大受益者,但是自从特朗普上台后,美国就开始了疯狂的"退群"之路,接连退出了多个国际合作组织,打着"美国优先"的旗号与邻为壑、四处树敌。

美国一手推动了全球经济一体化,又亲手摧毁了全球经济一体化,就连美国的铁杆盟友也无法忍受美国的出尔反尔,这是欧洲13国联合抱团、推进芯片自主化的重要原因之一。

事实上,早在美国打压华为之初,就曾有多家分析机构指出:美国正在打开潘多拉魔盒,断供华为芯片很简单,可后果却不是美国能承受的,未来,全球半导体行业恐怕会迎来一轮洗牌。

试想一下,一旦美国的半导体技术被全球各国视若"毒药",那到时候,美国多年辛苦研发出来的半导体技术将沦为无人问津的"垃圾",而美国人也将失去高薪的工作,美国难道要仅靠出口大豆维持强国地位吗?

说不出口的原因

为什么美国这么痛恨华为?因为华为有可能让美国无法监听。

英国国际关系专家汤姆·福迪撰文指出:"欧洲国家面临的威胁并不像美国声称的那样来自于华为,而是来自于美国本身。"他以美国对丹麦进行的间谍活动作为例证,他说:"一直以来,美国都在对自己的盟友进行监控,并且已经通过这种方式极大程度地影响了盟友国家的利益,而美国这样的做法无非就是为了让自己在全球范围内实现垄断,以及保证他们在商业方面的利益。"

美国之所以把矛头对准华为,是因为华为破坏了美国的监听计划,正像华为声明的那样:华为的产品没有后门,更不会给美国留后门。

美国为什么要监听自己的盟国呢?因为现在的美国越来越不自信。随着中国的复兴,中国的经济实力得到了大幅提升,很多西方国家都羡慕不已,他们也乐意与中国展开合作。但是中国的复兴令长久占据世界第一位置的美国"心神不宁",美国和欧洲相隔很远,而欧盟又是一个整体,欧盟国家与中国的联系日益紧密,这让美国产生了担忧,担心这些国家会倾向于中国。

美国的如意算盘

从经济层面看,美国推动全球化的初衷是把低端制造业推向海外,自己只做高端制造和标准制定。又苦又累、消耗资源、重污染的活儿让穷国干。你的廉价商品既供养了美国,赚的辛苦钱还不得不买美国昂贵的中高端产品,比如用两亿件衬衫换一架波音飞机。你得老老实实地给我打工,不要做有技术含量的工作,不许超过我;如果你太勤俭还有余钱,我就通过金融手段薅羊毛。这个完美的循环可以确保你赚1元时我能赚10元。所以,2012年希拉里在哈佛大学演讲时曾断言:"中国在20年后会成为全球最穷的国家。"

最高端的产品给再多的钱也不卖给你,防止你偷学。

在河北省涿州市的一栋大楼中,通透的玻璃房里放着一台从美国买来的超级计算机,房间钥匙由美方人员保管,中国科学家只有经过授权才能进入玻璃房,并且必须在美方人员的监视下上机操作。

超级计算机运算的内容也必须经过美方人员的允许。操作完成后,美方人员会马上封锁玻璃房,监控日志还要定期上交给美国政府审查。

1990年前的中国缺乏自研超级计算机的技术。为了进行石油勘测,中国石油工业部花大价钱购买了一台IBM超级计算机。

美国虽然卖了超级计算机给中国,但依然严加监视,以防核心技术泄密,因此就有了"玻璃房"的故事。

地质勘探、天气预报、太空探索、基因测序都有巨大的计算量门槛,要想更快地得到计算结果,只能靠超级计算机。

你只有1万亿次的超级计算机,想买我10万亿次的超级计算机,尽管这计算机对我来说只是三流水平,但仍然要大价钱,还要配玻璃房。

等你研制出10万亿次的超级计算机时,我会大幅降价卖给你,打击你的自研机型,让你收不回研制成本。

所以，中国早期的超级计算机项目也叫"争气机"。

长期以来，中国企业的自主创新能力不足，缺乏核心技术和自主知识产权，更多地依靠廉价劳动力和资源及能源的大量投入，赚取国际产业链低端的微薄利润。"世界工厂"的光环掩不住低端制造的尴尬。

但是，中国的工程师也不是吃素的，他们凭借勤奋好学克服了一个个技术难关，不断推动产业升级，"中国制造"逐步向"中国智造"过渡。比如通信领域，华为经过30多年的砥砺前行，从一穷二白到全球市场份额第一，专利数量第一；从芯片到整机；从基础标准到系统网络，华为动摇了美国在通信领域的霸主地位，美国恐慌了。

时任美国财政部长保尔森在一份财经媒体上刊文，向即将上任的拜登政府献策：只有中国保证不再发展高科技，让美国对中国始终保持科技上的优势地位，美国才能取消对中国的制裁。这真是不可理喻的霸道。

美国司法部长的扭曲心态

美国为什么拼命打压华为？美国司法部长的仇华心态很能说明这个问题。

2020年2月6日，美国司法部长威廉·巴尔应华盛顿智库"战略与国际研究中心"的邀请参加了"中国行动计划会议"，并做了主题演讲。

演讲中，威廉·巴尔谈到了中国技术对美国构成了前所未有的挑战，以及华为在5G领域的领先地位。

他表示，自19世纪以来，美国一直是创新技术的世界领导者。正是美国的技术实力使我们得以繁荣和安全。我们的生活水平，我们为年轻人和子孙后代不断扩大的经济机会以及我们的国家安全，都取决于我们持续的技术领导地位。

威廉·巴尔认为，5G 技术处于正在形成的技术和工业世界的中心。本质上，通信网络不再仅仅是用于通信了，它正在演变为下一代互联网、工业互联网以及将依赖于该基础架构的下一代工业系统的中枢神经系统。

中国已经在 5G 领域占据了领先地位，占领了全球基础设施市场 40% 的份额。这是美国有史以来第一次没有引领下一个技术时代。

据估计，到 2025 年，由 5G 推动的工业互联网将产生高达 23 万亿美元的经济机会。如果中国在 5G 上独占鳌头，则将主导由一系列依赖于 5G 平台且相互交织的新兴技术所带来的机遇。

目前，华为已成为除北美以外各大洲的领先供应商。美国没有设备供应商，中国的主要竞争对手是芬兰公司诺基亚（17%）和瑞典公司爱立信（14%）。

中国正在利用各种力量扩大其在全球的 5G 市场份额。据估计，5G 基础设施的总市场规模为 760 亿美元。中国正在提供超过 1000 亿美元的激励措施，以资助客户购买其设备（此为信口雌黄的污蔑）。

此外，5G 基于一系列技术，包括半导体、光纤、稀土和材料，中国已经开始将这些要素本土化，不再依赖外国供应商。

威廉·巴尔称，在未来五年内将确定 5G 全球版图和应用主导地位。但问题是，在这个窗口内，美国和我们的盟国是否可以向华为发起足够的竞争，以保留并占领足够的市场份额，从而维持足够长期和强劲的竞争地位，避免将主导权拱手让给中国。时间很短，我们和我们的盟友必须迅速采取行动。

巴尔还说："中国华为的 5G 技术是在盗取美国未来的技术。美国面临的危险是前所未有的，奉劝华为最好立刻停止关于 5G 技术的研发，只有美国在 5G 领域发展起来后，才能够确保世界各国的繁荣和安全。中国在过去十年的时间内一直在努力超过并取代美国，美国必须采取相应的措施进行制止，否则必将威胁到美国的发展和国际地位。"

没有最卑鄙，只有更卑鄙

美国司法部长如此仇视华为，再看看美国司法部对华为做了什么。

2018年12月1日，美国指使加拿大拘捕了华为创始人任正非之女、华为CFO孟晚舟，源于汇丰银行向美国司法部提供了一份华为的PPT文件。

汇丰银行是一家由英国人控制的银行，其主要利润来自于中国。

2012年，汇丰银行因严重洗钱和资助国际恐怖主义行为被美国司法部指控，被罚款19.2亿美元，且与美国司法部签订了为期五年的《延期起诉协议》，意思是只要这五年中汇丰银行积极配合美国司法部，其高管就可以免去牢狱之灾。华为是汇丰银行的客户，美国司法部通过汇丰银行调查华为，汇丰银行心领神会，精心做局陷害华为，于是孟晚舟被抓，换来了汇丰银行的高管不用坐牢。

很多人迷信美国的法制，相信美国的法律永远正义，看看阿尔斯通公司的遭遇就会明白美国是如何用法律陷阱强抢外国公司的。

2014年，一桩法国能源巨头的收购案震惊世界：美国能源巨头通用电气用170亿美元击败了德国西门子和日本三菱的200亿美元收购金，收购了法国制造业的民族瑰宝阿尔斯通。

美国到底运用何种手段绕过了欧盟、法国政府和阿尔斯通的重重阻拦，顺利拿下几乎不会卖出的法国核心企业？

阿尔斯通是法国工业的骄傲，是世界500强企业，更是法国当之无愧的工业明珠，主要从事工业、电气设备的生产和电力的供应输配，主要运作业务有能源、输配电、运输、工业设备、船舶设备和工程承包等。

鼎盛时期的阿尔斯通的水电设备世界第一，核电站常规岛世界第一，环境控制系统世界第一，超高速列车和高速列车世界第一，市场和区域列车、基础设施设备以及所有相关服务世界第二，运输和输配电世界第二,并在能源方面提供了占世界装机总容量15%的设备,位居世界第二。

曾经流行一句话:世界上每四个灯泡中就有一个灯泡的电力来自于阿尔斯通的技术。

然而,就是这样一家辉煌的百年企业,却在美国一系列的精心策划下最终不得不进行拆分,其最重要的电力和电网业务被直接竞争对手——美国通用公司低价收购。在收购期间,德国西门子和日本三菱曾以比美国通用高出几十亿美元的价格参与收购竞争,但最终却是美国通用以低价取胜。

阿尔斯通和通用电气等多家美国大公司在全球展开激烈竞争,自然成为美国司法部的监视对象。自2010年开始,美国司法部就开始对其展开调查,目的是找到整治阿尔斯通的突破口。

弗雷德里克·皮耶鲁齐是阿尔斯通的高管。2013年4月14日,在美国纽约的肯尼迪机场,刚下飞机的皮耶鲁齐就被美国FBI探员逮捕,理由是皮耶鲁齐使用设立在美国银行的账户将行贿款打入印尼官员的账户。

美国为什么能随意逮捕外国公司的高管,有法律依据吗?这需要先介绍一下美国所谓的"长臂管辖权"。

"长臂管辖"是美国为方便跨州办案约定的条件,即只要被告和立案法院所在地存在某种"最低联系",该法院对被告便具有管辖权,可以对被告发出传票,哪怕被告身在其他州。

这本来是美国的国内法,但美国希望能满世界抓人,就依此主张跨国的长臂管辖权。

什么是"最低联系"?通俗理解是,任何人只要其行为和美国发生了任何联系,就满足了"最低联系"。不论在世界的哪个角落,不论什么时候,只要一家公司曾用美元交易,用美元计价签订合同,或者仅通过设在美国的电子邮件服务器收发或存储过邮件,美国政府就认为其对这家公司拥有司法管辖权。

"9·11事件"后，美国以反恐为名继续扩权。2001年10月，小布什签署颁布《美国爱国者法》，强化了美国执法机构在全球范围收集情报的权力。这就意味着美国执法机构可以以涉嫌恐怖主义为由"合法"地搜索任何人的电话、电子邮件、通信、医疗、财务等方面的记录；财政部门也可以"合法"地追踪和管控全球每一笔资金流动和各类金融活动；边境执法部门更拥有了拘留、审查、驱逐任何被怀疑与恐怖主义有关的外籍人士的权力。

之所以叫《美国爱国者法》，意思是如果你是一个爱国的美国人，你就应该支持政府监听你的信息，这是为了预防恐怖袭击。在"9·11事件"刚刚发生的背景下，该法案获得了通过。几年后，民权人士批评该法案侵犯了公民的权力，加上媒体报道了政府滥用权力窃取大众隐私的案例，美国国会投票中止了该法案的一些关键条款。但美国政府早已把该法案的监视范围延伸到了国外，食髓知味后岂肯轻易放弃？过去是有犯罪证据才能调查，现在是想查谁就查谁。

随着通信技术的发展，美国又推出了"棱镜计划"（恐怖分子监听计划PRISM），这项自2007年开始实施的计划给了长臂管辖权极大的助力，德国总理默克尔等外国政要都在监听名单中。至此，民主、人权、法制被美国打造成干涉他国的三件法宝：以民主之名左右外国政府，以人权之名资助外国不满分子闹事，通过长臂管辖权满世界窃听、抓人。

在本案中，阿尔斯通正是使用设在美国的银行账户，以"咨询费用"的名义将贿款打入印尼官员的账户，被美国找到了下手的机会。

美国司法部让皮耶鲁齐做选择：认罪并配合司法部，很快就会获释；不配合则将面临19年的牢狱之灾。皮耶鲁齐无奈认罪，在被关押了三年多后才于2018年9月出狱。

有了这个把柄以后，2014年的春天，为了向阿尔斯通继续施压，迫使该公司与美国司法部合作，美国当局至少又在其他地方逮捕了三名皮耶鲁齐的同事。

在收网阶段，美国给阿尔斯通开出的罚金远远超过欧洲反贪法令规定的上限——7.72亿美元。

罚款并非美国的唯一目的，而是让你交不起罚款，被迫贱卖资产。

皮耶鲁齐在接受采访时说，在他被捕的背后，美国对阿尔斯通的调查和美国通用对阿尔斯通业务的收购纠缠在一起，美国司法部成为帮助美国企业获胜的决定性因素，而他成了其中的经济人质，以至于他们在面对美国通用的收购时无法招架，最终其核心业务被美国通用强制收购。从此，美国获得了法国大多数核电站的控制权。

2019年年初，皮耶鲁齐撰写的《美国陷阱》一书在法国出版。书中说，这是一场彻头彻尾的敲诈！这一事件向人们昭示美国如何滥用国内法律，并将其作为经济武器，对其他国家发起"隐秘的经济战争"。

什么三权分立，什么法制精神，对美国而言，只不过是资本贪婪地攫取世界财富的遮羞布而已。时机一到，美国便会卸下伪装，露出狰狞的面目。

通过绑架竞争对手而获取利益，对阿尔斯通如此，对华为也是如此。

皮耶鲁齐在接受采访时呼吁："昨天是阿尔斯通，今天是华为，那么明天又会是谁？现在是欧洲和中国做出回击的时候了。"

不难发现，美国对付华为的手段比其对付阿尔斯通的手段更狠毒、更无理，大有不整死华为不罢手之势。

历史总是惊人的相似，除了华为和阿尔斯通，日本的半导体行业也曾遭遇过美国类似的压制，受打压的公司包括东芝、NEC、日立等。日本在半导体行业最辉煌的时候一度超越了美国。美国先是起诉日本公司"窃取美国技术"，后来更是强迫日本签订《广场协议》，限制日本的对外出口；1986年又胁迫日本签订《半导体协议》，以限制日本半导体企业在美国的发展；1989年再次逼迫日本签订不平等条约《日美半导体保障协定》，以获取日本半导体行业的知识产权和专利。因为有驻日美军的威胁，日本只能乖乖就范。

美国曾经扶持韩国半导体行业以对抗日本，最终导致日本半导体行业一蹶不振。要知道，早在1997年美国一手制造的亚洲金融危机爆发时，韩国就向美国"认怂"，美国资本迅速抄底三星，收购了三星55%的股份，扶持三星美国获利最大。

在日本半导体行业被打压得奄奄一息的时候，日立、NEC、三菱电机这三家的DRAM业务开始整合自救，于1999年成立了尔必达公司。然而，美国并没有放过尔必达，因为尔必达的技术水准一直和美韩处于同一梯队，只要尔必达还存在一天，美韩就无法垄断内存芯片的全球定价权。

直到2008年金融危机爆发，DRAM价格雪崩，三星却宣布扩大产能，将DRAM价格再度拉低，而这直接让尔必达无法承受。就在这时候，美国向日本施压，强令尔必达限期还清银行贷款，这一行为直接导致尔必达破产。为什么日本政府不能保护本国企业呢？驻日美军可不是摆设！想一想为什么那么多日本首相很快下台就明白了。

尔必达宣布破产后，美韩就掌握了全球内存芯片定价权，立刻让DRAM价格大涨。此后，三星、美光等美国控制的公司更是因为多次操纵全球内存芯片的价格而被WTO调查。

美国就像一个黑帮老大，不仅试图将盟友牢牢绑在其战车上，还搞强买强卖，损害盟友的利益。但在经济全球化的今天，这样做已经行不通了。

以"北溪-2"天然气管道项目为例。该项目主要是俄罗斯和德国合作的跨国项目，一旦建成，德方就可以用上俄罗斯物美价廉的天然气，而俄罗斯每年还可以得到一笔可观的财政收入，这对于双方来说都是一件互利互惠的好事。该项目在2018年正式启动,原计划2019年就可以完工,但是在施工过程中却遭到了美国的阻挠,导致工程停工延期。特朗普认为该条管道将会增加俄罗斯对欧洲地区的影响力。事实上,特朗普此举还有另一个重要原因,那就是美国将无法对德方进行天然气出口,因为俄罗斯的天然气比美国便宜30%。

华为唯一的错

2020年7月16日,外交部发言人华春莹主持例行记者会。

有记者问道,美国国务卿蓬佩奥近日多次称,排除了华为就等于加入了"清洁国家"的行列,发言人对此有何评论?

"'棱镜门事件'早已经揭示,美国是地球上最大的、名副其实的黑客帝国,而且苹果、思科等一些美国公司几年前都已经承认它的设备存在着安全漏洞和后门。美国情报部门长期以来对包括盟友在内的几乎所有外国政府、企业和个人实施无差别的非法窃密和监听活动,包括自己本国的公民也没有任何秘密可言,这是公开的事实。"华春莹指出,"华为为世界上170多个国家提供服务,从来没有任何一个国家说存在安全问题,也没有任何一个国家拿出华为产品存在安全威胁或者后门的证据。"

她以英国为例说,华为出资在英国建立了网络安全检测中心,接受了英国专家的检测,而且华为还愿意同所有国家签署无后门协议。"我想问一下,世界上有哪个国家的企业能够做到这一点?美国的任何企业能做到像华为这样光明磊落,坦荡地说'来吧,建立一个安全网络检测中心,你派专家来检测,我们可以签署无后门协议'吗?美国哪家公司能够做到这一点?所以在这个问题上,蓬佩奥国务卿用'清洁'与否来评判华为,我觉得是非常可笑的。"

华春莹表示,美国一向自诩拥有强大的民主自由价值观,现在却容不下一家外国民营企业正常的生存和发展。"华为作为一家那么优秀的民营企业，它唯一的错就是它是中国的，不是吗？美国出于强烈的意识形态偏见，不惜动用国家资源，滥用国家安全的名义，甚至搬出所谓的民主价值观来到处抹黑攻击中国的民营企业，而且企图集结它的一些小兄弟来对中国的企业进行围追堵截。我想美方的所作所为跟'清洁'二字没有任何关系，它做的其实是真正的'dirty trick，dirty play'（肮脏的把戏，肮脏的游戏）。"

莫让华为孤军奋战

面对美国的无理打压，任正非说："除了胜利，我们已经无路可走！"但是，仅凭华为的一己之力能取得胜利吗？

现在，有不少人说华为不懂得隐忍，不懂得变通，干吗非要得罪洋人呢？也有人怪罪政府不懂得韬光养晦。

要知道，打压华为是美国遏制中国的战略的一部分，当中国的GDP接近美国时，如大象般的体量已经无法藏身；此外，"中国制造2025"也让美国害怕，这恰恰说明中国政府做对了，美国巴不得中国永远炒房地产，别搞制造业升级。只要美国不改变其霸权主义的路线，一旦中国的发展速度超过美国，中美发生冲突就是必然结果。现在是美国正在欺负我们，投降还是反抗？

要知道，大国没有资格投降！苏联在面对美国的围剿时选择投降，俄罗斯也曾想拥抱美国，但美国不接受，你的体量太大了，再拆分成八个小国家美国才会欢迎。再看从苏联解体出来的小国，除了被当作包围俄罗斯的棋子，美国哪管它们的死活。

华为要想不被美国打压也容易——低价卖给美国，让美国人接管。如果真到了这个地步，还谈什么复兴！

中国有那么多公司，只有华为选择了与美国科技进行正面竞争，美国不希望中国做高端芯片和系统软件，可华为偏偏迎难而上。任正非高瞻远瞩，料到有一天美国会对华为断供，于是准备了硬件方面的

"备胎计划",软件方面则深度定制并自研了鸿蒙系统。

面对美国断供核心零部件,华为迅速打造了一条去美化供应链;面对美国科技巨头谷歌的 GMS 禁止授权,华为重金构建了自己的 HMS 生态,更是斥资 2000 万英镑在英国和爱尔兰进行推广。

任正非料到了美国的狠毒,但低估了特朗普政府的无耻。随着美国商务部在 2020 年 5 月 15 日对华为高端芯片供应链打压的升级,美国鼓动全世界围剿华为,华为这次遇到了前所未有的挑战。毕竟,在芯片代工领域,中国确实存在巨大的短板。ASML 的光刻机,台积电的 5nm 制程工艺,面对美国的蛮横,有谁愿意冒险为华为服务?看到华为孤军奋战,真的担心华为有一天也会倒下。然而,搞死华为并不是美国的上选,美国的惯用伎俩是让你无路可走,再低价收购。

令人痛心的是,优秀得连美国都害怕的华为,在如此艰难的时期,却经常在网上被"喷"成筛子,被黑得体无完肤。

余承东在接受采访时又一次哽咽了,华为终端、5G 在全球被围追堵截,累到极点,却不得不跑。关键时刻还内讧!余承东委屈呀:我们的手机为什么会这样,难道你们心里不明白吗?同仇敌忾的时候,好意思在背后捅刀子吗?

2019 年 12 月,余承东和"花粉"见面,一句"一想到你们就充满了力量"让他泪湿眼眶。没有"花粉",就没有华为手机的今天。

2012 年之前,中国的智能手机没有自己的 CPU 芯片,大多采用高通的芯片,利润大部分都被高通拿走了,可以说,高通掌握了中国手机行业的生杀大权。在华为研制出手机 CPU 芯片后,高通的芯片价格便应声而降,这才有了市面上所谓的千元智能机。

在华为终端最困难的 2012 年,那时华为的 K3V2 芯片即将出炉,高通曾经找到华为谈判,让华为放弃自己的研发,条件是高通芯片给华为降价一半,但华为谢绝了。因为华为知道,放弃芯片研发等于缴械投降,将来只能任由高通宰割;华为既要开发自己的高端芯片,也部分采用美国的芯片。结果，高通的手机芯片在中国市场上降价一半，卖给了其他厂家，导致华为的自主芯片手机没有价格优势，在之后的两年里基本上是赔本赚吆喝。

自从有了华为的自研手机 CPU 芯片，高通的芯片便降价了。即便你不买华为手机，你也应该知道，华为的手机 CPU 芯片拉低了手机市场的整体价格。

不仅仅是价格问题，美国希望永远控制 CPU 和操作系统领域，这样就可以随时把用户手机里的信息传送到任何地方。电脑行业一直是这样的，人们用的电脑其实并不安全，美国通过对 CPU 和操作系统的垄断，不仅赚取了电脑行业绝大部分的利润，而且还可以偷窃用户的信息。一台电脑，反映了美国期望的全球分工和深远的战略考虑。

除了自研芯片外，华为在软件能力、信号处理、拍照等方面都处在领先水平。如果没有华为的高水平竞争，苹果岂肯在中国市场降价？如果没有华为的竞争，三星一定还占据着中国高端手机市场。当然，华为的高端手机也不便宜，这是因为华为的研发投入比其他厂家大得多。

现如今，华为手机的销量锐减，全世界都知道华为的 5G 技术最先进，但华为手机却被美国限制不能采用 5G 技术。华为被迫卖掉了荣耀，剩下的一半仍在漫长的冬天里煎熬。

如果华为死掉会怎么样？特朗普的军师班农在中美签署第一阶段贸易协定后曾说："搞掉华为比中美签订贸易协定重要十倍！"

华为的存亡相当于"上甘岭战役"，这是中国的高端制造业保卫战，需要政府和人民的支持，也需要中国企业界的携手合作。

中美博弈新阶段

2021 年 9 月 25 日晚，孟晚舟女士成功归国，她既没有认罪，也没有接受罚款，这无疑是中国外交的一次重大胜利。

一直以来，美国对其他国家实行长臂管辖权屡试不爽，无论是对手还是盟友。就像之前的日本东芝事件、法国阿尔斯通事件，最终都是以美国大获全胜而落幕。美国又想将同样的"剧本"套在华为身上，但这次并没有像美国预想的那样成功。

中国政府一直没有放弃努力，保持同美方的沟通并施压，尤其是把"孟晚舟事件"列入了中美关系的两份清单中，表明了对这一事件的高度重视。因为这不是孤立事件，它关乎着中国公民、中国企业乃至国家的利益。对此，阿尔斯通前高管皮耶鲁奇表示，我没有孟女士幸运，我的公司和国家并没有给我提供强大的支持。这是第一次以一个国家的意志成功回击了美国的长臂管辖权，中国做到了他国都没有做到的事。

孟晚舟女士归国也许是中美关系阶段性触底反弹的一个标志。

特朗普时期，美国的政策是搞全面对抗，要脱钩，要搞新冷战，结果搞了两年也不怎么见效，反倒是把自己搞下了台。

拜登上台以后，决心改变美国以前的"一边倒"策略。国务卿布林肯提出了一个让人精神分裂的三分法：对抗、竞争与合作。别说盟友了，美国人自己都不知道怎么把这三件事操作起来。

美国想一边合作一边对抗，但那不过是一厢情愿罢了。现在美国初步放弃，或者说是口头上放弃了对抗，逐步向中国提出的合作关系靠拢。

2021年3月，中美在安克雷奇举行高级别外交对话，这是拜登上台后中美之间的第一次试探性碰撞。此后，美国气候特使克里和常务副国务卿谢尔曼相继访华，进行了更深入的交流和谈判。2021年9月，中美元首通话及随后的苏黎世高层会谈，让全世界看到了中美关系从谷底反弹的迹象。

2021年7月26日，中国外交部副部长谢锋在天津与来华访问的美国常务副国务卿谢尔曼举行会谈。

在这一次的中美面对面互动中,中方向美方明确了三条底线:第一,美国不得挑战、诋毁甚至试图颠覆中国特色社会主义道路和制度;第二,美国不得试图阻挠甚至打断中国的发展进程;第三,美国不得侵犯中国国家主权,更不能破坏中国领土完整。

同时,中方还向美方提交了两份清单:一是敦促美方纠正错误的对华态度以及言行;二是中国关注的重点个案,其中包括停止对中国企业的无端打压,解除对中国留学生的签证限制以及撤销对中国相关人员的制裁等。

有评论认为,中国在天津会谈中占据了主导地位,好好地"给美国上了一课",这意味着以后中国与美国打交道将会更加"直来直去"。

美国作为寻求接触的主动方,突显拜登政府对恢复合作的迫切心理,原因在于美国内部出现了疫情失控、通货膨胀和商品短缺等多重危机,而这些危机的解决都需要中国的帮助。

虽然特朗普挑起的敌视中国的民意仍然占上风,但作为经验丰富的政治家,拜登应该会选择更为务实的中美关系。在联合国一般性辩论会上,拜登表示不会寻求"冷战"。

如果美国想寻求合作,那么对中国也是好事,合作才可能双赢,对抗只能两败俱伤,并且中美这两个大国的对抗对全世界都不利。

从长远看,中美之间的斗争还会持续很多年,因为中国要发展,要统一,要平等地参与国际事务;而美国却要横行霸道,要遏制中国发展,要干涉中国台湾问题,甚至想改变中国的政治制度。中国要想得到美国的平等对待,不仅 GDP 体量要赶超美国,更重要的是在军事和科技方面也要赶超美国。

第三章 技术之根

"未来我们比拼什么?就是拼人才、拼教育。"

——任正非

人们喜欢春天的鲜花和秋天的果实,但很少有人关心树木花草之根。根者,根基、根本也。

在信息爆炸的时代,我们的生活越来越依赖通信技术,点一份外卖就需要用到几乎所有通信技术:手机、无线基站、光传输、交换机、路由器、云计算、GPS 等。

一般人在享受技术发展带来的便利时,很少会思考技术供应链的脆弱。大家沉迷于"双十一"的网上购物盛宴,享受着中国互联网带来的便利。殊不知,我们的技术根基十分脆弱。因为中国的互联网重应用而轻技术,大多数互联网公司与其说是高科技公司,不如说是高科技应用公司。在和平时期这无关痛痒,然而一旦美国收紧对关键技术的控制,结果就是重创的中兴、断臂的华为。

1 不能忘记的一天

2020 年 9 月 15 日是不能忘记的一天。这一天,美国对华为芯片开始实施全面"断供";这一天,是彻底改写中国半导体产业发展史的重要转折点。

2019 年 5 月 15 日,美国商务部工业与安全局(BIS)将华为列入管制实体名单。

很快,谷歌公司限制了其与华为在 Android 方面的合作;

随后,芯片架构设计商 ARM 宣称暂停与华为的业务;

2020 年 5 月,台积电加入制裁华为的阵营;

……

以一国之力针对一个公司,除了国家级别的博弈外,一家公司根本没有任何解法。

幸运的是,中国是一个拥有近乎全产业链的国家,是一个有 5000 年底蕴的国家。

华为被断供，让我们真正看到了外国的月亮不圆，空气也不香，自由的灯塔下面是卑劣和霸权。

华为被断供，说明了中国芯片实力的落后，落后就要挨打，这是一再被验证的真理。

华为被断供，让争论了几十年的"到底是买还是造"尘埃落定，一锤定音，除了自主研发，已经无路可走。

虽然我们被芯片卡住了脖子，但这并非完全是一件坏事，这可以使我们尽早认识到，"仿和买"并不能使我们在世界上获得足够的竞争力。

与其在几十年之后意识到这个问题，现在认清并不算太晚，或许这正是让我们跻身于世界前列的一次契机。

但要想抓住这次契机，我们无法通过一家或几家企业实现，而是需要全民的认知和全面的变革。

2　表面繁荣下的隐忧

2019年，国产智能手机的总出货量已经超过全球市场的50%。但是，在这表面的繁荣之下，其实掩藏着巨大的危机，因为这种繁荣可以在一夜间消失。

仔细看看，国产手机中有多少部件是国产的？无论是芯片、摄像头模组还是系统，我们用的都是其他国家的产品。

说穿了，除了华为，国内其他手机厂商基本上就是一个组装厂，因为他们都没有真正的核心技术。

国内手机厂商像一群鸟儿，在枝头唱歌跳舞，可是，美国这头犀牛正在撞树干、掘树根。

同样，目前的国内软件业看似枝繁叶茂，实则很危险，可以在瞬间凋零，原因就是中国软件没有自己的"根"，即操作系统。

如果美国不愿意让中国手机厂商使用他们开发的系统，那么中国手机厂商构建了十多年的软件生态将一夜凋零。

2021年6月2日，华为发布了鸿蒙OS 2.0，这意味着中国软件业首次拥有了属于自己的根，不需要再依托于安卓系统的土壤生长，这无疑能极大地促进中国软件业的发展。

硬件的核心是CPU芯片，它是手机的核心技术。芯片国产化将是未来的发展重心。

华为被美国"断芯"的遭遇已经告诉我们，为了打压中国科技企业，美国是可以毫无底线的，所以我们必须放弃幻想，打造属于自己的中国芯。

只有这样，国产手机才能从表面繁荣过渡到真正繁荣！

3 美国打的是一场"根"的战争

中美贸易战的本质，不是美国表面上说的要平衡贸易逆差，也不是要多收点儿关税，这是一场"根"的较量。

2019年，美国针对华为采取无理行动，企图迫使其欧洲盟友禁止华为参与5G建设。

2020年7月22日，美国参议院严禁联邦雇员在政府设备上使用TikTok。

2020年8月6日，特朗普签署总统令，要增加对微信的管制。

……

除此之外，美国还对中国留学生进行限制，调查美国大学的资助资金，开展清洁网络计划。

每一次出手，都是在科技之根、金融之根、文化之根、教育之根等方面进行全方位的围剿。

时代变了，不少人还自我感觉良好：咱们有核武器，美国不敢打过来。

事实上,大国之间的博弈,军事只是其中一个因素,更重要的是"根"的力量。

一架战斗机飞出去,背后是电子操控系统、计算机计算能力、卫星导航、雷达跟踪、发动机、新材料等多方面技术的较量。

什么是"根"的较量?什么才属于"根"的力量?我们该如何应对?

芯片制造: 典型的技术之根

因为技术落后,我国每年要花 3000 亿美元购买芯片,这超过了石油的进口额,但是 2020 年后,芯片进口受到了美国霸道的限制。

受美国打压,华为的麒麟高端芯片自 2020 年 9 月 15 日成为绝版。

华为的手机业务从如日中天到跌落神坛,皆是因为美国的技术封锁,尤其是在芯片制造领域的打压。直至今日,华为依然没能走出"芯片荒"的困局。

毕竟,一条月产 1 万片 12 英寸晶圆的生产线,背后需要用到 8 台光刻机、13 台粒子注入机、12 台研磨抛光设备、50 台检测机、17 台清洗机、33 台测试机、15 台涂胶去胶机、43 台 CVD 机……

一系列的设备才能组成一条生产线,而且还没算上大量的人才投入。

所以在芯片半导体领域,不仅仅需要砸钱,更需要砸物理学家、化学家、数学家。要想在 2025 年之前实现芯片自给率达到 70%,背后的人才投入才是关键。

就算你出货量全球第一,一年不到,就有可能被掐住命运的咽喉。这就是技术之根的力量。

做企业谁不想赚钱,但没有一家企业可以离开美国的原生技术,断供华为虽然损失了一个重要客户,但如果违背美国的规定,遭受的可能是"灭顶之灾"。

就算台积电这样的全球芯片制造龙头,基础材料也来自美国AMAT、LAM等公司,同样被操控于美国之手。

EDA 软件: 芯片设计工具

华为虽然已经设计出了国际领先的芯片,但这样的设计成果同样是依赖美国 EDA 设计软件得来的。论芯片设计能力,我国的工程师毫不逊色于国外,但是我们的能力必须依赖这样的设计软件才能充分发挥出来,这又是我们被"卡脖子"的地方。

ARM 架构: CPU 芯片设计架构

ARM 公司的 CPU 芯片设计架构,但凡能叫上名来的科技巨头都在使用。为什么英伟达收购 ARM 会遭到 28 个国家的反对?因为这会造成美国垄断 CPU 芯片设计的根技术。这不仅对中国不利,对欧洲国家也非常不利。

ARM 是华为芯片架构供应商,如果被美国垄断,华为的芯片设计可能会陷入瘫痪。华为可以说是四面受敌,极为艰难。所以华为才将自己的芯片计划命名为"塔山计划",因为没有退路。

操作系统: 现代科技的软件基石

除了硬件基石,软件基石同样受制于人。操作系统,又是一个锥心之痛。

Android 与苹果的 iOS 是智能手机的操作系统,Windows 是个人计算机的操作系统。没有操作系统的支撑,手机和计算机就无法运转。

被称为工业之魂的工控操作系统也被欧美企业垄断,其中,美国的 VxWorks 占据了市场主流地位。

我们熟知的华为、小米、OPPO、vivo、中兴等手机用的都是 Android 操作系统，它是美国谷歌公司的产品。

为什么中兴愿意妥协？因为 Android 系统如果不再授权，中兴的出口市场可能被封锁。

受谷歌的限制，华为的海外市场锐减，因为海外用户习惯了 Android 及其 GMS 套餐。

中国还有哪些可能面临"卡脖子"的技术呢？

事实上，早在 2018 年，《科学技术》杂志就列举了中国 35 项可能会被"卡脖子"的技术，这里列举几项最为重要的技术。

光刻机

现在，世界上最先进的光刻机是荷兰的 ASML，其零部件超过 10 万个，这可以说是人类至今发明的最尖端的制造机器。中芯国际早早下了订单，却难求一机。

而中国能生产的最先进的光刻机是上海微电子装备公司的，其最精密的加工制程是 90nm，相当于 2004 年 Intel 奔腾 4 处理器的水平。

当然，如果不看消费类电子市场，这样的精度已经完全能够驱动中国的国防工业。如果要制造高端手机所需的核心芯片，就不能不使用更先进的技术。

机器人配件

机器人是未来工业的基础，现在的汽车生产车间几乎看不到什么人了，取而代之的是一个又一个机器人。将来，机器人还会从事更多的工作，甚至是战争。

中国也在生产机器人，但机器人的配件不少都依赖进口，比如传感器、减速器等。这些核心部件，尤其是一些技术要求较高的部件，基本上都掌握在外国人手里。

真空蒸镀机

这是一种生产 OLED 屏的机器。OLED 屏现在的巨头是韩国三星，但真空蒸镀机是韩国三星也没有掌握的机器，它掌握在日本人手里。

而这样一台顶尖设备的售价是 7 亿美元，还别嫌贵，订单早就满了。

没有这个机器，就生产不出最优质的 OLED 屏，就像没有 ASML 的光刻机，就生产不出高精度的芯片。

射频器件

射频器件是无线产品的关键器件，它基本掌握在美国的 Skyworks、Qorvo 和博通这三家企业手里。

核心工业软件

这个市场的规模不大，但是非常关键，没有工业软件，就无法进行工业设计，甚至连大学生的毕业设计都需要用到这些软件。最近，美国把中国的一些大学列入清单，对他们停止一些设计软件的授权，学校花钱买来的 MATLAB 软件突然就不能再用了。

工业材料

要想生产出优质的产品，就必须具备优质的新材料，这些新材料也是通过先进的技术手段生产出来的。在每年的进口产品表单中，我们依靠进口的产品大多都要用到新材料。例如，中国生产的发动机就极大地受制于新材料，只有极其先进的材料才能满足发动机运转时耐高温的要求。

这样的卡脖子技术可能不止 30 项，它们都是亟须突破同时又极难突破的。有人戏言,但凡别国掌握了的,而中国没有掌握的,那就是世界顶尖科技。

客观地回溯一下现代史上的技术之"根",大部分都由欧美科学家接力研发而成。技术之根,说到底是人才创造的,谁能吸引更多的人才,谁才更有希望。硬实力和软实力,归根到底要靠人才提升实力,最终仍然是人才之争。

中国如何突破美国的技术封锁?只有一个办法:成为有更多"根"的国家。

4 未雨绸缪

可喜的是,在互联网和全球定位方面,中国已经未雨绸缪。经过多年的追赶,美国不再具有明显优势。

互联网之根

庞大的互联网能够有条不紊地运行,最上层是靠"根服务器"解析域名。早期,全球只有13台"根服务器",其中一台主根服务器在美国,其余12台辅根服务器中,有9台在美国,另外3台分别在英国、瑞典和日本。显然,美国垄断了互联网的上层权限。

美国曾经在攻打伊拉克时停止过伊拉克一级域名(iq)的解析,致使网民不能访问 iq 后缀的所有网址。美国也曾经停止向利比亚提供一级域名(ly)的解析服务,这让利比亚在全球互联网中消失了3天。

假如美国把"根服务器"关闭了,中国的网络会瘫痪吗?

中国力推的"雪人计划"已经未雨绸缪。在与 IPv4 根服务器体系架构充分兼容的基础上,全球16个国家于2016年完成了25台 IPv6 根服务器的架设,形成了"13台原有根加25台 IPv6 根"的新格局,为建立多边、民主、透明的国际互联网治理体系打下了坚实基础。中国部署了其中的 4 台,由 1 台主根服务器和 3 台辅根服务器组成,打破了中国过去没有根服务器的困境。

华为的网络设备也属于互联网的根技术,虽然美国可以通过美制的路由器、服务器、操作系统、智能手机等窃取互联网上的数据,但随着华为 5G 的突破和市场份额的上升,美国的窃听越来越困难。

北斗定位系统

全球定位系统也是十分重要的根技术。美国的 GPS 系统在 30 年前就投入了运行,海湾战争让世人见识了 GPS 导航导弹的威力。

银河号事件

1993 年,中国的银河号货轮正在海面上行驶,美国突然要求上船搜查。船只是一个国家的离岸国土,是不允许别国擅自闯入的。

可是,我们的船开着开着,就不得不停了下来,因为美国把船只所在区域的 GPS 导航服务关闭了。此后,银河号货轮在海上飘荡了 33 天,损失惨重。

所以,没有自己的定位系统,就等于被别人牵着鼻子走。

那个时候,欧盟也想摆脱美国的控制,制订了伽利略导航计划。中国向欧盟申请加入该项目的开发,并投资 20 亿元人民币。

然而中欧的蜜月期,随着美国的挑拨最终以不愉快而告终。2007 年,中国被排除于重大决策之外,理由是安全问题。

中国没有退路,只能走自主研发的道路。2020 年,中国成功完成了北斗卫星的全球组网,是继美国 GPS 之后全球第二个最为成熟的导航系统。

中国骄傲地宣布,在集结了 400 多家单位、30 余万名科技人员集体攻克 160 余项关键核心技术,完成 500 余种器件国产化的研制之后,成功实现北斗卫星系统核心器件的国产化率达到 100%。

目前,北斗相关产品已出口 120 余个国家和地区,向亿级以上用户提供服务，卫星导航产值在 2019 年已超过 3450 亿元。基于北斗的国土测绘、精准农业、数字施工、智慧港口等已在东盟、南亚、东欧、西亚、非洲成功应用。

5　值得警惕的星链计划

"星链计划"是由美国 SpaceX 公司构建的全球卫星互联网服务计划。SpaceX 计划向太空发射总计 4.2 万颗小卫星，形成卫星通信网络。这是什么概念？截至 2020 年 8 月 1 日，地球上运行的总卫星数为 2787 颗，美国在轨运行 1425 颗，而我国只有 382 颗。4.2 万颗将是全球总运行卫星数的 15 倍，更是我国的 109 倍。打个比方，本来操场上有 1 个中国人，4 个美国人，突然又来了 109 个美国人，下一步会发生什么？

"星链计划"一旦实现，太空将基本上被美国人占领。马斯克说他是为了卫星通信，但俄罗斯人说：美国人所有宏伟的太空计划都只是在太空部署核武器的烟雾弹。起码可以肯定，美国人抢先占据了优质的太空资源，这对美国未来的军事和民用领域都是非常有利的。

卫星通信的好处就是覆盖范围极大且不依赖光纤设备，其缺点同样很明显，因为卫星通信距离远、延时大，在通信设备密集度高的地区无法提供稳定优质的通信服务。相反，5G 的优势就是传输速度快、延时小，缺点是基站覆盖范围小、基站能耗大。

所以，卫星通信绝对不会颠覆 5G，"星链计划"可以成为 5G 的补充，并非所谓的 6G。

综上，"星链计划"既是卫星通信技术，也可用作太空军事化的平台，这是着眼于未来的两项根技术。

"星链计划"还拓展了另一项根技术——火箭发射与回收。火箭发射卫星等航天器一直是大国才玩得起的"游戏"。而 SpaceX 的商业化模式是革命性的，先进的火箭回收技术大幅降低了卫星发射成本，对于富人来说，太空旅行将不再遥远。

SpaceX 官网显示，猎鹰 9 号标准发射的报价为 6200 万美元，而 SpaceX 的主要竞争对手联合发射联盟（ULA）的 Atlas V 标准报价为 1.09 亿美元。

目前，在送往近地轨道的过程中，猎鹰重型的最大负载为 63800kg，标准发射报价为 9000 万美元，折合每磅 639 美元，不到 NASA 航天飞机发射成本的十分之一。

而且，猎鹰 9 号系列在 10 年间发射了 103 次，获得了 101 次成功，如此低成本、高可靠性，着实令人惊叹！

那么，低成本、高可靠性是如何实现的？这就是"星链计划"的"高科技+商业化"模式。

几十年来，火箭制造商都把性能安全放在首位，而不是成本。而马斯克用实际行动告诉大家，要想走向航天商业化，就必须在保证可靠性的同时精打细算，控制成本。

依靠"高科技+商业化"保障"低成本+高可靠性"，既为 SpaceX 赢得了世界的关注，也让我们真切地看到了航天商业化的可行方案。

反思我国的航天工业，技术发展的确走在世界前列，但是航天商业化的道路却还很遥远。

我们能够造出原子弹、航天器，却偏偏被小小的芯片给卡住了！要想解决这类问题，还是要用商业化的思维，不仅要激励技术创新，更要实现创新的商业化。

如果技术创新没有市场化的加持，创新也就没有了内驱力。仅仅靠国家拨款办大事，往往意味着巨大的浪费。

6 芯片之殇

为了确保华为买不到一颗芯片，2020年8月，美国再次加码——任何美国境外企业销售芯片给华为，必须经过美国政府的批准，2020年9月15日开始生效。

除了台积电，三星和海力士两大存储芯片巨头也在2020年9月15日向华为关闭了大门。华为面临弹尽粮绝的危险！

这意味着，不仅是手机，5G、云计算、移动通信，乃至华为的所有业务都将受到波及。

华为上下游产业链的厂家也将承受巨大冲击，具体来说就是裁员，甚至退市。目前，仅仅是华为概念股的上市公司就超过了100家，可谓牵一发而动全身。

当然，华为也可以使用低端芯片，但这无疑会砸掉华为多年来积累的口碑。商场如战场，拼的是实力，客户可能会怜悯华为的遭遇，但不会因此而购买华为落后的产品。

这时候，骂美国无耻下作也没有用，亡羊补牢，为时未晚。当然，检讨过去的失误也是很有必要的。

中国芯的两次历史机遇

华为今天的局面原本可以避免，换句话说，中国本来可以掌握芯片的主动权，至少也能不被美国卡住脖子。这样的机会出现了两次，可惜我们都错失了。

第一次是在20世纪60年代。

早在20世纪50年代，中国科技界就看到了半导体的发展趋势。

1956年，在周恩来的亲自领导下，我国制定了一份12年科技发展远景规划，将半导体列为当时的四大科研重点之一，地位与原子弹并列。

老一辈的科技先驱,如黄昆、王守武、谢希德等都是半导体方面的领军人物。

经过几年的努力,我们成功研制出了单晶硅,一切都向着好的方向发展。

可是就在关键时刻,"文革"爆发了,半导体研究戛然而止。

第二次是在改革开放之初。

改革开放后,中国芯片产业迎来第二次生机。

1985年,江苏无锡的742厂就已经能够生产64KB DRAM,这相当于和韩国站在了同一起跑线。

1995年11月,原电子部向国务院提交《关于"九五"期间加快我国集成电路产业发展的报告》。1996年3月,国家对建设大规模集成电路芯片生产线的项目正式批复立项,这就是名震一时的"909工程"。

朱镕基严肃地说道:"这是国务院动用财政赤字给你们办企业,你们可要还给我呀!"

围绕"909工程",上海虹日国际、上海华虹国际、北京华虹集成电路设计公司等相继成立。其中,华虹NEC在1999年2月完工,2000年就拿下了30亿元的销售额,出口创汇2.15亿美元。

如果按照这种步伐走下去,那么中国的芯片产业将慢慢追上发达国家。

遗憾的是,又一个巨变来了。

2003年8月12日,国务院《关于促进房地产市场持续健康发展的通知》(简称"18号文")获准通过。

这是中国经济史上第一次明确地把房地产业作为"国民经济的支柱产业",这意味着中国在资源配置方面的政策发生了方向性的改变。

房地产热从此拉开序幕,大量资金不断从制造业抽离出来,流入热火朝天的炒地炒房热中……最有活力的民间资本渐渐离开了这个领域。

再也没有人关注芯片了,"造不如买、买不如租"的思路占据了统治地位。

中国芯片事业就此和世界拉开了距离。到目前为止,美国已经可以生产5nm以下制程的芯片,中国却还在28nm、14nm上进行突破,差了两三代。

在芯片设计方面,华为一点儿也不落后,但却无法将其制造出来。包括中芯国际在内的国产芯片大部分都采用了美国技术,也就是说,华为断供,连中国芯都救不了它。

中国芯两次错失机遇给了我们什么启示?

那就是一定要在既定的时代做正确的事情,千万不要把自己的使命留给下一代人去做。有些东西,错过了最好的机会,今后就要花十倍、百倍的成本补回来。今天的损失,只不过是为昨天的"懒惰"买单。

在芯片设计方面,中国也走过弯路

2001年,曾经在美国IBM、摩托罗拉公司担任高级工程师和芯片设计负责人的陈进,回到中国任教于上海交通大学,担任芯片研究中心主任,立项了汉芯DSP芯片项目。

仅仅一年多的时间,陈进就发布了"汉芯一号",这款当时被视为里程碑式的芯片立刻得到了多名专家的一致认可。陈进不仅因此平步青云地成为上海交大微电子学院的院长、博士生导师,还被聘请为长江学者。这款被誉为"希望之星"的芯片一时间成为中国人的骄傲,媒体的报道更是对其夸赞有加,称其已经接近国际领先技术。

接着,汉芯二号、三号、四号等十余个项目相继问世,"汉芯"项目也成为国家级重点科技攻关项目,陈进靠着这十几个项目取得了

11亿元的科研经费。

然而谁又能想到，这一切竟然是个大骗局。

2006年春节前夕，一则神秘的帖子出现在清华大学的BBS论坛上。这个名为《汉芯黑幕》的帖子爆料出"汉芯一号"所谓的自主研发，不过是对摩托罗拉的芯片进行简单的外观改造。陈进的整个研发过程也完全是在弄虚作假，骗取科研经费。

不久，"汉芯一号"被证实是陈进通过其在美国的弟弟购买了一批摩托罗拉DSP56800系列芯片，然后他找来了当初装修实验室的工人做了整个研发过程中"最具科技含量"的工作，他让工人用砂纸把芯片上原来的摩托罗拉标识打磨掉，然后印上"汉芯"的标志。

陈进在被揭穿以后，他就和当时一起参与造假的人逃往美国。有人戏言，陈进是美国派来的特务，利用我们科研管理上的漏洞骗取科研经费，延误我国芯片的发展。

之后的十余年，那些真正埋头苦干、脚踏实地走自主研发之路的科研人员，再难拿到芯片方面的科研经费。

陈进拙劣的表演在任何一家公司都不会发生，这说明我们的科研经费基本上没有过程管控。为什么学术造假在我国屡禁不止？这是因为在科研管理方面，我们落后得太多了！

芯片行业本身就是一个花钱快、见效慢的领域。不怕走得慢，就怕假装在跑，但实际上却是原地踏步。

韩国的三星在1983年才得到美光科技的64KB DRAM芯片的设计授权，在此之前，三星一直在做化肥生产和为日本组装冰箱的低端业务。而得到授权的64KB DRAM芯片也是当时落后的技术，比日本落后5年。

但三星凭借这个几乎被淘汰的技术开始了漫长的龟兔赛跑之路，硬生生地挺着年年亏损的状况，并且挺了13年，其间三星不断钻研技术，不断进行升级迭代。

终于，到了 2017 年，三星成功打败英特尔，成为全球第一的半导体制造商。

我国的一些科研立项却是严重的急功近利，为了拿到项目吹牛、虚夸、跑关系。吹到天上的牛怎么落地？造假就不奇怪了。

7 软件之痛

操作系统是重要性堪比芯片的根技术，其完全被美国垄断。通过操作系统及捆绑软件，美国在软件领域拥有比硬件领域更大的垄断优势。那么，这种垄断局面是如何形成的？

1981 年 8 月，IBM PC（个人计算机）问世，标志着大规模信息时代的到来。

IBM PC 配套的操作系统是 DOS，当时的个人计算机的每个操作都必须通过下指令才能完成。现在滑动鼠标就能完成文件的移动，但这在当时要输入好几个英文指令才能实现。过高的门槛一直制约着个人计算机的普及。

凭着比尔·盖茨母亲的关系，还是小公司的微软得到了和 IBM 合作开发图形界面操作系统的机会。没等到合作出结果，微软就率先发布了自己的图形界面操作系统 Windows。后来，IBM 状告微软盗用合作成果败诉。从此，Windows 作为 PC 操作系统开始独步天下。

在推出 Windows 系统之后，从 IBM 身上赚到第一桶金的微软并没有给 IBM 提供排他性授权，而是将 Windows 系统同时授权给上百家贴牌厂商。这些厂商合理合法地克隆 IBM 的计算机，很快，计算机硬件不断降价，同时性能不断提升，发明个人计算机的 IBM 陷入与兼容机的同质化竞争，而兼容的定义权却掌握在微软手中。

随后，微软又推出了 Office 办公软件和 IE 浏览器，加固了自己互联网时代软件霸主的地位。微软凭借 Windows 系统的垄断地位赚得盆满钵满。

有趣的是，有一个日本人曾经差点儿淘汰了 Windows 系统。

日本东京大学的助教坂村为了替代难用的 DOS，早在 1982 年就独自写出了一份 300 页、名为 TRON 的 PC 系统规格书。

坂村对 TRON 系统的理念是：操作系统是软件的平台，是信息化社会的基础，就该如水与空气一般。

这一理念震惊了全球的学术界和企业界。相对于微软和英特尔的封闭商业联盟，TRON 从一开始走的就是免费、开放的路线。源代码公开、免费，谁都可以参与完善，所以无论是成本还是安全性以及可建设性，TRON 都会比微软的 Windows 方案更好。

坂村的蓝图吸引了 NEC 等几家制造商与坂村一起开发 TRON 系统的个人计算机。第一台 TRON 个人计算机样机于 1987 年完成。

当时，Windows 系统也才刚刚诞生不久，还有不少缺陷，图形操作界面还没有统一标准，TRON 系统大有一统江湖之势。

20 世纪 80 年代的日本在芯片产业上也逐渐超越美国，高峰时期占据了全球近 80% 的 DRAM 份额。面对日本在系统和芯片上的逐渐超越，美国的商业寡头和联邦政府坐不住了。

1989 年，为了阻止日本科技的崛起，美国对日本祭出了《超级 301 法案》，向日本的"人造卫星、超级计算机、TRON"等商品单方面设下了贸易壁垒。

美国对 TRON 下达的禁令是：所有使用 TRON 系统的企业都将失去美国市场的公平对待。面对市场老大的恐吓，这些高科技企业也只能"弃暗投明"和"明哲保身"，TRON 最后含恨而终。

归根结底，这是因为日本是一个没有完整主权的二战战败国，当日本把生意做到影响美国的国家利益时，商业的本质将不再是贸易问题，而是是否发起战争的抉择。

坂村的理念有利于软件行业的发展，也是世界上绝大多数程序员的梦想，在 20 年后，这个梦想被一家美国公司实现了。

2007 年，苹果公司发布了首款 iPhone 手机，标志着智能手机时代的到来。

然而，苹果公司走的却是全封闭路线。从电子零部件到销售网点，都是苹果公司的业务范围；无论硬件、软件还是内容，都在其控制之中。为了防止用户破坏苹果产品的完美，iPhone 手机不能擅自拆开，也不能换电池，还使用了特制的"防盗"螺钉。

苹果公司的这一特点源于乔布斯对产品近乎变态的控制欲，只要有一个部分不是他说了算，他就寝食难安。

苹果公司的封闭性直接导致了其在 PC 时代被微软打败，乔布斯也被董事会赶走。

后来，乔布斯又被苹果公司请了回来。在智能手机时代，乔布斯的执著得到了加倍的回报。凭借独特封闭的 iOS，苹果手机以近 20% 的市场份额赚取了智能手机市场的大部分利润。

封闭性意味着用户没有其他选择，可以赚取丰厚的垄断利润。苹果的策略很高明——把 iPhone 手机打造成奢侈品，让客户心甘情愿地多花钱。

在看到了 iOS 的局限性后，谷歌公司推出了开放、免费的 Android 系统，在手机上实现了坂村的梦想。然而，号称"不作恶"的谷歌却在关键时刻还是配合美国政府限制华为使用 Android 及其服务套件 GMS。看来，只要是美国的技术，都不可能"如水和空气一般"地造福人类。

其实，安卓并不是谷歌的原创，而是出自一个不起眼的小公司。

2003 年，一位名叫安迪·鲁宾的人创建了 Android 公司。

2005 年，谷歌以 5000 万美元的价格收购了只有 6 名工程师的 Android 公司。

2007 年 11 月 5 日，谷歌向外界展示了 Android 系统，并在当天与

34家手机制造商、软件开发商、电信运营商以及芯片制造商组成全球联盟，共同开发Android系统。

Android系统的底层为Linux系统，作为一个全球开源的计算机底层系统，Linux系统凝聚了全世界无数程序员的智慧，其免费、易得、可随意修改系统源代码，所以，Android吸引了无数个人或软件公司为其开发软件。经过不断更新迭代，到2011年，Android的市场份额超过了iOS，成为全球市场份额最高的智能手机操作系统。

华为鸿蒙操作系统的发布给了消费者一个更好的选择。鸿蒙是万物互联时代的操作系统，具有跨越终端，让手机、手表、智能家居等产品实现无缝协同的强大能力。作为后来者，可以取前人之长而避其短，鸿蒙的分布式架构、微内核等技术，无疑比Android和iOS更先进，但毕竟Android和iOS已经建立起了庞大的生态系统，鸿蒙能否取代Android，或者与Android、iOS成三足鼎立之势，还需要时间的检验。

相对于硬件技术，中国在软件方面落后美国更多。照理说，中国软件人才世界第一，编程也是中国人擅长的，但为什么会造成今天的落后局面呢？

一方面，计算机、互联网、智能手机都是美国人发明的，他们占据先入为主之利，且主流软件不仅需要技术，更需要以强大的市场号召力为基础，这一点美国也占据优势；另一方面，中国的盗版横行也是一个重要原因。国人已经用习惯了免费软件，不免费就用盗版，所以中国的软件行业发展不起来，发展得最好的就是游戏软件，主要是靠流量、装备、广告赚钱。

8　法制是商业文明的基础

任正非说："国家要保护知识产权，才能有发明。如果我们保护原创发明，就会有很多人去做原创，最后，这个原创就会发展成产业。"

要想有效地保护知识产权,首先要建立法制社会、信用社会。商业文明的基础是法制和信用,没有法制就无法保证信用,信用主要体现在遵守契约上,是高效率做生意的保障。

为什么有的地方会越来越富

有的地方重商,讲赚钱。赚钱是最好的修行,赚钱的同时服务了社会。

有的地方重权,讲关系。关系是权力的延伸,靠权力夺取私利是罪恶。

有的地方注重实效,有的地方注重面子。

有的地方喜欢先在茶馆里谈合作,签个君子协议,靠利益维持关系,无所顾忌地把一切都明确好,然后一起干。

有的地方喜欢先在酒桌上谈感情,双方称兄道弟,让感情撮合生意,但真正到了牵扯利益关系的时候,往往会发生争执。

归根结底,这种差异体现了两种社会形态——契约社会和关系社会。

有个小故事也许能说明这两种社会形态的巨大差别。

笔者有个朋友,在当地办企业做得风生水起,他弟弟要到深圳开工厂,做哥哥的不放心,跟着来到深圳帮忙注册公司。只用了半天时间,公司的注册手续就办好了。弟弟很开心,哥哥却犯嘀咕了:自己当初注册公司用了三个多月的时间,深圳怎么就这么简单呢?

简单做事,这大概就是深圳发展快的一个原因吧。

在"北上广深"四个一线城市中,深圳的资源十分匮乏,其土地面积不及其他城市的三分之一,与北京相比更是相差甚远,因此,深圳必须重视效率。

9　李约瑟之问

新中国成立后几十年的追赶，才有了今天的大国地位。但是至今，我们的科技水平仍然落后于西方强国，要在科技上赶超它们，首先必须搞清楚我们为什么落后。

李约瑟是中科院外籍院士，他在编撰《中国科学技术史》时发现，明朝以前中国的科技一直是领先西方的，从明朝开始就逐渐落后于西方了。这是为什么呢？这个问题就是大名鼎鼎的李约瑟之问。有时候，这个问题也会变形为"科学为什么没有诞生在中国"，或者"工业革命为什么没有发生在中国"等。

在航海大发现之前，东方文明与西方文明几乎不处于一个维度，当欧洲正处于黑暗腐朽、被宗教束缚的中世纪时，东方就已经取得了诸多辉煌成就。即便历史上也曾出现过类似于波斯、东罗马、奥斯曼等大国，但它们整体上仍然落后于东方。

奠定中国古代领先地位的人首推秦始皇。

秦始皇统一六国后，采纳了李斯的"郡县制"设计，形成中央集权的大一统模式。

受西方思想的影响，大多数人喜欢民主，不喜欢集权，其实，中央集权对于大国是非常必要的，没有集权，很容易走到春秋战国的局面。例如，汉朝初期曾经分封刘姓诸王，削弱了中央集权，最终酿成汉景帝时期的七国之乱。

汉武帝不愧为千古一帝，通过推恩令恢复了中央集权，罢黜百家，独尊儒术，为国家植入了儒家的行为准则。此后两千年，儒家思想一直占据主导地位，对中国的影响之深远，超过了所有宗教。

儒家思想配合大一统的政治体系造就了中国近两千年高度稳定的社会结构，这是中国古代长期占据世界领先地位的根本保障。在古代，稳定就是生产力，创新则没有那么重要。

中国古代近乎完美的体制结构仍有一个根本问题没有解决，导致所有王朝都难以超过300年，而王朝更替常会造成严重的战乱和破坏。这个问题就是王朝中后期中央无法集权，中间层巧取豪夺压榨百姓，土地兼并、税赋加重导致民不聊生，逼迫百姓揭竿而起。这个问题的根本原因首先是皇帝都出自一个家庭，不可能代代出英杰；其次是社会阶层的板结固化，形成熵增趋势。

中国的衰落是从明朝时期开始的。近代中国的科技落后于西方，但不能因此就对自己全面否定，重要的是要搞清楚近代科技喷发的原因，取人之长，补己之短。

近代中国科技落后的原因有三。

第一，稳定封闭的农耕文明不利于求新求变。

看一个人，必须了解其原生家庭才能看清楚。看一个国家，必须观察其地理位置才能看透彻。

中国东临大海，西靠喜马拉雅山脉，温带气候适宜农业生产，良好的自然环境造就了稳定封闭的农耕社会结构。农耕社会最典型的特征就是封建小农经济，这种经济自给自足，不需要与外界有太多交流，是相对封闭的。在这种环境下生活的人们没有那么强烈的好奇心，也容易不思进取。

况且，在过去的2000年里，其中有1800年中国的GDP远超其他国家。直至1820年，中国在世界GDP总值中的比例仍大于30%，超过了欧洲和美国的GDP总和。周边是排队进贡的蛮夷小国，自然而然地，以天朝上国自居的中国便不思进取了，皇帝养尊处优，考虑的不是创新和发展，而是国家稳定，江山万代。

由于中国古代的农业比较发达，因此为了国家稳定，统治者希望人们被牢牢束缚在土地上，"重农抑商"是各朝代的共同特征，商业总是被看作不务正业，屡屡受到打击，而商业正是走向工业革命和资本主义的必由之路。

欧洲是海洋文明，靠海吃海。由于海上运输的便利，海洋文明自然会伴随着商业的发达，至今沿海地区仍然占据地理优势。为了到更远处进行征服和贸易，需要更大的船和更好的武器；为了追求商业利润，就会刺激工业的发展。

当欧洲人的船队驶向茫茫大海，去远方进行征服和贸易，顺便完成了地理大发现的时候，明朝却在实行海禁。虽然郑和下西洋的船队规模远非麦哲伦、哥伦布可比，其时间又早于西欧各国，但那只是为了宣扬天朝上国的威德。

第二，古代的大一统专制统治扼杀科学。

大一统保证了古代的领先，但当科技文明到来时便阻碍了创新。

中华民族自古以来崇尚大一统，这就需要统一思想。国家治理结构采用严密的等级制，行为上必须循规蹈矩，思想上独尊儒术。有太多的礼制风俗需要遵守，人们早已潜移默化地习惯于恭顺守礼，顺天认命。对于敢说出另类见解的人，有"文字狱"伺候。

儒家思想推崇秩序和仁政，克己复礼实际上是维护等级制，并配合中央集权的治理体系，形成中国社会高度稳定的金字塔结构。儒家思想以忠孝为本，有利于社会稳定，有利于勤俭传承，有利于财富积累和人口增长，但其是以压制个性为代价的，对人有太多的约束，不利于创新，特别是儒家推崇的"中庸之道"是与科学探索精神冲突的。

儒家重"礼"，科学则重"理"，前者束缚人的思想，后者要求思想的自由和解放，这两者是矛盾的。即使有"科技"思想的萌芽，也难以开花结果。虽然王朝更迭，但这种封建专制的统治模式一脉相承，从未改变。倒是在春秋战国时代，这种模式还未形成，是思想文化发展的黄金时期。

欧洲多国纷争，相当于我们的春秋战国时代，竞争的环境有利于科技的发展。古代中国就好比一家大型垄断公司，虽然日子过得不错，但会阻碍创新，欧洲诸国就像多家公司之间的竞争，有利于创新突破。

黑死病让欧洲超过三分之一的人口死亡，绝望中的人们发现上帝是靠不住的，只能靠自己，由此催生了文艺复兴运动。还有后来的宗教改革与启蒙运动，这三大思想解放运动瓦解了天主教主导的西方政教体系，打破了天主教对西方民众的精神束缚，终使民智大开；加上竞争的环境，创新如开闸的洪流般喷涌而出。所以，与其说是中国自明代开始落后了，不如说是思想解放运动让西方领先了。

中国的思想解放运动直到辛亥革命前后才开始。自汉朝以来，儒家的传人不断把儒家思想推向极端，到宋、明、清时代，儒家思想对人性的压抑更甚。存天理、灭人欲；饿死事小、失节事大；强制女性包小脚，把一半人口变成残疾。明朝推崇理学，全面抑制了国人的思维，实现了前所未有的愚民；而厂卫制度则把国人监视起来，真正实现了家天下，并彻底打断了文人的脊梁。可以说，明朝是封建专制的巅峰。

受儒家思想高度压抑的古代中国，堪比欧洲中世纪的黑暗，很难发生创新和变革。毛泽东说："我们反对孔子，有很多别的理由。单就这独霸中国，使我们思想界不能自由，郁郁做二千年偶像的奴隶，也是不能不反对的。"但是，儒家思想的确有利于社会稳定和王朝延续，所以皇帝们接力捧场，把儒家思想捧成了国教。

稳定与创新就像遗传和变异之间的关系，追求高度的封闭稳定便不利于创新，鼓励创新就要开放，要允许异想天开，允许离经叛道。近亲繁殖可以最大限度地保证家族基因的遗传，但不利于基因的变异优化，为了后代基因的优化，就要接受差异，就要允许女儿嫁到远方。改革开放的成功正是得益于东西方文明的碰撞、嫁接、交融。

古代中国的大一统模式高度稳定，但也高度封闭，在没有外界干扰的环境下自给自足，农业生产力强大，因此很难发生变革，当工业革命到来时就落伍了。这有点像柯达公司，在彩卷照相时代，柯达做得最好，所以柯达不思进取，不想改变，结果在数码照相时代就落伍了。

中国农耕文明的顶峰出现在乾隆时期。当时，西方派遣使臣前来朝拜，乾隆则自大地说"我们地大物博，不需要你们的东西"。殊不知，外面的世界已经天翻地覆了。如果说自明朝后期欧洲开始的工业革命是在逐步积蓄力量，那么到了乾隆时代，欧洲强国已经具备了打败中国的实力，此后的国运衰败、列强入侵就是必然的了。

在意大利传教士利玛窦带来的世界地图的基础上，明朝已经绘制出较为准确的世界全图，却被大搞文字狱的乾隆皇帝下令销毁。鸦片战争爆发后，朝廷没有一个人知道英国在哪里，道光皇帝竟然还傻乎乎地问道："英国在哪儿？从新疆可以过去吗？"

第三，缺乏超功利的科学精神。

亚里士多德有一句名言："他们是为了科学而追求科学，并不是以某种使用为目的。"科学纯粹是为了知识本身而设立，这种超功利的科学精神是我们所缺乏的。

我们做事，往往都带有极强的目的性。学习是为了能找到一份好工作，工作是为了获得更好的生活条件。谁要是不带有任何目的地做一件事，就会变成长辈口中的"没出息"。

古代人更是功利。"学而优则仕""书中自有颜如玉，书中自有黄金屋"。说白了，读书只是为了做官发财。

读书被所有人当作一个跳板使用，古时候人们将它作为仕途的敲门砖，现在则将它作为高薪职业的敲门砖。

纵观中国古代所谓的"科学"，没有一项不是为了实用而创造的，实用性是中国古代科学的显著特征。这也正是说中国古代的科学不是科学，充其量是科技的原因。

古代的文化中缺少对科学、真理和创造的支持,重视人学而藐视科学。当社会精英都将中庸之道作为最高智慧,而将科技视为"奇淫巧技",将匠人视为"下九流"时,科学何以发展?

那些读书入迷的人会被称为书呆子。假如牛顿降生在中国古代,恐怕他就没有成为"书呆子"的机会了,他会被父母包办婚姻,不得不去读四书五经以求取功名。

即便到了近代,我们强调的科学也很少单纯地是追求真理、展现个人创造力、揭示宇宙的奥秘,大部分强调的是救国救民、振兴中华或一些实用的诉求。这就导致我们会更多地从功利的角度看待科学。

直到今天,我国很多科研团队的研究方向更多仍是为了短期的经济回报。纳米技术火的时候一股脑地研究纳米,电池火的时候全都去攻克电池技术,因为这样容易申请到科研经费,甚至拿到一些奖励颇丰的奖项。

为什么科学要超越功利?因为功利是基于过去的经验,而科学则是全新的发现,早期不容易知道其究竟有什么用处,也许将来会有大用处呢。带着功利心追求科学,注定走不远。

从文化层面看,儒家的家文化为个体规定的最低目标是传宗接代,最高目标是光宗耀祖,而当官是光宗耀祖的最佳方式,这是功利性的根源。

西方的宗教改革使新教摆脱了神职人员的束缚,并为新教徒注入了使命感。新教宗师加尔文提出了巧妙而神秘的得救标准:被上帝选中得救是生而注定的,但自己并不知道,直到做出了非凡的成就,才知道自己就是上帝的选民。

这一理论可以说是非常巧妙且超越功利。集努力、天赋和运气于一身的人才是天选之子,这既符合人们的认知,又使成功人士具备了使命感。新教精英就这样兼具了务实能干和救世意识,这样的精英群体最终带领西欧率先完成了资本主义革命。

10　钱学森之问

钱学森之问是钱学森提出的一个发人深省的问题。2005年，温家宝看望耄耋之年的钱学森，钱学森感慨："这么多年培养的学生，还没有哪一个的学术成就能够和民国时期的大师相比。为什么我们的学校总是培养不出杰出人才？"

我们到底流失了多少人才

改革开放后，为了学习西方的先进技术，加快发展速度，中国开始大规模向发达国家派遣公费留学生，进入20世纪90年代，随着一部分人富裕起来，民间自费留学逐渐成为主流。据不完全统计，自1978年至2020年，一共有600多万中国人出国留学。这些人中有多少人回国了？又有多少人在为西方的富强而奋斗？

2000年之前，大部分留学生都是中国的精英，中国现在最著名的学者几乎都是那段时间出国留学的。而2000年之前，留学生的平均归国率很低，流失的精英很多都成了西方的高级科技人才。

2010年后，随着中国人收入的提高，留学成了比较平常的事情，一部分人纯粹是为了出国镀金、混文凭。现在，虽然归国率上升了，但大多数精英也许恰恰是在那些没回来的人里。

施一公：为何我们培养不出顶尖人才

我国的教育发展虽然很快，但实际上还不够强，顶尖科技人才依然处于匮乏状态。

施一公在一个论坛上表示，如果仅从学校数量和在校人数上看，中国毫无疑问是头号教育大国。然而，如果从世界顶尖大学的拥有量和顶尖科技人才的培养以及拥有量上看，中国还算不上高等教育强国，与世界其他先进国家相比还有明显差距。

世界排名显著上升、论文数激增、专利申请规模空前，但真正的科技创新技术却在全世界排不进前十名。这样明显的反差，不仅体现出数据领先的空洞和科技评价标准的落后，更体现出我国在实际创新能力上的短板。

美国洛克菲勒大学虽然只有70多名教师，但自建校以来已经诞生了25名诺贝尔奖得主。

我国大学在探索科技创新的评价标准上非常落后，甚至故步自封，长期以来都是简单地以发表多少文章、获得何种社会荣誉为标准。

这些虚浮的标准，对于真正的科学研究，对于原始的科学发现与核心科技的创新毫无帮助，在某种程度上甚至是在扼杀科技创新。

如果大学科技研究不以真正的自然探索和科技创新为核心目的，那么无论有多少所大学，发表多少篇论文，都解决不了中国的科技创新困境。

"大学，尤其是顶级研究型大学，原本就该是培养人才的地方，是培养国家栋梁、国家领袖、时代大人物的地方。许多顶级大学让学生进去后只想就业问题，大家拼命往挣钱多的地方钻。考进名校的高考状元大多去了经济管理学院。最好的学生都想去金融公司。"

当下的中国虽然看起来成就斐然，各方面的力量对比也发生了明显变化，但事实上，这只是经济体量大造成的错觉。

实际上，在关键科学技术领域以及技术革新和基础研究的创新能力上，中国的实力一直排在世界前十名之外，经济大国的基础十分薄弱。

标准决定导向

施一公讲到过去的评价标准是一个大问题。其中，职称和荣誉评选与西方国家存在根本差别。

西方评奖走的不是申报制度，而中国的奖项基本都要事先申报。

申报制度可能带来浮夸的风气，就是自吹自擂，明知是假的也要吹，一些造假的事件就是这么来的。

评选的关键是要搞定评委，于是形成了跑关系，甚至买选票的风气。

另外，在评奖的时候还要讲究地区平衡、行业平衡以及人际关系平衡，长此以往，你评上了大家也不会认为你真的达到了某个水平，而是归为平衡的结果。

高层次的评选还存在一些诀窍，比如相互串通，这次你评我，下次我评你，完全起不到什么激励作用。

例如，小学生研究癌症获科技创新奖；能把熟鸡蛋变成生鸡蛋并孵出小鸡的科研论文；相比之下，"博导厅长"出版的《平安经》便容易被接受了，人家起码也算是原创。

这样做的结果是，善于跑关系就能左右逢源，埋头搞研究却得不到资源。部分有真才实学的人选择了出国，国外学成的人也不愿回国。

所以，要想真正营造出创新的氛围，首先要构建更适合于创新的科研管理机制，特别是要在激励机制与惩罚机制上下功夫，让吹牛造假的代价远高于潜在收益，把待遇和荣誉给到真正踏实肯干的人。

11　中美之间真正的差距是什么

贸易战一过招，我们就感受到了中美之间科技水平和创新能力的巨大差距，美国可以限制我们，而我们却很难限制美国。

纵观近代的大国崛起，无一不是以强大的科技创新能力为支撑的。

工业革命将英国推向世界龙头地位，英国先后超越西班牙、法国等强国，在全球建立殖民地，成为"日不落帝国"。

德国亦是如此。自查理曼大帝时代起，德国就非常重视教育和科研。19世纪60年代，德国的儿童入学率就高达97.5%，国民素质大幅提高。

德国后来涌现出蔡斯、西门子、科赫、伦琴等一大批耀眼的科学家，诞生了世界第一台大功率直流发电机、第一台汽车等。对教育和科研的大量投入让德国站在了世界前沿。

二战后，作为战败国的日本凭借科技和贸易求发展，迅速成为发达国家。总结日本的经验，无外乎就是重商重教，营造一个适合创新的环境。近20年，日本几乎每年拿到一个诺贝尔奖就已经说明了一切。

美国重视教育，重视科技，重视人才。什么叫重视？是不是多投钱就叫重视？

为什么全世界的科技人才大多喜欢去美国发展？这是因为美国为科技人才营造了一个相对公平而宽松的社会环境。在这样的环境中，人们的创造力才能得到最大程度的发挥。

20世纪的三个伟大发现——无线电、计算机和互联网——为什么都出现在美国，重要原因之一就是美国的基础、应用以及开发研究都非常强大。特别是在基础研究方面，美国一直不惜重金投入。

为什么美国这么重视基础研究？这是因为基础研究决定了原创科学研究领域的发展水平，决定了能诞生多少原始创新，当原始创新不断滚雪球般地壮大，后面的应用和开发研究也会随之壮大。

而中国的短板，恰恰就在于对基础研究和基础学科缺乏正确的认识。

我们更多偏向于一些追赶型的科技创新，也就是在别人已有的技术基础上做一些局部突破，反正目标在那里，只要不惜代价地投入举国之力，大概怎么都能取得一些成绩。

可真正的原始创新是需要想象力的，如果基础研究薄弱，我们的原创能力就始终上不来。因为别人是从头做起，而我们只能拿过来做一些局部改进，这是不系统的，也是不可持续的。

当然，在国家一穷二白的时候，我们需要这种模仿，需要这种"从 1 到 10"的创新。但是今天，中国已经成为世界第二大经济体，我们更需要的是"从 0 到 1"的原始创新。这才是决定国家竞争力的根本。

相比科研投入，更重要的是创新的环境。只有营造适于创新的环境，才可能实现科技强国的目标，才能从规模型经济转变为质量型经济，也才能成为货真价实的发达国家。否则，即便是拔苗助长式地成为 GDP 数字上的发达国家，也很难长久保持兴盛。

中美之间的差距，表面上是创新能力，实际上是创新环境。如果中国人一有钱就想把子女送到美国留学，而不是美国人大批地到中国留学，就说明我们之间的差距还很大。

12　教育方面

从识字率和工程师培养这两个方面看，中国的教育已经取得了巨大成就，但是从与发达国家竞争的要求看，我们的教育还有很长的路要走。

首先应该肯定的是，从新中国成立到现在，中国在教育、科技、人才培养等领域都取得了长足进步。近 3000 所高等院校，4000 万名在校生、300 万名硕士生和博士生，我们的高等教育规模位居全球第一。

但是，中国的人口世界第一，在顶尖人才上却始终比不过西方国家。就拿诺贝尔奖获得者来说，美国以 377 人高居榜首，英、法、德三国次之，就连匈牙利这样的小国家都有 13 人上榜，而中国大陆仅有屠呦呦和莫言两人。

我们的教育体系存在大而不强、创新力不足和浪费严重的问题。

大学扩招导致教育质量下降

扩招后没有那么多的学生,学校只能降低门槛。

有的学校要维持运转,要赚钱,就硬生生地把教育变成了生意。教育的目的不再是培养学生的思维能力和知识应用能力,而是跟别的买卖一样——让客户满意,把学校打造成成人乐园。更好的宿舍,更好的食堂,各种课外娱乐活动,最重要的是更低的学业要求。有的大学更像是流水线生产、培养中等人才的工厂。于是,文凭、职称满天飞,高水平人才却极度缺乏。

北京大学钱理群教授批评道:"我们的教育正在培养着大批的精致利己主义者。"

职业教育薄弱

德国的大学入学率仅为30%,但德国的双轨制教育却培养出了世界上极为优秀的工人。

德国工人的平均工龄是33年,也就是说,多数人一辈子只在一个工厂上班,他们将工作当成了事业。

在德国,一个工人可以养活一家四口,并让家人过上中产阶级的生活。

中国的技术工人培养稍显落后,导致高水平的制造业难以发展。

在每年的大学毕业生中,有一部分人名不副实,走上社会后高不成、低不就。这部分人当初若按高级技术工人培养则可能更合适。

初等教育扼杀创造力

教育模式如果不能发挥少年和儿童的个性,那么科技创新就是没有根基的。

中小学生可能是最辛苦的一群人。学校和家长联手编织了一张疏而不漏的天罗地网，孩子们没有自己的时间去探索兴趣爱好，原本活跃的思想在这样的压制之下变得呆板而麻木。超重的书包、过重的学习压力已经影响到孩子的身心健康。机械的应试教育过早地扼杀了学生的创造力。

竞争越来越提前，从高中、初中、小学，甚至已经提前到了幼儿园。为了"不输在起跑线上"，有些家长不惜从买学区房开始。

当学生们进入大学的时候，有的人已经对一切学习、一切探究都有心无力了，更不要说创造力的培养了。

从小到大都是让孩子听话，循规蹈矩，读到博士了突然让他创新，他能创新什么？又怎么去创新？北京大学郑也夫教授讲得生动："拉磨一年，终生无缘千里马。"

从数学看人才培养

数学是纯粹的思维学科，对科研条件要求不高，它可以从一个侧面衡量国家的人才培养水平。俄罗斯人有句话说："只要莫斯科的数学系还在，俄罗斯就算变成废墟，也一定能够重新崛起。"由此可见，俄罗斯人对数学的重视和自信。

菲尔茨奖被称为数学领域的诺贝尔奖，截至 2018 年，美国拿了 14 个，法国拿了 13 个，俄罗斯拿了 9 个，英国拿了 6 个，日本拿了 3 个，连越南都拿了 1 个，中国却颗粒无收。

中国的人口在世界上一直排名第一，但是顶尖数学家却少之又少。之所以会出现这样的情况，和教育方法有着不可分割的关系。

我国从来不缺乏人才，但是却缺乏人才的差异化培养，看重成绩而忽略了教育的本质。教育的本质是唤醒，是把灯点亮，重要的不是灌输知识，而是激发人对知识的热情。

数学泰斗丘成桐教授曾批评"填鸭式教育"，这种方式扼杀了孩子的学习兴趣，导致他们没有数学思维能力。

13　科研方面

我国的研发人员总量已经稳居世界首位，且研发经费已经成为全球投入第二高的国家，2020 年为 2.4 万亿元，仅次于美国。

三大检索工具 SCI、EI、CPCI 的论文发表数量也位列世界第一或第二位，专利申请数和授权数也已经达到世界第一。

但是，世界知识产权组织发布的全球创新指数显示，中国在 2020 年的排名仅是第 14 位。

就拿专利来说，目前我国的专利数量虽然是全球第一，但专利的成果转化率却被美国远远甩在后面。

2019 年，中国高等学校专利授权数为 184934 项，专利出售 6115 项，合同转让数为 11207 件。按此计算，专利的成果转化率约为 9%。比起美国近 50% 的成果转化率可谓差距悬殊。可喜的是，同期我国企业专利的成果转化率为 63.7%，并不比美国差。

而当年高校科技经费的总支出高达 2000 多亿元，这些成果转化的收入仅能覆盖成本的 2.5%。虽然存在统计口径的差异，但科研投入浪费巨大是确定无疑的事实。

究其原因，是科研重数量而不重质量。某些大学存在管理落后的问题，科研经费的发放和管理基本上还是计划经济时代的那一套方法。

14　美国的科研体制

美国的科研体制是如何运行的？为什么美国的科研既能得诺贝尔奖，又能产生高科技产品？这里，首先需要知道一个人——范内瓦·布什。

范内瓦·布什曾任麻省理工学院副校长兼电子信息学院院长。麻省理工学院经常向到访的客人介绍《科学：无尽的前沿》，正是这份报告改变了美国科技发展的历史。报告的作者正是范内瓦。他们非常自豪地讲，在美国历史上，没有人比范内瓦·布什对美国科研的贡献更大了。

范内瓦对美国科研的最大贡献不仅在于桃李满天下，更在于他对美国政府的科研政策产生了永久性的影响。

在第一次世界大战期间，范内瓦发现，美国军方工程和技术需求与当时科学家之间的研究存在极大的鸿沟。当时，无论是军方还是民间，都看不上大学里科学家所做的那些工作。而科学家因为没钱，只能做一些偏理论的研究，解决不了大型工程问题。

于是，范内瓦利用他担任总统科学顾问的机会，绕过美国国会，直接给罗斯福提交了一份建议书，并在罗斯福的支持下成立了国防研究委员会（NDRC）。之后的曼哈顿计划以及重大国防项目，都是在这个委员会的主导下开展的。

在罗斯福就四个方面的问题征询他的意见之后，范内瓦希望借这个机会将科学研究确定为美国的永久国策。范内瓦在广泛征求同行的意见之后写了一份很长的报告，就是《科学：无尽的前沿》。

在报告正式的文本之前，范内瓦用一封简短的信总结了他的四点关键性建议：

第一，在不妨碍国家安全的前提下，把从军工获得的科学知识告知民众，促进民用科学的发展。

第二，持续进行医学和相关科学领域的工作，以战胜各种疾病。

第三，政府协助公共和私人组织开展研究活动。

第四，发现和培养美国青年科学人才，以确保美国可持续的科学研究，让科研水平可以与战争期间的水平相提并论。

范内瓦接下来在正式报告中强调了几个未来的重点科学研究方向：

第一，和抗击疾病有关的医学和基础科学研究。

第二，涉及国家安全的研究（当时他关注的还是导弹、潜艇和无线电等）。

第三，和国民福祉有关的科学研究（涉及创造就业机会，发明新的工业品，提高竞争力）。

直到今天，美国科研的目的依然是围绕这三个方面展开的。

范内瓦认为，要想完成上述任务，政府必须做四件事情：

第一，培养人才。

第二，支持大学科研（在此之前，美国政府是不给大学研究经费的）。

第三，为了确保大学和私营研究机构有足够的人才，国家研究机构不能同大学和私营企业争抢人才。这一点是美国和其他国家不同的地方。美国是小政府，只有很少的政府科研机构，甚至把一些国家实验室交给私营企业和私立大学管理。很多人感叹，为什么 SpaceX 作为一家私营企业，其航天技术能如此先进。其实，SpaceX 拿的也是 NASA 的经费。事实上，美国研究最新飞机、导弹、潜艇的机构都是拿了政府合同的私营企业和大学。

第四，为了刺激私营企业加大科研投入，要做好两件事情：一是制定科研经费抵税的税收政策；二是保护专利。

今天，美国大企业的研发经费是非常高的，这不仅是为了增强自身的竞争力，也和美国政府颁布的很多鼓励科研的政策有关。

美国科研的成功得益于支持私营企业和机构投入研发，而不是成立国有的研发实体。国有实体如何提高研发效率是一个大问题。

在人才培养上，范内瓦强调了三个要点：

第一，能做科学研究的人极少，但是要想找到这些人却需要很大的基础人群。

第二，培养科学家的时间非常长。

第三，政府要通过提供奖学金将人才吸引到科研中。

关于科学对于一个国家的意义，范内瓦是这样讲的：

"无论是和平时期还是战争时期，科学都只是以团队中一员的身份贡献于国民之福祉。但是如果没有科学的进步，其他方面再多的成就也无法确保我们作为一个国家在现代世界中的健康、繁荣和安全。"

15　日本的科研体制

日本的国土面积比中国四川省还小一点儿，人口比四川省多一点儿。但可以肯定地说，自明治维新以来，日本就已经不属于亚洲小国了，而是真正的科技大国、强国了。

那么，日本是如何变成科技强国的呢？

关键在于科研体制。日本的科研投入并不太讲功利性，很多教授一生只研究一个方向，20多年不出成果也没有关系。

2001年，日本甚至放言要在50年内得到30个诺贝尔奖。此话一出便引起了很多人的嘲笑。但是，这些年日本几乎一年一个诺贝尔奖，其中化学又特别牛。可以说，化学的半壁江山在日本人手里，而化学工艺又是半导体的基础，所以日本说其能够完全避开美国限制供应华为并不是吹牛。

明清时期，中国的识字率还不到3%，而日本的识字率已经达到了40%，不仅是亚洲之最，还是世界第二（仅次于当时的英国）。而到了明治维新之后，日本的识字率达到90%，成为世界第一。

尽管日本在二战后步履维艰，但日本做的第一件事仍然是投资义务教育。毫不夸张地说，日本将教育投资看成了维系国家命运的支柱。

鸦片战争使奉行闭关锁国政策的清朝不得不打开了国门，以派遣留学生为起点，开启了40多年的洋务运动。

同隔海相望的清朝一样，19世纪幕府统治下的日本也将闭关锁国作为基本国策。幕府不允许生产能够远洋的大船，前往外国和从外国归来的人均会被处以死罪。

1853年，美国海军的四艘黑色军舰撬开了日本的国门，史称"黑船事件"。此后，日本觉悟到必须向西方学习。

时至今日，日本仍然是世界屈指可数的科技强国。日本的诺贝尔奖获得者的数量在亚洲位居首位，且自21世纪以来，日本在自然科学领域的获奖人数仅次于美国。

日本强大的秘密"从日本人的钱包里"即可看出。在日本发行的纸币上，1000日元上印的是生物学家野口英世，5000日元上印的是女作家樋口一叶，10000日元上印的是思想家、教育家福泽谕吉。

纸币是一个国家价值观的体现，大多数国家的纸币上都印着政治家或国家领导人，而日本却将教育家、科学家、女作家印在纸币上，这是日本高度尊重知识的表现。

"菅义伟下台" 冲上热搜

菅义伟刚上任首相一个月就引发了"众怒"，起因是其拒绝6位学者进入日本学术会议。据媒体报道，该事件发生在2020年10月1日的日本学术会议前，在相关人员提交的一份105人的新成员名单中，菅义伟只批准了99人。

首相拒绝新成员进入学术会议的举动在历史上少有，菅义伟此次的举动是自2004年起的第一例，这也引起了日本学术界的不满和谴责。学者纷纷指责菅义伟"侵害学术自由"，并要求他尽快批准这6名学者进入学术会议。

要求"菅义伟下台"的话题一度登上了日本媒体的热搜，已有超过2万条相关推文，其中，大部分是针对日本政府或菅义伟的批评。

日本学术会议是隶属于内阁的一个机构，平时负责向内阁察纳谏言、建立学者联系网、举办国际活动等。在历史上,实质的人事任命权是掌握在"学术会议"自己手中的,政府只有流程性任命的权利。因此,菅义伟的干预行为引发了日本学术界及日本民众的愤怒。

可以设想一下,如果这种行为成为常态,就会形成两个新阶层:一个是政府幕僚权力层,这些人不怎么懂学术,却可以决定谁能进入学术会议;另一个是学术圈里"亲幕僚"的关系层。真正的学术精英被排到第三层,并受到这两个阶层的制约。

日本在如此之差的先天条件下创造了辉煌,的确有值得学习的地方。

第四章　华为能否复制

美国打压华为,一方面说明华为走对了路;另一方面说明华为这样的企业太少了。那么,华为能否复制?

1　华为成功密码

没有人能随随便便成功。华为曾经是一个"三无"企业:没有背景、没有资金、没有技术。华为究竟靠什么发展成了全球领先的高科技企业呢?

财散人聚的机制

"认真负责和管理有效的员工是华为最大的财富"。基于这一理念,华为设计出了独特的分享机制。

1987年开始创业,条件艰苦,没有资金、技术和人才。如何吸引更多的人才加入公司呢?任正非设计了员工持股制度,与员工分享利益,分担责任。

这是任正非的管理创新,也是任正非的伟大之处。不要觉得这很容易,直到现在,又有几个企业能真正做到?老板不想,员工不信,制度能力不行,让一些股权分享成为套路。

如何让员工自愿追随?任正非说:"无欲则刚违背人性,欲望才是动力。"对美好生活的向往是人之常情。

多年前,任正非在华为销售服务体系奋斗大会上为家属颁奖并讲话,他说了一句很重要的话:"我们奋斗的目的,主观上是为了自己和家人的幸福,客观上是为了国家和社会的繁荣。"

就企业来说,应该正视人的本性,因势利导,而不是空洞的说教或严防死守的抑制。

另一方面,任正非也强调:"金钱固然重要,但也要相信人的内心深处有比金钱更高的目标与追求,尤其是当人们不再一贫如洗的时候,愿景、使命感、成就感才能更好地激发人……"

任正非一方面对员工的欲望因势利导,另一方面又对自己的欲望极度克制，对金钱、权力、荣誉都不太看重，可谓淡泊名利。

将心比心，有哪个老板不想大权独揽？有谁不想得到更多的钱？

任正非说："如果我一直抓着权力不放，个人权威越来越强，这样可能对我个人来说是很洋洋得意的。但我若这样做，公司就危在旦夕了。"

所以任正非设计了分权分利、财散人聚的共享机制。这种独特的分享机制帮助华为聚拢了大批优秀人才，它是华为战斗力的保障。

我们见多了大难临头各自飞、墙倒众人推的故事，为什么华为在面临美国打压的时候，内部反而更加团结、更加众志成城了呢？

因为华为从创业初期就开始推行责任共担、利益共享的机制，让员工与老板、公司绑定为利益共同体，后来又在价值观的凝聚下成为事业、命运共同体，这才保证了华为临危不乱、众志成城。华为的先进性就体现在这里，用价值观凝聚起来的华为人，比用血缘绑定的关系更深入，正所谓上下同欲者胜。

不惜代价学管理

华为坚定不移地持续变革，全面学习西方公司的管理方法。任正非把大部分精力投入公司的管理体系建设，目的是在公司发展得越来越好的同时，自己能越来越轻松。

任正非说："我们的员工文化层次很高，很聪明，但如果管理不规范，那么主意越多，人心就越乱，队伍就溃不成军了。不规范的管理将导致公司越大，效率越低，矛盾越多，越来越没有竞争力，最后就破产了。"

规模小的企业就像海上的小舟，经不起风浪。规模扩大后怎么管理企业更是大问题，并不是把小舟绑在一起就能变成航母。让华为的20万人协同高效地工作是一件很难的事，这靠的是先进的管理体系。华为初具规模时就受到了管理落后的制约，缺乏懂管理的人才。于是，华为走出去请外国顾问，曾经请过日本顾问、美国顾问等，最后发现美国的管理体系才是最适合的。

华为早期也曾经发动内部员工自主改进管理，相信"三个臭皮匠，顶个诸葛亮"，最后的事实证明，内部自我改进无法建立先进的管理体系。起码在早期阶段，还是需要先学习别人的成功经验，然后才能站在巨人的肩膀上。

（以下内容摘选自任正非的讲话）

学习西方先进管理经验，反对狭隘的民族自尊心

华为这些年的改革失败就是总有新花样、新东西出来，却都没有用。因此，我们要踏踏实实地沉下心来，就穿一双"美国鞋"。

西方公司自科学管理运动以来，历经百年锤炼出的现代企业管理体系凝聚了无数企业盛衰的经验教训，是人类智慧的结晶，是人类的宝贵财富。我们应当用谦虚的态度下大力气把它系统地学过来。我们有很大的决心向西方学习，每年不惜花数亿美元的顾问费。只有建立起现代企业管理体系，一切努力才能导向结果，大规模产品创新才能导向商业成功，经验和知识才能得以积累和传承，最终才能真正实现站在巨人的肩膀上前进。

在管理改进和学习西方先进管理经验方面，我们的方针是"削足适履"，对系统先僵化，后优化，再固化。在我们向西方学习的过程中，要防止东方人好幻想的习惯作祟，否则不可能真正学习到管理的真谛。有的员工很爱公司，但不要有狭隘的民族自尊心和狭隘的华为自豪感，这样我们才会成为未来难以战胜的公司。

企业之间的竞争，说白了是管理竞争

在互联网时代，技术进步比较容易，而管理进步却比较难，难就难在管理的变革触及的都是人的利益。企业之间的竞争，说白了是管理竞争。如果对方的管理持续不断地进步，而我们不改进，就必定衰亡。要想在竞争中保持活力，就要在管理上改进，要去除不必要的重复劳动；在监控有效的情况下缩短流程，减少审批环节；要严格确定流程责任制，充分调动中下层承担责任，在职权范围内正确、及时地进行决策。公司未来的生存发展靠的是管理进步。

规模是优势，规模优势的基础是管理。大规模不可能自动带来低成本，低成本是管理产生的。没有规模化就难以抵御市场风险，但规模化以后如果没有良好的管理，可能会更危险。

管理能够大幅度提高效率，华为的潜力也正是管理。最大的浪费是什么呢？是资源和时间，这是由管理无效造成的。各级部门都要格外重视管理的进步，管理变革在短期内可能会使效益下降，但从长远看一定会提高。

企业走出国门，首先要管理规范化，不然企业走出去会遇到非常多的风险，最后可能血本无归。

公司要走向科学管理，需要很长的时间，需要扎扎实实地建设一个大平台。2002年华为面临崩溃的时候，我们的主题还是抓管理，外界都嘲笑华为。但我们认为，无论经济发展得多么好，不管高铁可以开多么快，如果没有管理，豆腐渣是要垮掉的，高铁也是会翻到太平洋的。

摆脱三个依赖，才能科学决策

未来，华为战胜对手的关键因素不是技术、资金、人才，而是管理。管理就是要把框架搭起来，从宏观管理走向微观管理。

我们要逐步摆脱对资金的依赖、对技术的依赖、对人才的依赖，使企业从必然王国走向自由王国，这需要建立起合理的管理机制。当我们还依赖于资金、技术和人才时，我们的思想是受束缚的，我们的价值评价与价值分配体系也还存在扭曲。只有摆脱这三个依赖，才能科学决策。

企业核心价值观所确定的企业内在的组织流，经过不断自我优化，具有了自己的生命力，即使现任的领导不在了，这个组织流也不会终结，仍将长流不息。企业的生命不是企业家的生命，当一家公司把自己的希望寄托在一个人的身上时，那是很危险的、很脆弱的。一个企业的魂如果是企业家，那么这个企业就是悲惨、没有希望、不可靠的企业。我们要建立以客户为中心、以生存为底线的管理体系，而不是依赖于企业家个人的决策制度。这个管理体系在规范运作的时候，企业之魂就不再是企业家，而变成了客户需求，而客户是永远存在的。

管理的最高境界是"无为而治"

华为曾经是一个"英雄"创造历史的小公司，现在正逐渐演变为一个职业化管理的具有一定规模的公司。淡化英雄色彩，特别是淡化领导者、创业者的个人色彩，是实现职业化管理的必然之路。只有管理职业化、流程化，才能真正提高一家大公司的运作效率，降低管理内耗。基层没有英雄就没有活力，但领导不能做英雄，不能一边救今天的火，一边埋明天的雷。

管理学有一个观点：管理控制的最高境界就是不控制也能达到目标。这实际上就是老子所说的那句"无为而无不为"。这才是管理者的最高境界。谁也没有去管长江水，但它却奔流到海不复还。华为将来也要像长江水一样，不需要管理层整日疲于奔命，就自动、势不可挡地向成功奔去。当然，这需要一个过程。为什么成功的外国公司的大老板成天打高尔夫球，而我们的高层领导却疲惫不堪？这就是因为我们还未达到"无为而无不为"的境界。

我们不是靠个人领导公司，而是靠管理体系，用规则的确定性对付结果的不确定。人家问我："你怎么一天到晚游手好闲？"我说："我是管长江堤坝的，长江不发洪水就没有我的事，长江发的洪水不太大也没有我的事。即使发了大洪水，我们早就有预防大洪水的方案，仍然没有我的事。"

我们能够留给后人的财富就是管理体系

我们留给公司的财富只有两样：一是管理架构、流程与IT支撑的管理体系；二是对人的管理和激励机制。华为相信，资金、技术、人才这些生产要素只有靠管理将其整合在一起，才能发挥出作用。人是会走的，不走也是会死的，而机制是没有生命的，这种无生命的管理体系，是未来的巨大财富。

坚持只做一件事

华为是一个另类，在中国的大机会时代拒绝机会主义，做出了一个样板。

不搞金融、不炒房地产的华为能够以实业发展至今天的地步，在很大程度上得益于其一条路走到底的坚持。

2016年6月1日，任正非在全国科技创新大会上说："华为坚持只做一件事，28年来对准一个城墙口持续冲锋。一个人一辈子能做成一件事已经很不简单了，中国14亿人每个人都做好一件事，拼起来就是伟大的祖国。"

华为28年坚定不移地只对准通信领域这个"城墙口"冲锋。华为成长起来后，更是坚持只做一件事，在一个领域做大。华为在只有几十人的时候就对着一个"城墙口"进攻，在有几百人、几万人的时候也是对着这个"城墙口"进攻，现在有十几万人了还是对着这个"城墙口"冲锋。密集炮火，饱和攻击。每年1000多亿元的"弹药量"炮轰这个"城墙口"，最终在大数据传送上领先了世界。引领世界后，华为倡导建立世界大秩序，建立一个开放共赢的架构，有利于世界上成千上万家企业一同建设信息社会。

任正非表示，"力出一孔"是华为长期坚持的战略原则，"利出一孔"是华为对高级干部和骨干员工的严格要求。

人多力量大不假,但这要有一个前提,那就是要把力量拧成一股绳才行。"力出一孔"就是要把华为的所有资源都聚焦在战略上,团结一致地向"城墙口"冲锋。

"利出一孔"表明,从最高层到所有骨干层的全部收入,只能来源于华为的工资、奖励、分红及其他,不允许有其他额外收入。从组织和制度上限制了从最高层到执行层的收入来源,不允许通过关联交易掏空集体利益。"利出一孔"是从收入的角度要求中高层到骨干层专注于华为的事业。

现在人们都在赞叹任正非有先见之明,可在之前"板凳十年冷"的时候,多少专家和同行都在质疑、批评华为啊,他们曾说"在中国做创新研发,吃力不讨好"。

华为的道路是拒绝平庸,是自己和自己较劲,坚持长期主义。

任正非说:华为的文化总结起来就是"傻",傻傻做事,心无旁骛。华为的成长过程恰逢中国房地产的爆发,华为没有动摇过,没炒过股票,没做过房地产这些东西。那时,华为楼下有一个交易所,买股票的人里三层外三层地围着;华为楼上则平静如水,都在干活儿。华为就是专注做一件事情——攻击"城墙口"。

华为为什么不上市?因为华为把利益看得不重,钱不是中心,中心是理想,就是为理想和目标而奋斗。理想就是要坚守"上甘岭",钱不是最重要的。

守住"上甘岭"是很难的,会有很多牺牲。如果上市,"股东们"看着股市哪里可以赚几十亿元、几百亿元,就会逼公司横向发展,公司就攻不进"无人区"了。

在世界500强中,华为是唯一一个没有上市的企业,而任正非也曾明确表示未来没有上市的考虑,他甚至在摩根士丹利首席经济学家斯蒂芬·罗奇率团队访问时拒绝出面会见。

对此，摩根士丹利方很失望：任正非拒绝的可是支配三万亿美元的团队啊！而任正非的回应是：他又不是客户，我为什么要见他？他带来机构投资者跟我有什么关系？我是卖设备的，就要见买设备的人……

任正非告诉员工：华为不需要亲资本文化，而是要培育客户文化。

2 华为是先进生产力

国内外有很多人都赞叹过任正非：美国人说他是硬汉，欧洲人说他是电信皇帝，马云说他是真正的高人，刘强东说任正非是他的偶像，雷军说自己会背任正非的语录……很多名人都对任正非推崇备至。

但是，要说对任正非评价最高的，还要属著名经济学家张五常。

"任正非是一个天才！"张五常说，"在中国悠久的历史上，算得上是科学天才的有一个杨振宁，算得上是商业天才的有一个任正非。其他的天才虽然无数，但恐怕不容易写进史书去。"

评价如此之高，但并非夸大其词，毕竟华为的成绩摆在那里，用30年的时间做到世界第一，让美国都害怕，让人不得不服。

而张五常不仅仅是根据这个成绩来说的，他看重的是本质——华为的机制，任正非的思想。

谁创造价值

在过去的一百多年里，"谁创造价值"这个基本问题把人类社会分成了两个阵营，资本主义国家和社会主义国家。资本主义认为资本创造价值，股份制公司根据出资的多少按比例分配利润，劳动力和机器一样都可以花钱买到。资本主义发展的结果是两极分化，少部分富人成为食利阶层，大多数人相对贫困，并且无法避免周期性的经济危机。

马克思主义则认为劳动者创造价值,资本家剥削了劳动者创造的剩余价值,于是有了劳动人民闹革命和公有制。分到了地主和资本家财产的人们不一定会富裕起来,什么样的组织模式才能调动劳动者的积极性?这是马克思没有解决的大问题。

人不同于机器,人有主观能动性。资本主义把人和机器等同看待是错误的,早期的工头拿着鞭子就可以强迫纺纱女工劳动,但现在的管理者不能强迫程序员编出高效的程序。而大锅饭式的组织模式更没有效率可言,因为没有调动劳动者的积极性,结果不是共同富裕,而是一起受穷。

任正非在创立华为之初就对"谁创造价值"这个问题进行了深入思考,并在《华为基本法》中固化下来,这是华为分配机制的基础。

在华为起草《华为基本法》的初期,专家们在草拟的大纲中对"价值"内涵进行了定位,但仍以马克思主义经济学中的劳动创造价值为基准。与时俱进的任正非并不赞同,他派遣孙亚芳去北京当面向那些专家阐述自己的想法。孙亚芳在北京新世纪饭店与中国人民大学的专家们会面,双方就有关"马克思主义劳动价值论"展开商讨。孙亚芳将任正非的观点和盘托出:"在高度发达的信息社会中,知识资产使得金融资产苍白无力。按劳分配要看劳动中的知识含量,按资分配正在转向按知识分配。"任正非更倾向于这样的看法:"应当把创造企业价值的几大要素分离出来,每种要素的分配机制要说清楚。"最后体现在《华为基本法》中,转化成这样的论述:"劳动、知识、企业家和资本创造了公司的全部价值。"

作为一家世界500强企业,华为一直没有上市,而且未来也没有任何上市的意愿和计划。众所周知,很多创业者都把公司上市视为成功,华为为什么要反其道而行之呢?

用任正非的话说,华为创业是为了理想,并不是只为了赚钱。如果华为上市,资本贪婪、短视和投机的本质就会腐蚀华为的企业价值观,从而使华为失去对主航道的聚焦和长期的发展空间。

华为的企业文化中有一条是"以奋斗者为本",而以资本为主导的企业是很难做到这点的,比如西方的企业几乎都以股东利益为本。

任正非拒绝纯资本持股的"食利者",而是让骨干员工持股,这样就把知识型劳动与资本结合起来,形成华为独创的"知本主义"。任正非还指出:"'知本'永远是高于资本的,一定要让人力资本的增值大于财务资本的增值。"可见他对人才的高度重视。

任正非十分重视人才,但不纵容人才。在讨论人才是不是企业的核心竞争力问题时,任正非说出的话让中国人民大学的教授们哑口无言:"人才怎么能是企业的核心竞争力呢?对人才有效管理的能力才是核心竞争力。"

仔细想想,任正非的话抓住了本质。人才是全社会的,他们只是暂时被企业所用,如果企业没有对人才的有效管理,人才就会走,人才就会变得平庸,甚至人才会产生负作用。所以,华为核心文化中的"以奋斗者为本"包括人才的知识和意愿,有知识且努力创造价值,才称得上是奋斗者。此外,华为不断改进管理,特别是狠抓对人的管理,就是要让愿意做贡献的人能够快速成长、发挥特长,让大量陌生人共同奋斗、顺畅合作,产生"1+1>2"的效果,实现社会行为的快速创新,形成企业强大的核心竞争力。

核心价值观

任何一家公司都必须面对一个最基本的问题:资本、客户、员工,孰重孰轻?以谁为王?

欧美公司基本上都是以资本为王,以资本为王走到极端就变成了资本游戏——资本独大,以万物为刍狗。特别是互联网时代,资本与概念、媒体、技术的结合很容易讲出一个个好故事。"韭菜"割不尽,春风吹又生。击鼓传花到最后,操纵资本的少数人赚到了钱,却留下一地鸡毛。

在唯利是图的资本主义世界，日本公司有独到之处，他们倡导以人为本，关怀员工成为日本的企业文化，这会让员工更有动力；改善工作条件还能帮助公司雇用到更好的人才。日本各大公司普遍采用终身雇佣制、年功序列工资制、合作型管理等制度。这种独具特色的日本管理模式有助于缓解劳资矛盾和营造和谐社会，但归根结底，最终受益最大的仍然是资本家。

华为的核心价值观是以客户为中心，以奋斗者为本。以客户为中心不是流于口号，更体现在公司的管理体系中。

在一次讲话中，任正非突然"开炮"：我们的对手是谁？是烧钱的公司，因为它不是以客户为中心的，而是想通过烧钱垄断市场，然后敲诈客户。

华为的目的不是敲诈客户，而是合理赚取利润，帮助客户成长。华为人都知道，公司存在的唯一理由就是为客户创造价值。

有了以客户为中心这个目标，接着就看怎么服务客户了，这要靠华为人的集体奋斗。

以奋斗者为本有别于以人为本，不愿奋斗的员工在华为会被淘汰。华为给奋斗者配股就是以奋斗者为本的最好体现，形成了责任共担、利益共享的机制，保证了大家合力拉车，没有人坐车。

华为主张服务文化、奋斗文化，激励奋斗者更好地服务客户。研发部门的加班加点，市场部门的冲锋陷阵，都是奋斗文化的体现。

奋斗的目的是丰厚的收入吗？不全是。小人趋于利，而君子爱财，取之以道。这是一个价值观的问题。

让员工积极主动奋斗的前提是什么？就是管理好人的五层欲望，即物质欲望、安全感、成长欲望、成就感、使命感。

任正非说："以物质利益为基准是建立不起一支强大队伍的，也是不能长久的。"华为的价值观既有对物质财富的追求，更有产业报国的雄心。据说在为公司取名的时候，几位创始人恰好看到墙上"心系中华，有所作为"的标语，遂取名"华为"。

企业的文化和价值观从根源上来自老板的思想和性格，不同的人会带出不同的队伍。李云龙带出来的队伍一定会开疆拓土，座山雕带出来的队伍顶多会占山为王。

队伍越大，就越讲究价值观的一致。这个价值观一致的内涵是自律为主，监管为辅。不然的话，管理的成本就太高了，公司就被"管死"了。

重要的是，华为的奋斗文化深入人心，华为人视奋斗为理所当然，形成了面向目标、勇于拼搏、团队协作、集体奋斗的风气。

但是，身体层面的奋斗只是浅层的表现，公司一直倡导在思想上艰苦奋斗，没有说过要在生活上艰苦奋斗。

华为的艰苦奋斗主要是指思想上的奋发有为和工作上的精益求精。创新的突破通常是源自思想上的艰苦奋斗，管理的改善和优化。认真负责的工作作风、自我批判的精神等都是艰苦奋斗。

与思想上的艰苦奋斗相反的一面则是不思进取、小富即安、怠惰、安逸等消极的人生价值观。

那么多电信巨头为什么会被华为一一击败？主要是因为华为人的奋斗精神。华为的分配机制体现了以奋斗者为本，激励着华为20万人一起奋斗，堪比核能爆发，势不可挡。

领先的管理体系

办企业不是有钱就行，不然银行早就统治世界了。经营管理的关键是用人，怎么排兵布阵，怎么点将用令，通过组合排列组织架构和管理机制，让所有人的能量都能发挥出来。这是一个天大的难题。

老板的个人权威在创业初期很有必要，但随着公司的发展，这种个人集权式的管理必然会带来效率的低下和成本的升高，老板的时间、精力、能力都会成为公司发展的瓶颈。当老板整天忙忙碌碌而公司仍然乱糟糟的时候，就说明需要建立新的管理体系，以解决规模增大带来的组织复杂性问题。

这时候，老板必须学会与下属分担责任、分享利益，这就牵扯到组织的顶层设计问题。

解决组织复杂性问题有两种方法：事业部制和矩阵结构。子公司方式可以看作广义的事业部，事业部制是自古就有的传统方法。华为采用的是 IBM 创新的矩阵式管理结构，这种管理体系适用于业务复杂的大型公司。虽然只有约 30 年的历史，但矩阵管理体系已经被大部分世界 500 强企业采用。

当年郭士纳领导庞大低效的 IBM 进行变革，并采用矩阵结构使危机重重的 IBM 重新焕发活力，郭士纳称之为"让大象跳舞"。

在某种程度上，"矩阵"这种更灵活有效的组织结构对公司内部的开放性和团队凝聚力有不可替代的作用。任正非就曾表示，"矩阵式管理结构是公司的唯一出路，公司所有的制度都应有强化矩阵机构的思想，如充分授权、加强监督等。否则，官僚就会妨碍公司的进步。但是，矩阵结构也要不断演进"。

那么，什么是矩阵式管理呢？

所谓矩阵，就是将一个个方形格子代表的组织单元排成阵列，行列整齐，横看成岭侧成峰。矩阵结构实际上是在平台型组织的基础上打通部门墙，形成端到端的流程型组织，也称产品线。而且随着业务环境的变化，产品线可以灵活调整。

古代人打仗非常强调阵型的作用，比如著名的八卦阵其实就是组织管理发挥威力的表现。再怎么英雄无敌，也终究抵不过集体组织的汪洋大海。

打个比方，事业部制就像哥伦布的船队，船与船之间是松散的组织；矩阵组织则是航母战斗群，讲究协同作战。实际上，美国海军正是借鉴了矩阵组织的思想对海军作战模式进行了变革,这才有了美军在伊拉克战争中的全新打法。

在学会 IBM 管理方法的基础上,华为还结合中国特色进行了多方面的优化,加上华为独特的分配机制,保障了华为的可持续快速发展。

先进生产力的标准

什么是先进生产力?小农经济肯定算不上先进生产力,大锅饭式的集体经济也算不上,资本主义经济模式虽然创造了大量财富,但贫富分化严重,且存在经济危机痼疾,能不能算先进生产力还存在争论。苏联解体后,日裔美国人福山写出《历史的终结》一书,在他看来,苏联解体、东欧剧变、冷战的结束标志着共产主义的终结,历史的发展最终只有一条路,即西方的资本主义和民主政治。近年来美国出现的种种问题,恐怕会让福山先生怀疑其观点的正确性了。

就拿一个企业来说,先进生产力模式可以从四个方面衡量。

(1) 对客户的价值。

作为基本生产力单元,一个企业必须服务好客户,这是最基本的要求。对客户服务不到位,甚至坑蒙拐骗、以次充好,不仅会造成社会资源的浪费,还会扰乱社会的正常运转。在社会价值链上,每个企业存在的价值首先是服务好客户。

(2) 对员工的价值。

员工是生产力的第一要素,员工直接创造了社会财富。企业要想活下来,必须依靠员工不断创造价值,同时要给予员工合理的回报。员工得到合理的回报,既能调动劳动积极性,也是劳动力再生产的需要。所以,企业对员工的价值包括两方面:成就员工创造价值、与员工分享价值。前者在保证企业竞争力的同时满足了员工的成长需求,后者满足了员工的物质需求。

企业不是慈善机构,一味地多发钱无法持续,还会把员工养懒。

反之，为了多赚钱对员工过分剥削往往会造成双输的结果，即便老板多赚了钱，从全社会看，持续的贫富悬殊最终会造成经济危机。企业和员工应该是相互成全的关系，员工成全企业要靠有效的管理，企业成全员工则要靠合理的激励机制。管理先进的公司会吸引优秀人才的加入，并且能够激发员工努力工作、协同配合，这样的企业，竞争力必然强大。低效的企业则意味着员工时间的浪费和收入的减少，因此留不住人才。

(3) 对资本的价值。

姑且不论资本的原始积累之恶。毫无疑问，资本对企业发展有促进作用，因此应该获得合理的回报，否则资本会流向回报更高的地方。我们不时会见到对资本的不公正对待，如大股东欺负小股东，企业管理者利用职务之便侵占资方利益，以及资本市场上的种种欺诈行为。诚信是社会正常运转的基础，有诚信才谈得上契约精神，企业对资本也要讲诚信。

(4) 对社会的价值。

企业是社会的生产力单元，对社会负有多方面的责任。企业要依法纳税，遵守《劳动法》，这些是基本要求。好的企业还要对国家的长远竞争力承担责任，要支撑社会的可持续发展，比如通过创新推动技术进步。大部分企业主只管守法赚钱就好，而企业家则应对自己有更高的要求。

对照上述标准，华为在这四个方面都取得了高分。

以客户为中心是华为的宗旨，华为的设备性价比高，服务了全球近一半的人口。2004 年，任正非强调，真正认识到"质量好，服务好，运作成本低，优先满足客户需求"，是提升客户盈利能力的关键，也是华为的生存办法。

华为以奋斗者为本，但没有说以人为本。任正非说："我们不能提高员工满意度，因为员工不是客户，否则就会带来高成本。"员工必须努力奋斗、创造价值才能分享价值,所以叫"获得分享制",这种独创的分配机制极大地调动了员工的积极性,形成员工与企业的双赢局面。华为的分配模式既避免了资本主义的两极分化,又解决了大锅饭模式没有解决的劳动积极性问题,甚至实现了比资本主义更有竞争力、更高效的组织模式。

华为的内部股收益率不低,华为员工都愿意购买内部股,说明华为能够善待员工的资本投入。当然,为了分红丰厚,员工必须努力创造价值。

华为的纳税多年来一直位居民企第一,华为是绿色环保高科技企业,对社会的价值无须赘述。

3 华为对民营企业的借鉴作用

任正非说:"作为一个自然人,受自然规律的制约,有其自然生命终结的时间;一个人再没本事也容易活到 60 岁,但企业如果没能力,可能连 6 天也活不下去。如果一个企业的发展能够顺应自然法则和社会法则,其生命可以达到 600 岁,甚至更长时间。"

企业要一直活下去,不能死掉。华为多年来孜孜以求的是怎样持续活下去,于是有了先进的管理体系,并且还在不断优化之中。这些经验对大多数民营企业都有借鉴作用,可以帮助人们减少在黑暗中摸索的时间。

民营企业的常见病症

当民营企业面临一些系统性问题的时候,就说明企业生病了。民营企业常会面临以下典型问题。

(1) 产品缺乏竞争力。

技术落后,技术进步赶不上市场变化;开发周期长,产品质量差;

产品成本高，不赚钱；产品缺乏竞争力，陷入价格战；技术人才流失，带走了产品，纷纷自立门户或投靠竞争对手，自己的公司成了培训中心。

(2) 市场难以做大。

市场销售过分依赖个人关系，人走也会带走客户；销售渠道不健全，打不开销路；客户需求把握不准，被动响应市场，造成全局困难；市场需求出现天花板，缺乏新的增长点。

(3) 供应链薄弱。

计划总是做不准，常常交不上货；库存积压严重，占用大量资金，并且常常是积压和缺货并存；采购不规范，成本高，甚至有腐败现象；制造质量差，交付周期长。

(4) 发展动力不足。

分配不合理，战斗力不足；任人唯亲，人际关系复杂；骨干人员不能适应公司的发展需要，基层优秀人才难以脱颖而出，好不容易引进的人才却留不住；财务混乱，经营指标可控性差；看不到发展前景，核心人才流失。

(5) 舍本逐利。

以上市为最终目标，一心想着赚钱却毫无章法；盲目扩张，管理跟不上，能力撑不住，混乱无序，后继乏力。赚钱的基本逻辑是提升能力，服务好客户；但不少企业只盯着钱，却不重视提升能力，对客户也不够诚信，总想走捷径。捷径的背后是歧途，馅饼的背后是陷阱。

企业的种种问题都可以通过加强管理解决，改进管理可以让企业强健。在企业规模比较小的时候，管理问题不突出，也不需要复杂的管理。但随着企业的发展，如同平房一层层地加高，地基不稳和墙体不牢的问题就会表现出来，甚至在不知不觉中灾难会降临。要想建成高楼大厦，必须重建管理架构。

重建企业的管理体系如同螃蟹脱壳。螃蟹的壳是硬的，可以保护其免受侵害，但同时也会限制其成长，螃蟹一生必须脱壳多次，才能慢慢长大。企业也是如此，老旧的管理方法对企业既是保护，也是禁锢。创业初期按照大企业来管，既没条件，也会把企业搞死；但发展到一定规模的企业就需要体系化管理的支撑。随着企业的发展，优秀的企业会不断改进管理。企业要想不断成长，就要不断改进管理。

管理变革之难

企业到底面临什么问题，大部分老板都相信自己最清楚，但大多数老板不会从管理的高度认识问题。比如，有老板说自己的企业问题不大，只有两个小问题：质量差和库存高。老板准备把生产一把手换掉，换上一个能解决这两个问题的人。深入了解后会发现，这是两个天大的问题，仅仅抓生产环节起不了多大作用。而华为解决这两个问题的方法是集成产品开发和集成供应链管理，历时约 10 年，仅顾问费就花了 10 多亿元。

改进企业管理包括改进对人的管理和对业务的管理两方面。华为的人力资源管理的精髓可以用 6 个字概括：用好人，分好钱。正如任正非所说："30 年来，我在华为最重要的工作就是选人用人、分钱分权。把人才用好了，把干部选对了，把钱和权分好了，很多管理问题就都解决了。"任正非还说："也许是我无能、傻，才如此放权，使各路诸侯的聪明才智大发挥，成就了华为。"

有趣的是，如果企业的一把手太能干往往会阻碍管理的进步。事无巨细、亲力亲为的管理风格看起来不需要什么管理体系，但迟早会让自己成为业务的瓶颈，并且会埋没优秀人才。刘邦得天下后曾自我评价："夫运筹帷幄之中，决胜千里之外，吾不如子房；镇国家，抚百姓，给饷馈，不绝粮道，吾不如萧何；连百万之众，战必胜，攻必取，吾不如韩信。三者皆人杰，吾能用之，此吾所以取天下者也。项羽有一范增而不能用，此所以为我擒也。"为什么项羽不会用人，其中一个重要原因是他自己太能干了，连国士无双的韩信在项羽帐下三年都得不到重用。同理，诸葛亮也太能干了，诸葛亮死后，蜀国人才凋零，很快就灭亡了。相反，刘备的江山被认为是哭出来的，但刘备却能用五虎上将及徐庶、诸葛亮、庞统这等人才，在最不利的条件下建立了蜀国。

很多老板理解的有效管理是令行禁止，老板指哪打哪，可这是训练动物，不是管理员工。这种老板喜欢顺从的下属，仅仅顺从是无法造就虎狼之师的。

不少企业明明是因管理不善而难以发展，却不认为是管理上的问题，老板们容易把企业的问题归咎于技术问题、人才问题、资金问题。

资金很重要，像企业的血液；技术很重要，像企业的筋骨，筋骨强健则有力量；人才很重要，有人才才有其他。任正非却说："企业之间的竞争是管理的竞争。资金、技术、人才这些生产要素，只有靠管理将其整合在一起，才能发挥出作用。"所以，管理要比资金、技术、人才更重要，管理不善的公司留不住人才，何谈技术和盈利？

有的企业也想抓管理，但低估了管理升级的难度。有随便从大公司招几个人就想学会别人的管理体系的企业，也有五年换六家顾问公司的企业。

其实，越是大公司，管理越规范，没有经历过管理体系建设的后来者，都成了大螺丝、小螺丝，很少有人能搞懂整个管理体系。即便参与了管理体系建设，也是以领导者、设计者、试用者的身份，其中，只有设计者才是最清楚的。而设计者也是分模块的，不可能了解全部。很少人有机缘接触多个模块。

至于顾问公司，水平也参差不齐，不乏大忽悠型的。即便是知名的顾问公司，还要看顾问的水平。绝大多数顾问只是帮助建立流程，却不管流程能否起效，好比练武只学招式却不学功法，结果是只学了些花架子，却没什么实际用处。

把一个孩子培养成优秀的大学生，需要那么多老师呕心沥血地接力十多年。同样，一家公司由落后的管理变成先进的管理也不可能一蹴而就。管理变革要改变成千上万人的工作习惯，甚至改变公司做生意的模式，难度大，工作量大。

管理变革的第一难题是惯性，包括思维惯性和工作惯性。日月星辰依惯性运行，生老病死也可以看作是惯性在起作用，这个世界上的大部分能量消耗也都是为了克服惯性。

人人都困在思维习惯的牢笼里，很难改变，能够站在云端看清自己的人被称为得道高人。任正非能够下决心持续推动公司的变革，一方面是因为他感觉到不变不行；另一方面与他爱学习的性格有关，他说自己的性格就像海绵吸水一样善于向别人学习。改变一家公司的作业习惯非常困难，团队越大，惯性越大。放任企业依惯性运行最容易，但不合理的管理体系必然造成熵增。

管理变革的第二难题是选择困难。到书店看看就会发现，管理方面的书籍比数学方面的书籍多得多。没有人敢随便称自己是数学家，但自认为是管理专家的却大有人在。就管理体系来说，大致可以分为三类：学院派管理、日本式管理、美国式管理。学院派管理从基础理论出发，系统性和实用性不强；日本式管理得益于戴明博士的质量管理方法，围绕质量和成本，是自下而上的管理体系；美国式管理比较全面，是自上而下建立的管理体系。华为学习过各种管理方法，最终选择"穿美国鞋，走中国路"，把美国式管理和中国特色结合起来，形成了独特的管理体系。

管理变革还涉及利益，有些人不可避免地会被调整工作甚至被淘汰。怎么处理矛盾？管理变革为什么常常是雷声大、雨点小？这是因为阻力重重，甚至还没开始就已经有阻力了。在变革过程中还会遇到各种阻力，行百里者半九十，大多因急于求成和初心动摇导致半途而废。即便如商鞅变法般卓有成效，商鞅还是会被反对派搞死，好在商鞅之法没有被废除，才有了后来的秦统一六国。

管理公司和管理社会也是一样，明知道不合理，但就是不改，要等一代人老去，才会有些改变。但是，企业必须吐故纳新，新陈代谢，不然不能焕发生机。知识经济时代，企业生存和发展的方式也发生了根本变化，过去人们把创新看作冒险，现在不创新才是最大的风险。

变革的准备度也很重要，新的管理体系需要配套的组织能力。变革还不能冲击业务，就像给飞奔的汽车换轮胎。因为管理变革涉及面广、难度大，所以一定是一把手工程。说管理重要、支持变革的一把手很多，但像任正非那样真正重视管理的却很少。

经营与管理的关系

有一种说法是经营比管理重要，重管理不重经营，企业就离死亡不远了。这句话似乎没错，应该是想批评邯郸学步式的僵化管理，但也容易被用来否定管理，似乎抓了管理就会忽视经营。

每个企业都有自己的生存方式，有些企业具备特殊资源，不靠管理也能活得很好，但绝大多数企业还是要靠员工的劳动产生价值。怎样提高员工的劳动生产率？这就需要高效的管理体系作为支撑。

经营是做正确的事，管理是正确地做事；做正确的事关注的是效益，正确地做事关注的是效率。经营是选择和决策，决定企业的方向。经营固然很重要，但要想经营好，更应该下功夫抓管理。

有一种老板特别重视经营，号称"啥赚钱做啥"，但却屡屡赔钱。这是因为他不重视管理，组织的战斗力太弱。相反，组织力强大的公司，无论做什么都会领先。

抓经营要做好战略规划和执行情况的检查。一般公司年初做一次战略规划，月度例行检查执行情况。经营涉及的人和时间都比较少，管理则涉及企业的方方面面和全体员工，管理不善就会带来低效和竞争力不足，方向正确却没有执行力，最终只能是空中楼阁。好比打仗，将帅及参谋的运筹帷幄当然重要，但作战的胜利还是要落实到军队的战斗力上，对军队的有效管理是战斗力的根本保证。

经营和管理不是对立的，抓管理是为了更好地实现经营目标。况且，无论怎么在经营上花时间，也只能做到方向大致正确。正像任正非说的，"方向只能大致正确，而组织必须充满活力"。保证组织充满活力要靠管理实现。比如著名的"三湾改编"就是一次管理变革，它保证了共产党对军队的绝对领导，也就保证了共产党军队的强大战斗力，为最终打败国民党奠定了基础。

建立了完善管理体系的企业能够实现经营管理的一体化，即管理体系可以支撑经营。华为的战略部门就负责经营方向与目标的制定。小公司可以靠几个核心领导定方向、定目标，大公司这样做就很危险。

经营固然重要，但经营却没有章法可循，除了一个个成功的经营案例，没人能告诉你如何经营一定能成功。相反，管理却有系统的方法论。经营与管理就像生命与健康之间的关系，人人都知道生命的可贵，但如果不注意健康，何以长寿？

中国的民营企业普遍管理落后，人口红利、股市吸金、房地产便车等让很多企业轻易发了财，掩盖了企业管理不善的问题。在"双循环"的新形势下，企业间的竞争只会更加激烈，一定会淘汰一大批企业。那些重管理、重技术和重人才的公司更有希望存活下来。

不要僵化地学华为

怎么抓管理？怎么提升技术和人才水平？华为有很好的经验可以借鉴。

但是，每家企业都有自己的特殊性，学华为不必照搬照抄，特别是华为的内部股制度，一般企业很难学习。但华为的分享精神是值得借鉴的，特别是在知识经济时代。

华为的分配机制适合知识密集型高科技企业，不适合劳动密集型和资本密集型企业。但一般企业都可以在理解华为分配机制精髓的基础上，稍加变通后实现利益捆绑和责任捆绑，从而有效地激励骨干员工为企业利益共同奋斗。

任正非曾经和四通集团创始人段永基交流过华为的内部股机制。段永基很不认同任正非把股份分给员工的做法，认为任正非和高层只占3%的股份，总有一天别人会联合起来把任正非赶走。任正非十分坦然："如果他们能够联合起来把我赶走，我认为这恰恰是企业成熟的表现。如果有一天他们不需要我了，联合起来推翻我，我认为这是好事。"任正非的思维方法和格局真是令人佩服！

但是，任正非毕竟不是常人，一般的老板不一定能学得来，段永基提醒的风险确实存在。

其实，分钱是一个利益上的妥协问题。每个人都是自私的，任正非再怎么伟大也不能说他是完全无私的圣人，但私心分大和小。对一个企业的老板而言，是一心为自己牟取私利，还是为了大家的事业"用众人之私成就众人之公"，这是一个根本性的选择。

光舍得分钱也不行，这样的老板不多，但也不是没有，但从技术上来说具体怎么分，分给谁，分多少，什么时候分，其中的游戏规则一点儿都不能轻视。例如，把股份分给核心骨干之后，后来的人怎么办？拿到股份的人恐怕不愿意让自己的股份被稀释。

任正非说他用一桶浆糊黏合了十几万人，利出一孔，力出一孔，华为的成功就是分钱分得好。这固然是实在的道理，可具体怎么用就很有学问了。分钱也不容易，分好钱要靠管理体系。华为的分配机制包括价值创造、价值评价、价值分配三部分，是一套完整的体系，花费了很多年才建立起来。

华为的IPD和ISC更是科学的管理体系，早已被证明能从根本上提升企业的竞争力，适合中等规模以上的企业。当然，也可以结合企业的自身情况进行精简和变通，关键是要理解其原理。

4 创新的阶梯

我们都希望多一些华为这样的企业，但如果企业都像华为那样重金投入研发会怎样？恐怕大部分企业不仅成不了华为，反而连活下去都难。

企业能够存活，本质上取决于与社会的良性循环：企业提供商品满足客户需求，得到回报和盈利，支撑企业的发展。在企业的不同发展阶段，维持这个循环的重点也有所不同。

商品创新阶段

商品是用来交换的产品，企业提供的产品如果卖不出去，就不是成功的商品。为了让企业活下去，初创公司最在乎的是把产品卖出去，好给员工发工资。至于卖什么产品、产品的质量如何、甚至是否是自己开发和生产的产品都不是最重要的。

华为在早期卖过减肥药，涉足通信领域后，最早的交换机是代理别人的产品。为了活下去，只要不违法，能赚来钱就行。在这个阶段，企业最重要的能力是市场能力。

大部分创业公司都死在这个阶段，有不少就是因为太注重创新，要么没搞出产品就断了资金链，要么搞出来的产品卖不出去。其实，代理别人的产品也不错，起码事先就知道产品有销路。

产品创新阶段

企业有了商品循环，但售卖的产品竞争力不足（质量不行、技术不行、供货不行、价格不行），压力主要由市场承担，搞得市场人员有时候像骗子。如果是代理别人的产品，自然想拥有自研的产品。如果是自研的产品，研发部门就需要解决一个大问题——怎么快速开发出适销对路且有竞争力的产品。在这个阶段，企业最重要的能力是研发能力。

一般公司的老板会把目光盯着研发牛人，而忽视了体系化的建设。研发牛人像神枪手，但战争的胜负终究要靠整支部队的战斗力。有不少公司到了这个阶段就徘徊不前了，华为在这个阶段进行了研发体系变革，从根本上解决了产品能力问题。虽然也有不适应新体系的研发牛人离开，但系统化的先进管理造就了更多的人才，科学的管理方法加快了产品研发速度，提升了产品综合竞争力。

技术创新阶段

小企业早已不是对手，能进入这个阶段的都是业界中型以上的企业。虽然在产品推出速度和竞争力方面不比竞争对手差，但随着技术的进步，经常会被某些竞争对手的新技术打个措手不及。例如，在智能手机出现之前，诺基亚手机曾经有过几年的辉煌，最高市场份额曾达到40%。用户有口皆碑：诺基亚手机耐用、摔不坏、操作简单。其实其关键技术并不复杂：点胶技术，把线路板与器件焊接在一起后再涂覆胶黏剂，即可防摔防水。可惜诺基亚沉迷于自己的成功，在智能手机时代来临时没有及时转向。在技术发展一日千里的时代，因为过去做得太好而错过新技术的例子为数不少。

为了具备长期竞争优势，还需要进行不断的技术创新。不能只盯着客户需求，客户也不一定知道自己需要什么，因为客户不懂技术，不知道技术能给他提供什么。技术发展有一定的规律，对未来技术的深入研究是企业必须具备的能力。

在这个阶段，华为建设了一批研发中心和技术工艺平台，利用全球的技术资源进行探索式创新。

科学创新阶段

技术的基础是科学,没有科学上的突破,技术也走不了多远。进入无人区的企业需要关注科学创新。华为聘用了成百上千名数学家、物理学家、化学家,就是为了把握科技的脉搏,在星辰大海中找到方向。当然,科学创新的主要力量是高校和科研机构。企业要想长期保持领先,必须注重科学并把科学快速转化成技术和产品。这个能力的主要衡量标准是专利的数量,特别是基础专利的数量。

企业到达一定阶段后,就要做相应阶段该做的事,迟则落后,早了也可能得不到回报。

有趣的是,企业创新的阶段顺序与创新的自然顺序是相反的。自然顺序是先有理论,后形成技术,然后有人开发出早期的产品,最后产品达到商用阶段。

为什么高校和科研机构办企业常常失败?这是因为他们在商品创新方面有短板。商品创新关注的是产品的性能、价格、质量等客户体验要素,而研究机构常常是研究一个原型机样品,组织鉴定后宣告完工,不怎么考虑客户需求和规模化生产,想转化成商品,又没有产品能力、市场能力和供应链能力的支撑。

第二阶段之后,企业的技术创新就越来越重要,创业早期不顾死活搞创新的公司很难活下去,规模化之后还不重视创新的企业则难以更上一层楼。

5 中国能多些"华为"吗

答案是肯定的!因为中国的实干模式注定了要走华为之路。

中美生意模式对比

美国的生意模式本质上是海盗模式，也叫打劫模式。海盗模式源于18世纪60年代的英国。

因为率先完成了工业化，英国在军事技术上获得了与其他国家的不对称优势。工业化后的英国也亟需为国内产品拓展出更大的全球市场。

于是英国开着战舰，架着大炮，去海外寻找目标市场。找到合适的，就用大炮轰开该国的国门，签订不平等条约，让该国政府赔一笔巨款，然后把这个国家变为殖民地，像蚂蟥吸附在人身上。从殖民地廉价获取劳动力、原材料生产成工业品，再高价销售到殖民地市场，赚取暴利，将海外赚取的利润再源源不断地输送回英国本土。

英国创立的这套海盗模式，简单粗暴，极为血腥，这是海盗模式1.0版本。

但站在英国的角度，这是一个绝佳的生意模式，尝到甜头的英国很快就将殖民地拓展到了全球，英国人开始吹嘘自己为"日不落帝国"。

二战后，美国从英国手中接过了全球霸权，学习了海盗模式的精髓，并在此基础上发展出了海盗模式2.0版本。

由于美国特殊的地理位置，两次世界大战都没有波及美国本土。全世界都忙着打仗，美国则开足马力给战争各方提供所需物资，趁机发了横财。另一方面，战争把人才和资本都驱赶到了美国，因为只有美国距离欧亚战场最远、最安全。

二战结束后，国力空前强大、手握大把黄金的美国搞起了金本位制，向全世界承诺1美元可以兑换0.8克黄金。这样一来，其他货币要想兑换黄金，则必须先将该货币兑换成美元。于是，美元成为各国货币兑换黄金，以及各国货币相互兑换和国际贸易的纽带，进而成为全球各国的国际储备货币。

这就是历史上著名的布雷顿森林体系,美元霸权的地位便由此开始。1971年,美国单方面宣布美元与黄金脱钩,这下就不再受黄金储备的影响,可以随意印美钞了,美元霸权露出了狰狞的獠牙。

为了巩固美元霸权,美国随后又进行了一系列操作。其中,最关键的是以下两点。

第一,将美元和石油挂钩,威逼利诱中东各大产油国只接受美元交易。石油输出国组织(OPEC)中的老大沙特率先就范,其他成员也纷纷跟进。1999年,欧元正式启用,与老布什有仇的萨达姆宣布伊拉克的石油交易将用欧元结算。这下惹火了小布什,下令出兵伊拉克,绞死了萨达姆。当然,冠冕堂皇的理由还是需要的——怀疑你有大规模杀伤性武器。

第二,垄断顶尖科学技术。有了美元霸权后,美国通过印美钞,吸引全球顶尖人才赴美搞科研,促进科技成果的转化。强大的军工科技把美军武装到了牙齿,在全球建立军事基地,威慑全世界接受美元霸权。

世界开始进入美国负责生产钞票,各国一起生产商品的美元霸权时代。

美国可以随意印钞票,拿着这些钱,美国又可以去全世界收购优质资产,坐享资本的回报。

慢慢地,美国除了"印钞票和研发高科技武装美军"这两件事以外,其余的活都懒得干了,通通交给了其他国家干,美国的工业空心化就是这么来的。美国有的是美元,啥买不到?印钞机一开,全世界就要一起为美国买单,在不知不觉中,其他国家已经被美国薅了羊毛。

站在美国的角度,这种生意模式简直太爽了,这比当年英国跑到外面殖民做贸易赚钱要轻松多了。但二者的内核是一样的,都是打劫他国财富,只是从表面上看起来没有那么血腥了。

这就是美国的生意模式——海盗模式2.0版本。

相比之下,中国的生意模式可要低端多了,简单地说,就是四个字——勤劳苦干。

清末、民国那几十年,中国人祖祖辈辈攒下来的财富被外国人用洋枪洋炮洗劫一空。近代百年血泪史让老一辈领导人明白了一个残酷的道理:枪杆子不硬,财富积累得再多也会被打劫。所以得先勒紧裤腰带,把原子弹搞出来,把导弹造出来,把卫星升上天,把潜艇弄下水,然后才能集中精力发展经济。

改革开放后,美国人不愿意干的脏活、累活我们干;美国人休假的时候,我们还拼命地加班;美国人过花天酒地的日子时,我们在一点点地学技术、搞研发、攒资本。

三代中国人勤劳苦干70年,今天,我们的GDP终于追到了美国的70%以上,并成为世界第一制造业大国。

中国的生意模式和美国的生意模式比起来,实在是太苦了、太难了。但是,中国的生意模式是可持续的,而美国的生意模式是不可持续的。

只要没有人能剥夺中国人的聪明才智,只要没有人能阻止中国人勤劳苦干,只要没有人能跑到中国来打劫,中国的技术就会越来越进步,中国的财富就会越积累越多,中国的国力就会越来越强。

但美国不一样,打劫得越多,树敌就越多,积累的反对力量就会越来越大。

一旦反打劫的力量达到某个临界点,与美国国力形成某种均衡时,美国的生意模式就会面临严峻的挑战。对于叙利亚战争,美国人打得如此这么吃力,人们看到了这个临界点。

与美国的打劫模式相比,人类命运共同体才是人类未来的发展方向。

以后,美国打劫的难度会越来越大。吸血鬼吸不到血就会死掉,打劫不顺，则意味着美国国力衰退的开始，美国要走下坡路了。

看看华为这些年走过的路，就是中国生意模式的典型代表，与农民工出力流汗没有本质区别，只不过华为是在高技术领域竞争，从根本上提升了中国的反打劫能力。

特朗普的上台让中国人看清了美国的丑恶嘴脸，中国人过去对美国的美好幻想破灭了，唯有自立自强才是出路，于是很多人希望中国能多一些华为这样的公司。形势比人强，相信会出现更多的华为。

全球化回调

当今，世界制造业的大分工模式是美国搞研发和创新，中国搞制造，中东和俄罗斯等国家提供能源，这就是全球的"大三角"分工格局。

全球化分工虽然适合资本逐利，但遇到了政治正确的问题。美国制造业长期空心化，长期依靠金融行业，失业率居高不下，大量超前消费，这种经济模式造成不可持续的泡沫经济，中下层家庭苦不堪言。美国人的不满情绪助推特朗普上台，全无章法的特朗普虽然没能解决问题，但他留下的问题终究需要面对。2020年新冠疫情的暴发使得各国更加看清了制造业空心化的坏处，关系到国计民生与核心竞争力的产业将加速回归，未来国家干预制造业的布局可能会成为常态。

未来将出现全球化的回调，各国都将更加重视创新，也更加重视制造。

对于中国来说，"世界工厂"是一个阶段的成就，不应该是最终目标。"世界工厂"常常是加工厂，而自己却不掌握核心技术，这是非常不利的。中国的工业产值位居世界第一，然而却大而不强，中国的工业科技连世界前十名都进不去，足见差距之大。

"世界代工厂"的一页行将翻过，中国的低端制造将被成本更低的东南亚国家蚕食，部分高端制造可能回到发达国家。中国势必要加快发展创新能力，使中国制造更具竞争力，此为"中国制造 2025"的初衷。

中国的工业大国地位靠的是人口红利。与西方国家的自动化设备相比，中国还比较落后。更重要的是，在中国工业达到一定门槛后，很多企业反而不再愿意从事研发，而是选择继续购买和使用别人的技术，但这是不可持续的。如果中国能够多一些华为这样的企业，中国的科技实力就会大幅增强。通过国企改革和民企管理的提升，中国有望产生一批华为式企业。

华为最重要的不是其规模，而是其竞争力，即在一个领域引领全球的发展。企业要的是成长还是利润，这是一个大问题。华为追求的是在一定利润水平上的成长的最大化。任正非强调，华为必须保持高于行业平均的增长速度和行业中主要竞争对手的增长速度，以增强公司的活力，吸引最优秀的人才，并实现公司各种经营资源的最佳配置。所以，如果想成为强大的企业，就必须克服自己赚钱贪多的欲望，不能把赚到最多的钱当作中心目标，而是要把企业的竞争力培养放在更重要的位置。

时代呼唤工匠精神

正像俞敏洪在一个论坛上说的那样：中国有些企业干的是能捞一把就捞一把的事儿；遍地都是投机商，想挣快钱，这并不能给中国的实力带来本质上的提升；那么多软件公司，宁可花上亿元的钱开发游戏，也没有一家愿意开发工业用软件。

为何中国在与美国的贸易战中非常吃力呢？主要原因就是中国缺乏在一些高科技行业的主导地位，中国缺少一批具有"工匠精神"的企业。

中国的企业应该向日本和德国的企业学习工匠精神，克服浮躁和急功近利。同样都作过"世界工厂"，德国和日本的制造业升级之路尤其值得中国借鉴。

全球最大的口红生产设备制造商 Weckerle 位于只有 3000 人的德国小镇 Weilheim。

已经有 100 年历史的购物推车和行李推车制造商 Wanzl 位于只有 7000 人的德国小镇 Leipheim。

德国的工厂，其中有 99% 都是 500 人以下的小型企业，很多都是生存在乡镇或山村里的家族企业。

德国人靠什么赢得了市场？是高质量和高价格，是品牌和口碑。

德国的企业特别低调，低调到不上市、不申请专利、不做广告，但却能占到全球市场一半以上的份额。

再看看日本的企业，占据日本光学玻璃 35% 份额的 OHARA 仅有 400 多名员工。

日本的汽车发动机就摆在眼前，我们却无法仿制出来，因为中国制造大而不强，而日本制造非常注重精细化。

日本一家制造螺丝钉的小公司 HARDLOCK 几十年只研究螺丝钉，它的螺丝钉永远不会松动，全世界的高速铁路大都使用这家公司的螺丝钉。

未来信息社会的深度和广度不可想象，未来二三十年将是人类社会变化最大的时代。随着生物技术、量子技术、人工智能技术的突破，未来的人类社会一定会崛起非常多的大产业。

中国有庞大的工程师队伍和巨大的市场，中国的发展潜力非常大，未来不缺机会，关键要有战略耐性。要尊重人才，踏踏实实搞研究，把产品做到世界领先；同时要注重管理，把企业的各种要素整合成强大的竞争力。

警惕虚拟经济的破坏作用

华为是一个另类企业，如果任正非像绝大多数老板那样顺应大势炒房地产、上市赚快钱，就不可能有今天的华为。如果希望能多一些华为，就要有适宜的社会环境，特别是要警惕虚拟经济的破坏作用。

美国著名网上周刊 Medium 刊登了一篇题为《杰夫·贝佐斯是世界上最危险的政客》的评论文章，其观点颇有道理。

很多人认为，贝佐斯之所以富有是因为亚马逊的创新商业模式，但他们真的错了。实际上，贝佐斯之所以成为世界上最大的财富囤积者，是因为他是网络科技领域第一个将金融完全武器化的人，并以此摧毁竞争对手和破坏民主。

冷酷的事实是，无论是过去还是现在，亚马逊都没有明显优于其他网店，他只是获得了更多的资本，并利用资本优势将其他竞争对手全部扼杀，然后踩着他们的尸体获取额外的收益。

现在，很多科技公司都在使用这种模式，并取得了惊人的效果。

贝佐斯是第一个真正完善了金融化这门阴险艺术的人。这正是亚马逊所做的，从上市到现在的 14 年里，亚马逊年年亏损，其目的是摧毁真正的企业。

有一种鸟，先破壳而出的小鸟会把其他鸟蛋，也就是它的兄弟姐妹们从巢里挤出去，掉在地上摔得粉碎，让父母只养育自己一个。那些通过金融手段谋求垄断地位的企业，与这种鸟是不是有些相似？先烧钱亏损，低价竞争，打败了竞争对手就锁定了客户，形成了垄断，然后再抬高价格敲诈客户。这种方式比的不是创新和服务，而是谁的资本更雄厚，其背后的资本推手，本质上是在追求垄断利润，向大众征收垄断税。

美国那么强大，也被过度的金融化毁了，而美国却是通过金融手段薅其他国家的羊毛。股市割韭菜，房地产泡沫，中国的过度金融化是在内卷式地薅羊毛。

过去 20 多年，借助金融手段富裕的人数远超过通过创新实干富裕的人数。在大城市买一套普通房子赚的钱超过了一个工程师一辈子的收入,这一方面说明政策鼓励炒房而不是当工程师,另一方面说明房子不是让工程师住的。连工程师都买不起房,还谈什么鼓励创新?难怪任正非说"泡沫经济对中国是一个摧毁",看似 GDP 上去了,但却大而不强,并且打击了创新实干者的积极性。如何引导企业踏踏实实地做好创新和服务,而不是鼓励假创新、赚快钱,这是监管层需要面对的问题。

看一看中美两国上市公司利润前 20 强的对照,美国的 20 强绝大多数是高科技企业,而中国的 20 强基本上都是银行和保险公司。中国的银行、保险公司赚钱多并非因为它们水平高,而是因为背后是金融和房地产对全社会财富的收割。高房价从数不清的显性和隐性渠道增加着制造业的成本,高房价会把制造业逼上绝路;人间正道是沧桑,工业化时代的人间正道就是制造业。

第五章　我在华为修教堂

网络上有一个传言:"一个清华大学毕业的博士刚入职华为就给任正非写了一封'万言书',任正非立马就给他官升三级"。这是真的吗?

华为员工在参加入职培训时，会听到一个故事：

有两个人在工地上搬石头，汗流浃背。一位老者过来问："你们在干什么？"一人回答说："在搬石头。"另一人回答说："在修教堂。"多年以后。回答"在搬石头"的人依然在搬石头，背有点弯。回答"在修教堂"的人成了一位令人尊敬的牧师。

这个故事的寓意是：一个人在工作的时候要明白自己在干什么；胸怀远大的目标，干活才会有激情，并且不会偏离方向。

华为用这个故事告诉新员工不要只是埋头苦干，要围绕公司的战略目标开展工作。

我在华为工作了16年，每当我遇到困难或受到不公平对待的时候，一想起修教堂的故事，心中就充满了力量，因为在我的心中也有一座教堂。

我是1997年2月14日入职华为的，当时的华为只有两三千人，我被安排到中试部工作。中试属于研发后端，通过对新产品进行测试和试制提升产品质量。

初进华为中试部，就见到太多的不合理，太多的扯皮，工作效率极低，我非常郁闷。当时，公司刚办了《管理优化报》，鼓励员工写文章反映公司管理中的问题，我准备把我发现的问题投稿《管理优化报》。稿件写好后，我又犹豫了，问题比较严重，有的还涉及一些高层干部，我不知道登报是否合适，于是我就发到了总裁信箱，这是华为另一个反映问题的渠道。任正非收到后极为重视，给《管理优化报》批示"原文照发"，接着让全公司展开讨论，结果证实了我发现的问题完全属实，公司掀起了一个查问题、改进管理的小高潮。

1997年的华为，经历了十年的发展，交换机已经在国内领先，光传输产品也开始销售，有了约三四十亿元的销售规模。但公司的管理落后，部门之间的配合非常混乱，任正非经常收到客户的投诉。任正非一直在推动公司的管理变革，但阻力重重，我的这篇文章之所以得到任正非的重视，可能是它揭示了管理混乱的严重程度，对推动管理变革能起到一点作用。

1 发正确货项目组

不久，任正非点名让我加入公司的变革项目组，即"发正确货项目组"，我被任命为秘书长，项目组的组长是生产部的总裁周劲。任正非解释了"发正确货项目组"的目标：不仅要解决发错货的问题，还要及时发货和控制库存。其实就是提升供应链的管理水平，只不过那时大家都还没有供应链的概念。

领导小组是由各大部门的一二把手组成的，作为项目组的秘书长，我也是领导小组的一员，每周跟那些大领导开会很不习惯。会后，我负责整理会议纪要，再上报领导审核。当时我发现会议的效率很低，一开会讨论问题就七嘴八舌，无法判断谁对谁错，难有结论，会议纪要就更难写了。特别是各部门之间的相互扯皮、推诿，作为一名新员工，我谁也得罪不起，只好把原话记录下来，由领导裁决。

项目组每个月向任正非汇报一次，任正非讲话时总是那么生动犀利。第二次汇报会上，任正非批评了我："你们的会议纪要不痛不痒，我举起板子该打在谁身上？他们是大领导，忙得像没头的苍蝇，你是专职秘书长，你要把问题搞清楚。"

于是我明白了：不能只听领导的，自己必须摸清楚问题的来龙去脉和责任归属。接着，我就把大量的时间花在调研上，逐个部门蹲点以了解情况，从上游市场签单、研发的新产品，到下游生产、采购、物流及客户服务，每个相关部门我都调查了。不清楚的环节我就跟着操作人员一起干，我是农村出身，脏活累活根本不是事。这段时间的经历让我的眼界开阔了许多。

除了业务问题，在调查过程中我还了解到过去的一些趣事儿。

华为早期没有供应链的概念，那时候靠租厂房、买设备、招工人就有了自己的工厂，供应负责人叫厂长，订计划、买物料、抓生产都由一人负责，供应商主要由研发部门选型决定。最初是一年做一次计划，后来有了初级的IT支持后开始滚动计划。但计划总是做不准，供不上货、发错货、库存积压是家常便饭，前后方相互指责，投诉不断。

公司一直认为供货很简单，都知道开发产品不容易，在市场上抢订单也不容易，而供货有什么技术含量？不就是买来元器件再生产出来嘛。在到处都是过剩的时代，拿钱还买不来东西？至于生产，就更容易了，大不了让工人加加班。供应部门早期的干部都知道任正非的名言——只有签不来的合同，没有供不上的货！

任正非的管理风格是"做不好就换人"，换了几任领导仍然供不上货，当时的及时齐套发货率只有30%左右，库存周转率大约为一次。

后来大家明白了，做好计划才是供应的关键，可计划总是做不准，怎么解决这个老大难问题呢？任正非提拔了一个数学博士做计划，让他和一个资深调度搭档。不久，供应果然大为改观，数学博士搞的几个预测公式起到了效果。任正非高兴地说："计划是个技术活，看来过去没选对人。"第二年，市场情况有些特别，供货又出问题了，这两个领导也被换掉了。任正非在他们卸任前给每人送了一双皮鞋，大概寓意是让他们多走动，多到一线去了解情况。

通过两个月的调研，我了解到供货问题的一些深层原因，最主要的是产品质量尚不稳定就量产发货，造成下游环节事故频发，其次是太多的不受控变数会影响计划准确率，导致供货困难和库存积压。我写了个报告发给了周劲，周劲转发给了任正非。

任正非看后让项目组成员谈谈看法，他们对报告中的问题分析和责任判定一致认可。其实，大部分问题都和研发有关，往往是研发埋的雷到了另一个部门才爆炸，影响最大的却是第三个部门。埋地雷的部门一直不知道自己是在埋雷，而下游部门虽然是受害者，却搞不清楚产生问题的原因。

任正非很高兴，既然大家都有了认识，就把各自的问题领回去，原话是"谁的孩子谁抱走"；他还让领导组成员结合报告中的问题写检讨，并刊登在《管理优化报》上。结果，领导们的检讨都要提到我，说什么自己太官僚，只听汇报，不做调研，一个新员工都能发现的问题，自己竟然不清楚。

因为我的报告搞得大家都灰头土脸地写检讨，我心里很不是滋味。我只想把事情做好，无意间却揭了别人的短处，领导们会不会对我有看法呢？

就在内心挣扎不安的时候，我被官升三级，任命为产品中心副总监，成为姜明武副总裁的副手。我从公司内部网上看到任命通知后，没有一点心理准备，于是去找 HR 领导询问。

对于搞技术，我还算有把握，但搞管理我确实不懂啊。HR 领导的回答是：公司发展得很快，特别缺少管理干部，你善于发现问题，说明有管理素质，做技术的人，随着年龄的增长优势会减小，但做管理就不一样了，随着经验的积累优势会增加；公司那么多高层领导都是做技术出身的，走上管理岗位，发展的空间会更大。

听了这番话，我只好忍痛割爱放弃技术了。走上管理岗位是我人生的转折点，后来的事实证明，我没有做好准备。

BOM 科升级

发正确货项目组的工作多而杂，二十多年过去了，大部分工作我已经记不清了，但有几件事我一直无法忘怀，推动 BOM 科升级算是其中一件。

我在调研中发现，当时大量的产品数据都归 BOM 科管理，因为 BOM 科只是一个最基层的单位，对产品数据的更改控制力度很弱，特别是 BOM 清单的更改率很高，造成下游部门的低效和大量供应问题。

任正非知道这个问题后，让领导小组的成员各写了一篇文章谈谈对 BOM 的认识。我写了一篇名为《BOM 是什么》的文章，没想到这篇文章被公认是第一名，刊登在了《管理优化报》上。接着，任正非讲话了："你们都想当大官，BOM 科却只能当科长，这么重要的枢纽部门，为什么不能提升定位？"很快，BOM 科变成了产品数据中心，成为中试部的二级部门。

BOM 科升级的过程让我领教了任正非的领导艺术——民主。让大家写文章，既凝聚了共识，又考察了干部，还向全公司宣传了 BOM 的重要性，制止了当时随便更改 BOM 的现象。

配置器开发

当时，公司签合同的周期很长，造成后端生产周期被压缩。针对这个问题，项目组专门成立了配置器开发小组，由我带着 5 名工程师开发配置器软件。开发配置器的主意是姜明武提出的。

配置器把公司产品的组网方案、规格参数等集成进去，它可以安装在市场人员的便携机中。与客户谈判的时候，配置器可以像搭积木一样形成组网方案，并且能够快速生成报价清单，这样便大幅提升了一线人员与客户交流和签订合同的效率，成为一线人员的得力助手。

订单流程重整

发正确货项目组下设四个工作组，其中，订单流程工作组涉及的部门最多，工作难度较大。订单流程工作组的组长是商务部副总监老苗，他是华为的元老级人物。针对合同履行周期短的问题，老苗修订了订单流程，对市场前端提出了更严格的要求。在流程试点阶段，办事处对订单流程颇有意见，说要求太严格，根本做不到，一看就是商务部制订的，并且事先没有充分征求一线人员的意见。作为秘书长，我要跟踪反馈各方面的意见，任正非听了我的汇报后骂老苗太官僚，教导大家要站在公司的立场上考虑问题,不能"屁股决定脑袋",当即决定由我做订单流程工作组的组长,老苗被降为副组长。

说实话,对订单流程的理解我远不如老苗,老苗从事调度多年,对订单的履行过程很有经验,任正非让我当组长就是赶鸭子上架。我只好和老苗商量,根据一线人员的意见对流程做了些修改,让各方面都能接受。虽然新的订单流程推下去了,但流程效率的提高却很有限。

在建立流程的过程中,我一直在思考如何提高流程效率,但当时我对业务的理解不深,没想出什么名堂。多亏了这个阶段的磨炼,为我后来在订单流程方面的贡献打下了基础。

到1998年年底,发正确货项目组历时一年按计划日落。我回到中试部,被任命为中试部副总裁,接管中试制造部。

2 试制中心

在接管中试制造部之前,我曾被派到质量部锻炼,如果我对抓质量有感觉,就会任命我专职抓质量部。经过一个月的调研,我跟周劲说自己干不好,因为影响产品质量的因素太多,而质量部能管的方面很有限。质量部主要是在两方面发挥作用:通过检验改善来料和生产过程的质量,通过流程规范保证质量的一致性和可追溯性。后者是ISO 9000的要求,但也只是保证质量的最低标准。影响质量的最主要因素是研发,质量不是检验出来的,而是设计出来的,如何在设计阶段保证质量?当然要靠IPD,产品转量产的管控也很重要。可能是因为我谈到了产品转产管控,所以我被安排到中试制造部,负责试生产及转产管控。

研发的新产品在量产之前需要试生产,中试制造部就是协助研发解决试生产过程中出现的问题的。那时候还没有转量产标准,一般是试生产两批就开始量产发货。一些产品带病量产,造成下游部门的低效和质量事故频发,严重的还会造成客户投诉,影响市场拓展。

中试部的定位就是把好产品的质量关,显然,转量产标准就是保障产品质量的关键,这个任务落到了我的头上。任正非要求:建立转量产标准要向国际先进标准学习,向 IBM 看齐。

另一方面,由于中试制造部的定位不清晰,长期以来只是给研发部打下手,既需要工程师与研发人员交流,工作又没什么技术含量,导致人员流失严重。我接手的时候,中试制造部甚至没有组织结构,只有一个高级经理。

新官上任三把火,我的第一把火就是明确部门定位:要成为试生产转量产的把关部门。第二把火是重整组织,把中试制造部改组为试制中心。在初步了解情况后,我让每个员工写一份报告,谈谈部门工作的问题及改进建议,根据汇总的报告和个别谈话选出了八位干部。第三把火是开始组织人力制定转量产标准。

转量产标准其实就是产品的质量标准,是品质的堤坝,它要拦住不成熟产品泥石流般的冲击,对于保障供应链顺畅运作非常重要。

转量产标准的制定可谓一波三折,虽然任正非早已拍板,要求制定严格的转量产标准,但研发部总裁洪总却反对。他跟我说:咱们的研发就这个水平,标准太严不能转产市场怎么办?你先制定一个宽松的标准,等将来研发水平提高了再制定严格的标准。我把洪总的意见向供应链部总裁周劲反馈,周劲说:宽松的标准起不到质量把关的作用,等于没有标准;标准不出来,一切产品就停止转量产!

生产部门不接受转量产,新产品只能按试制状态发货,由试制中心承担发货任务,我部门的压力越来越大,我们只能加快标准的制定。我跟部下说:咱们制定转量产标准是对华为有长远意义的大事,转量产标准就像高考大纲,产品通过提升、筛选才能上市;转量产标准不能放宽,但放行的条件可以灵活,毕竟早年高考只得三四十分也可以上大学的嘛。

光模块事件

正当我们为完成发货任务和制定转量产标准加班加点的时候,发生了一件大事。一天,有人通知我,在我部门的垃圾桶里发现了五个光模块,其中两个是良品,干部部已经报告给任正非了。

任正非生气了,要我写检讨,在风华影院的千人大会上做自我批判。我的检讨登上了《管理优化报》,任正非批评说检讨得不够深刻。

我实在不知道自己错在哪里。光模块是一种贵重的器件,良品和次品从外观上看不出差别,研发人员在维修板子的时候,会把拆下来的次品扔到垃圾篓里,这两个良品显然是研发人员不小心扔掉的。我部门的人员只是给研发人员打下手,不会擅自扔掉器件。

洪总和周劲一起帮我认识错误,要求我从自己身上找原因,要触及灵魂,是不是升官太快放松了对自己的要求。

我问:如果说是我的责任,那么我怎么做才能防止这种事再次发生呢?

洪总说:要进行爱惜公司财物的宣传,在墙上贴上标语。

我插嘴问:是不是把垃圾篓也贴上"勿扔良品"?

周劲说:搞一个柜子,把次品都放在柜子里,让研发人员定期拿回去再次筛选。

光模块事件的真相是:中试部 HR 罗织罪名陷害我。

中试部 HR 先是煽动我的部下不要卖力制订转量产标准,说洪总不认可,不要跟着瞎折腾;后来又让我部门的 5S 管理员从垃圾篓里找可疑物品;拿到光模块后又交代测试部门只写良品和次品两种状态。正常情况下,测试结果有三种状态:次品、生产可用、试验可用。扔掉的这两个良品其实是试验可用而生产不可用,虽说试验可用,但试验用量很小,研发人员把不能用于生产发货的器件扔掉也是可以理解的。

我知道了事件真相后更是加快制定转量产标准。经过半年的努力，转量产标准制定好了，并得到了广泛认可，但只有洪总不同意实施。

得罪了大领导

如果转量产标准能够顺利实施，我就不准备再提光模块事件等烂事了。现在洪总不仅否定了我们的劳动成果，更重要的是，我部门实在承受不了新产品放量的冲击。

所以我就把这些事写了个报告发给了任正非，他看到报告后批评了洪总。很快，公司发布了一份文件：明确支持转量产标准，为推行转量产标准，特任命洪总为试制中心副总监。

第一版的转量产标准就是在如此艰难的条件下推出来的，它对华为的产品质量控制起到了很大的作用。华为 IPD 流程的制造红线就来自转量产标准，TR3 到 TR6 的评审项很多也来自转量产标准。

有了转量产标准，试制中心的工作就有了方向，后来试制中心转移到了供应链部，成为新产品导入部，培养了一大批制造代表，支撑了 IPD 流程在制造领域的落地。

这件事结束后，我看似获胜，实则惨败。洪总当时是华为的三号人物，除了任正非和孙亚芳就属他了，把研发部总裁任命为我的副手，我还怎么在研发体系混呢？

在参加发正确货项目组的时候，任正非教导我们说要站在公司的立场考虑问题，现在我明白了做到这一点有多么不容易，也明白了为什么那么多干部"屁股决定脑袋"。

在这困难的时候，供应链部总裁周劲向我招手，把我调到了供应链部，负责无线产品的供应。

3 订单部

说是负责无线产品供货，实际上是负责协调各部门把货物发出去。那时候，供应链部是大平台运作，完成一单发货需要经过五六个平台部门，协调供货还是很有挑战的。

无线备战

2000年，华为推出了GSM产品，但是中国的无线市场早已被外国巨头垄断，中国移动担心产品不稳定而不愿意采购华为的基站。当时，中国电信看着中国移动赚钱赚得太容易，也在向信息产业部申请无线牌照。华为判断，如果中国电信申请到无线牌照，则一定是GSM制式1800M频段，所以准备提前备好了GSM 1800物料，等着在中国电信这边打一个翻身仗。

当时，无线产品线认为要提前备战，把供应有风险的物料提前下单备货，根据市场预估规模测算，大概需要备货3亿元。任正非在高层决策会上问大家是否敢赌一把，赌对了就会赶上诺基亚；如果赌错了，那就要损失3亿元。任正非形容这是按核按钮，因为当时华为一年的净利润还不到10亿元，却要拿1/3的利润去赌这个机会。

无线备战开始了，我是操盘手，虽然任正非已经决定备货3亿元，但在下单之前，我还是犹豫了。

一旦买回物料而机会没来怎么办？在我的手中损失3亿元无论怎么说都会有愧。于是我找采购询问为什么会有这么多种风险物料，采购说这是由于研发选择器件不慎重，对供应风险论证不足造成的。把风险物料进行分类——独家供货且订制、独家供货、质量风险、货期长风险等，可以看出有些风险是可以避免的。我和计划及采购员逐个去和研发人员讨论，对于独家供货能不能再认证一两家供应商，对于有质量风险的，能不能考虑用别的厂家代替。研发人员很配合，答应加班加点地更改设计和物料选型，最后竟然有100多个风险物料都可以解决，需要下单的风险物料只剩1.2亿元了。

在下单之前，采购部副总裁王皖晋又出了一个好主意：我们可以和供应商签订特别协议，共担风险，制订各物料的取消窗和推迟窗。简单地说，就是让供应商先准备好面粉，等到约定时间再做成馒头，如果我们在发货前一个窗口期取消订货，供应商的面粉还可以做成面包或者饺子，这样对双方来说都没有什么损失。

除了物料备战，还要进行产能准备，任正非时不时要听我们汇报备战情况。第一次汇报，我准备了几十页的材料，他说太啰嗦，关键是要说明白求助什么。第二次汇报，我精简到不到十页，他又问到一些细节。第三次我学乖了，汇报材料很精简，但附录有几十页，他问到什么我再拿出附录。

有一次，任正非突然视察生产线，问我有没有鞋柜？我没听明白。任正非说：你准备了产能，要增加工人，工鞋放在哪里？我只好如实回答没考虑到。让老板来提醒这些细节，真是惭愧呀！

1.2亿元的风险物料下单以后，只等着机会到来。等了两三个月，市场的回复越来越不肯定了，眼看取消窗临近，我请示了周劲，就把物料都取消了。这时候，有人告诉任正非我取消了备战物料，任正非骂道：他胆子不小啊！又过了几周，市场传来明确消息，中国电信申请移动牌照失败，备战取消。好在我及时把物料取消了，基本上没有造成损失，其他产品线配合无线备战也准备了一些物料，由于没有及时取消，甚至根本就没有考虑取消窗这个退路，结果造成严重的库存积压。

年终聚会的时候，采购部总裁郭平总结说：今年的备战水平看取消就知道了，无线备战提前取消，说明水平高。

后来的物料备战也沿用了这次备战的经验，风险排查解决、取消窗、推迟窗等措施成为管理风险物料的好办法。

错失良机

在无线备战前期，有一天，任正非到无线制造部视察，他指示要抓紧时间解决良品率低的问题，并在走之前跟我说让我来管理供应链部。我没有一点心理准备，随口说自己没有周劲水平高。任正非说："你是博士啊，不会学习吗？"我说："我还需要再磨炼一下。"任正非摇摇头走了。

这是我职业生涯中犯下的最大的错误，不假思索地就拒绝了任正非的好意。为什么我不愿意取代周劲？在我最困难的时候，是周劲让我来到供应链部，这两三个月他也指导我很多，刚一来就取代恩师，似乎不地道；另一方面，光模块事件给我留下了阴影，害怕遭人嫉妒、暗算，害怕飞高了反而会摔得更重。

后来的经历让我明白了两点：第一，要么你管别人，要么别人管你，不存在第三条路，如果自己有能力，就应该争取到应得的位置；其二，老板总是对的，拒绝老板就是拒绝机会，而机会并不常有。

订单包产到户

在知道任正非想换掉周劲后，我联想到前不久因发货困难而遭到市场大面积投诉，甚至高层领导要亲自催急单的事。任正非到生产部开现场会时大发雷霆："市场签单那么难，你们却供不上货，还不赶快跳楼！"看来任正非对供货很不满意，于是，我准备帮周劲一把。

我发现当时的大平台运作存在很大问题。从计划线看，大平台导致责任不清晰，物料是共享的，管理不善就会变成大锅饭。从订单线看，成套、计划、调度、制造都是平台运作，一个订单需要好几个大部门协调配合，常会发生扯皮推诿。周劲也常说，这些大部门的头头都是"山大王"。

庆幸有参与订单流程重整的基础，我花了几周的时间便设计出了一个方案：订单包产到户。就是要改变大平台运作，把成套、制造、计划、调度按产品线集成在一起，组成订单部；并按照产品线成立计划委员会，进行计划决策；订单部长和计划委员会主任由一人兼两职，一手抓计划，一手抓订单履行。每条线从资源准备到资源使用都责权清晰。跨产品线之间要调配物料也是可以的，但要说到明处。

前加工平台保持不变，因为涉及 SMT 等贵重资源，维持平台运作有利于发挥规模优势。

在和周劲沟通方案的时候，周劲批评了我："你才来多久，就敢提这么大胆的方案，出了问题是要掉脑袋的！"我心想："不改变你就要掉脑袋了！"我跟周劲说："大平台整天扯皮，投诉不断，您一定要让我试试，无线发货量小，就算出了问题，影响也不大，就让我在无线试试吧。"周劲最后同意了，但只给了我三个月的试点时间。

初始比较混乱，因为新部门缺兵少将。计划是短板，周劲帮我调来一名资深计划员丁智，我如获至宝，让他管计划。很快，我发现丁智喜欢说一句口头禅："你不懂。"每次丁智跟我说"你不懂"的时候，我就认真听听他的见解，还要看书学习，慢慢我也懂计划了。赶上又一次丁智说"你不懂"，我批评丁智："你这个口头禅不好，遇到某些领导你会吃大亏，我既然跟你讲出来，就不会给你穿小鞋。"经过后来多年的相处，我越来越发现丁智确实是专家，他说的"你不懂"，在绝大多数情况下是对的。

运作越来越顺畅，不到三个月，无线产品的供应大为改观，及时齐套率也大幅上升，更重要的是，基本上没有投诉了。其他产品也跃跃欲试，要求改成无线模式。很快就正式成立了四个订单部——无线、网络、传输、综合。后来的运行证明，订单包产到户方案解决了发正确货项目组没有解决的问题。虽然我的方案大获成功，但并没有保住周劲，他还是被调走了。

架在火上烤

新领导上任后把计委决策工作从订单部分离了,我和老苗被安排专门做计委工作。领导说:你们的工作很重要,你们定好计划,其他部门执行计划,整个供应链部都听你们的。我们部门没有正规的名称,大家称我们为计委,实际上就是找各方面开会,确定各产品的月度计划分布。

设置一个部门,其资源和责任应该相匹配,才能正常运转。而我们部门只有十来个人,也没什么权力,却担负着做好计划的重任,这是多年来换了无数领导都做不好的事。由于没有资源,基本上是靠老脸求人开会,会议的出席率很低。

计划做大了,会造成库存积压,要挨批评;计划做小了,供货会困难,也要挨批评。市场部突然拿下一个大订单,对于市场部是惊喜,对我们却是哭笑不得。研发版本切换推迟了,市场部不断催货,我们就要难受一两个月。总之,无论我们多么努力,也总是会挨批评,因为绩效是受市场部和研发部影响的,我们难以左右。

以前我一手抓订单履行,一手抓计划,市场部和研发部知道供货全靠我,会来出席计划会议,现在都知道供货要靠订单部,对计划部不那么重视了。计委这些老杆子,就像打更的老头,吆喝着小心火烛,但有几人真正在意呢?人们在意的只有两种人,一种是手中有资源可以帮到自己的人,另一种是手中有权力可以卡住自己的人。

不久,老苗要走了,要去非洲地区部。我问他,以你的年龄和资历,要去一线也应该早点去,现在好地方都不缺人,何苦要去非洲呢?老苗说:"在这里无论如何都做不好,整天挨批评,去非洲起码能舒心点。"

就这样,不到两年时间,部门人员流失了一大半,最少时只有五人。

当时我们唯一的希望就是盼着 ISC 上线。那么多顶级顾问帮助华为设计供应链，总该能解决我们的一些问题吧。

ISC 终于上线了，运行了半年多，库存周转率却不见改善，顾问承诺的库存周转率提升 10% 看来是要落空了。

与三星的交流

有一天，无线产品线与我联系，说三星公司来了几位客人，想参观我们的供应链。我向上级汇报，领导说 ISC 刚上线不久，怕泄密，让我回绝。无线产品线不罢休，大领导徐直军发话了："我们和三星方面有些合作，有求于人，连生产线都不让看说不过去，你们不要带他们看保密的地方就行了。"领导同意了，由我和负责制造平台的副总裁带 3 位客人参观生产线。

在参观交流的过程中，我发现三星的水平很高，就问了几个深入的问题，学到了不少，对方反问我的时候，我也不好拒绝，就多说了几句。

事后，领导批评我"大嘴巴"。我辩解道，三星比我们的水平高得多，咱们的 GSM 订单周期是一个月，人家的 CDMA 才一周。领导不信，咱们刚搞了 ISC，怎么可能水平低呢，一定是我被蒙骗了。我说："这样吧，咱们去三星回访一次，如果人家的水平确实高，就是我们学习的好机会，若是我被骗了，随便处罚我。"

领导同意了，由我和三星方面联系回访事宜。

不久，领导带着我和制造副总裁一同去三星大邱工厂参观。韩国人热情好客，和我们交流了很多。看到人家的一个流作业模式，我们被人家的高效率生产线惊呆了。

在回国途中，我们深感自己如井底之蛙，当即定下目标：缩短制造周期，争取用三年时间达到三星的制造水平。

制造周期取决于产品的可生产性和工艺水平，转量产标准虽然对此有些要求，但和三星相比，我们的标准太低，执行得也不到位。

多年来，我们没有考核制造周期，看似及时发货率已经有90%以上，但那是以牺牲对市场服务的快速性换来的。客户要求两周发货，我们的标准周期是一个月，客户只好退让，看似及时发货了，但和客户的要求还有差距，和三星的一周发货更是没法比。三星根本不考核及时发货率，人家只考核制造周期。没有发货周期的优势，及时发货率就是一个和客户讨价还价后自我安慰的指标。从三星回来后，华为开始考核制造周期、订单周期等硬指标。

这次参观三星，我还有一个收获，就是搞清楚了射频模块的一项先进技术。射频模块是无线基站的核心模块，华为的射频模块生产过程极其复杂，采用拼板的方式：先加工出11块小板子，再把它们固定在金属盒子里，为了牢固和控制缝隙，需要拧几十个螺丝，这些螺丝拧多少圈都有要求。这种方式的生产效率低，良品率低。我曾经向研发部反馈过这个问题，提出为什么不能把线路设计在一个大板子上？研发人员说这是射频电路的特点，要减少分布参数的影响，他们欺负我对射频电路不熟悉。这次参观三星的生产线，发现人家的CDMA射频模块就是一块大板子，用PBC上的铜箔把板子分成了多个区域。回来后我把三星的做法告诉了有关人员，很快就解决了这个问题，射频模块的生产效率也得到了大幅提高。

ISC的不足

如果说制造周期是硬功夫，那么计划运作就是软功夫。计划运作是暗线，参观三星的生产线也看不出端倪。从三星回来后，我开始思考ISC的不足和怎样改进华为的计划运作水平。

任正非对华为的变革要求是穿美国鞋，削足适履，先僵化、后优化、再固化。虽然我早就对ISC的一些做法存有疑虑，但也只能先老老实实地当小学生。现在ISC上线了，几个大问题都没有解决，效果也不明显，我们必须直面这些问题了。

客观地说，ISC 项目虽然按结构化的方法梳理了流程，特别是为采购业务建立了规范化的流程体系，但是长期困扰华为的计划难题并没有解决；对财务方面的考虑也很少，一般集成供应链项目完全可以把财务拉通；项目范围只是面向国内市场，没有全球供应链的设计，项目结束时，华为的海外市场已经发展起来，不得不自主设计海外供应中心，以及支撑一线交付的铁三角组织及其流程。

ISC 上线后，让我们感受最明显的好处就是 IT 好用一些，Oracle 系统升级到 11i 版本，增加了 APS 系统。但是 IT 升级主要是靠 IT 商家提供的服务，占 ISC 的比重不大。

回想 ISC 的立项过程，最初就埋下了隐患。当初华为请 IBM 顾问指导华为变革，因为 IPD 项目的合作很愉快，一年后华为在决定启动 ISC 项目时仍然选择与 IBM 合作。IBM 说做不了 ISC，因为既不擅长，也没有顾问；华为却说没关系，既然前期我们合作得很好，那就由你们帮忙找顾问，钱不是问题，这样一来，IBM 就欣然接受了。IBM 虽然找来了很多高级别的顾问，历时五年，顾问费超过了 IPD，但却远没有 IPD 成功。因为这些顾问来自多个行业，他们之间常常观点矛盾，难以形成系统的方案。

例如，曾经有位顾问推销他的 TOM（全面订单管理）模型，搞了两个月，等我们搞懂的时候却发现没法落地，其他顾问也有异议。虽然每个顾问都有自己的过人之处，但针对怎么治华为的病，却都开不出良方。

对于我们最关心的计划运作问题，顾问们的回答万万不敢苟同。

我曾经问过：如果市场有一个机会，但供货困难，这种订单要不要签？顾问们的回答高度一致，知道供不上货就放弃，签合同是要承担法律责任的。

但实际情况往往是先拿下订单，再想办法供货，顶多在签合同前询问一下供应部门，有五六成的供货把握就可以签合同。这一点，中国公司普遍不同于欧美公司，欧美人不愿加班，中国人加班加点是常态，我们有超强的动员能力，抢到了欧美公司放弃的订单，这是中国竞争力的体现。

在这种大背景下，供应链计划运作怎么进行？顾问没有药方，按照顾问的指导思想只会建立一个僵化的供应链。

为了解决华为公司的难题，弥补 ISC 的不足，也为了我们部门能够真正发挥作用，我设想了一个大胆的方案。

4　企业计划部

在一个晴朗的周末，我们部门全体到海边度假，在沙滩上的小木屋里，我抛出了自己的方案：成立一级计委，把我们部门扩充成一级部门——企业计划部，有了一级计委，产品线二级计委的运作就能上台阶，企业计划部作为参谋机构支撑计委的运作。我的方案得到了大家的一致赞同。

这毕竟是一件大事，意味着我们要从供应链部独立出来，并且要实现大供应链运作体系，我决定孤注一掷，并给任正非打报告。

我的报告要点有三：第一，计划问题是华为供应链运作的老大难问题，ISC 也没有解决这个问题，所以我们的供应链水平还比较低，主要体现为供货周期长和库存周转慢；第二，供应链部希望我们这个小部门承担起龙头的责任，但由于组织设计不合理，我们无法担此重任，部门摇摇欲坠；第三，建议改变成大供应链运作模式，成立一级计委和一级部门——企业计划部，企业计划部作为计委运作的参谋支撑机构，也是全公司的计划管理部门；一级计委监管二级计委，并管辖供应链部、采购部、企业计划部；一级计委要把市场、研发、供应链拉通运作，因此一级计委主任一定要具备公司级的影响力。

我的方案得到了任正非的支持。不久，公司调来一位大领导负责对供应链体系进行重建，这位大领导就是洪总。

洪总上任后成立了公司运作计划部和一级计委，供应链部的总裁换成了P总，供应链部、采购部和公司运作计划部组成了交付体系。公司运作计划部的英文是Entenprise Planning Unit，正是企业计划部。

本来我以为企业计划部的负责人应该是我，但却派来了新领导老邢，我被任命为部门的副职。老邢对生产计划还算内行，但却没有计委工作经验。顶头上司的业务不如你，学历没你高，但年龄却比你小，按照职场惯例，说明我没什么发展前途了。只怪自己以前得罪过洪总，这是报应来了。看到任命结果的时候，我想到了辞职，但转念一想，毕竟我的方案被公司采纳了，新体系还没有见到效果，很希望看到我的方案能助力华为实现一流供应链。

在决定留下来的同时，我给自己定下了两个要求：一是不再越级汇报，二是达到45岁的门槛时就退休。距离退休时间还有5年，我想应该可以实现一流供应链的梦想吧。

一级计委运行后，每个月由我代表企业计划部给一级计委报告上个月的计划执行情况和下个月的计划决策。洪总抓问题细致深入，很快就实现了计划协同，从计划到执行，全公司协同运作，在改善供货的基础上使库存周转率明显提升。在一级计委的监管下，各产品线二级计委的运作好多了，计划再也不是到处求人的苦活了，不得不说这一切要感谢洪总！

下面这个例子可以看出计委运作的改善。

GSM双密度切换控制

多年来，我一直负责无线供应，一级计委成立后，我是无线产品线计委副主任，以前做计划要迁就市场部和研发部，现在我可以挺直腰杆，凭专业影响计划的制定。

当无线 2G 处于尾部、3G 尚未到来的时候，因为对 3G 给予厚望，2G 产品的投入减少，导致 GSM 产品落后于竞争对手，无线产品线决定快速开发 GSM 双密度产品。在新老产品切换阶段，产品线总裁张顺茂和 GSM 总监都希望加快切换速度，市场部也想赶快卖新产品。在决策会上制定了一个激进的计划，因为市场部急需且研发部拍了胸脯，看来没有人能阻挡这个计划了。

我心里却总是不踏实，到试生产现场转了一圈，我断定新产品的成熟度还不够，计划风险极大，很可能是欲速则不达。我去找张顺茂，要求下调新产品的计划量，用老产品代替。张顺茂找来 GSM 总监王海杰，又是拍胸脯担保，我和王海杰打赌八月底前做不出一万个模块。王海杰离开后，我向张顺茂讲了利害关系：如果切换不顺利，新产品顶不上，老产品无货可供，不仅是断货，大量新产品还将面临报废，发到市场上的也要召回。最后，我向张顺茂摊牌，如果不听我的劝阻，我要求保留意见，但要报告一级计委。张顺茂最终同意了我的调整方案。

我和王海杰的赌局的结果是，八月底确实生产出了一万个模块，但很快就发现存在严重问题，发到市场上的货也被召回了。

多亏事前调整了计划才没有发生断货，也给计划调整留下了缓冲时间。后来的结果证明，我踩下急刹车挽救了一场事故，因为双密度 GSM 基本上是一个失败的产品，直到第二年新双密出来后才获得成功。

如果是以前，几个月的供应困难就不可避免，因为我们只有求人的份，知道是坑，也只能往里跳。市场、研发等部门出问题都是情有可原的，反正供不上货我们部门就要挨批，关键是没有地方说理，找当事人理论？你根本见不到面。

这件事过后，洪总要我修改版本切换流程，对版本切换提出更高的要求，当初他要求放宽转量产标准，现在又要求加严。

通过对新产品的切换控制和对计划偏差的责任追溯，各方面都提高了计划责任意识;并且,一级计委还持续推动了各大部门的一系列改进,使得计划环境大为改善,计划龙头不再是随意摆动,供应链运作顺畅多了。

不能走回头路

在每个月底的一级计委例会上,我结合计划执行情况向大家报告当月的问题,各部门或多或少都有些问题。发现问题并推动解决正是计委会议的价值所在,但 P 总对我讲供应链部的问题有意见,他希望我会前先找他沟通,后来老邢也让我会前先找 P 总沟通。我回答说:月底的计划日历排得很紧,没有时间逐个沟通;与供应链部沟通,其他部门要不要沟通?沟通后还要不要在会上讲?他这是想把问题掩盖掉;如果会上大家都没有问题,开这个会干什么?

一天,老邢沮丧地跟我说,企业计划部要合并到供应链部,成为供应链部的二级部门,洪总已经被 P 总说动了,并且说合并后由我当部门的一把手,他当副职。我跟老邢讲了合并的坏处,老邢起初在做记录,后来干脆让我直接给洪总发个邮件,我说我早就下决心不再越级汇报了,我也知道如果我发邮件,一定会得罪 P 总。老邢再三劝说,为了部门的生存,更为了多年来的坚持,我只好给洪总发了邮件。

邮件里我只讲了三点:第一,新组织成立以来取得了巨大成效,过去难以提升的库存周转率等指标明显改善;第二,把企业计划部合并到供应链部,过去正是这样做的,我是亲历者,有太多的问题;第三,如果合并到供应链部,再开计委会议,你就听不到供应链部有什么问题了。

很快,洪总给交付管理团队转发了我的邮件,结论一锤定音:这个问题终于弄清楚了,企业计划部不再合并,还要扩大企业计划部。

正因为这件事,洪总开始注意到我,让我列席交付管理团队的会议。

一流供应链

2009年年底,公司的绩效指标非常好,利润超过预算的30%,财务部高兴地向任正非汇报。任正非把财务批了一通:利润超这么多,你们高兴什么?利润是业务部门的功劳,你们却算不清账;今年超了30%搞不明白,明年如果糊里糊涂地低了30%,公司岂不危险?回去好好查查,搞清楚是哪里多出来的利润。

财务部召集各部门开会,要求大家检查超额利润的来源。接下来的一段时间,《管理优化报》上不断有激动人心的文章登出,格式大致都是某某部做了什么改进,提高了效率,为公司的超额利润做了贡献,但这些文章的共同点是数据支撑不够。

在年终聚餐会上,洪总和我碰杯的时候表扬我们部门干得不错,KPI评分第一。其实他不知道,我们基本上每年都是第一。也许是因为喝了酒,我多说了两句:"洪总,在您的领导下,这些年供应链指标明显改善,今年公司的超额利润就有咱们的一大半贡献。"洪总问道:"跟咱们有什么关系?"我回答:"供应链周转率大幅提升,几年来仅库存成本就节约了上百亿元,加上今年业务量的增加,供应链的贡献更加突出。"洪总挥手打断了我的话,说:"明天上午到我办公室来一趟。"

第二天上午,我去见洪总,我把供应链周转率的提升是如何节约成本的给他算了一笔账,并且这几年每年上一个台阶,我们的供应链已经可以媲美行业一流水平了。他听了很高兴,就让我写篇文章登到《管理优化报》。他还说,能说不能干是假把式;能干不能说是傻把式;能干又能说才是真把式。咱们要做真把式,不做傻把式。

走出洪总的办公室,我心里五味杂陈,什么也不想说,什么也不想写,再过一年就可以退休了,还写文章干什么?年底和年初是各部门做规划的时候,一忙起来,我就把写文章的事耽搁了一个月。

一天,老邢问我文章写好了没有,我说还没写,他说洪总催促要赶快完成，其他事都先放下。我只好快速把文章写了出来，领导们审阅后，我就联系《管理优化报》发表，回复竟然是不能登报了，因为任正非前几天刚指示不让再刊登邀功文章，要刊登自我批判文章。

没等到我退休，洪总就被降职了，后来他选择了退休。华为公司有一个规矩，高层干部每五年要轮换，优秀者升职，一般者平调，差者降职。

凭良心说，洪总对华为管理体系的建设做出了巨大贡献。当初，李一男把持研发，洪总主导成立了中试部，建立了 IPD 管理体系，使华为的研发不再依赖个人。洪总抓供应链运作五年时间，让华为从二流供应链升级到一流供应链，供应能力成为华为的核心竞争力，仅库存成本就节约了高达 200 亿元。

洪总离开交付体系后，由 P 总继任，他很快就把企业计划部合并到供应链部，没干多久，老邢也退休了。

其实，洪总、P 总、老邢都不懂我设计的企业计划部的作用。

华为在周劲时期就成立过计委，但没有运作起来，一年只开一次会，大部分委员还会缺席。一是因为计委主任周劲不具备公司级的影响力，二是因为没有支撑机构。为什么计委需要企业计划部的支撑呢？

打个比方，一个军长管着三个师，是不是军长直接指挥师长打仗就行了？不是，他还需要一个参谋部。一个军的作战不同于土匪打仗，好几万人的协调一致非常困难，需要制定周密的作战方案，还需要过程监控。所以，有一定规模和复杂度的组织都需要一个参谋支撑机构。例如，市长下面有市长办公室，而市委书记下面有市委秘书长，中央办公厅也是这样的机构，级别相当高。

企业计划部是大供应链运作的参谋部，参谋机构的定位不能低，因为要起到上通下达和监控的作用，定位低了，就没法开展工作了。

企业计划部合并到供应链部，定位就降低了，相当于非要把军长下面的参谋长放到一个师长手下，参谋长成了团级干部，怎么协调工作？他也没办法站在中立的立场了，因为要看师长的脸色。

从公司范围看，计委要实现市场体系、研发体系、交付体系的协同运作，计委主任应该是 COO 的定位。华为非常重视财经体系，却不重视供应链运作体系。公司 60% 以上的资金是以物料形态在供应链运转，供应链花的钱比市场部和研发部加起来都多，岂能不重视供应链运作的效率？财务是结果，供应链是过程，供应链混乱，财务就不可能清晰，抓好了供应链，财务的大部分问题就解决了。

从业务性质来说，计划是非常重要但难度很大的工作，计划做好了，供应链就顺畅了，供应链的大部分工作就变成了简单的执行。计划做不好，承载着庞大资金的供应链被动救火，效率低下，在无形中对公司利润造成巨大损失。绝大多数人都认为供货很容易，其实，如果计划做不好，供货就会变得极为困难，因为供应链每天都要被动地与时间赛跑，没有经历过的人很难理解与时间赛跑的残酷。做好计划的难处在于它要求实现内部协同和内外协同，内部协同就是市场、研发、供应等与供货相关的部门要协同运作，内外协同涉及供应商和客户与公司内部的协同，这两个协同很难实现。把一个部门命名为供应链管理部就指望它管好供应链，这是很多公司都在犯的错误，根本就没有搞清楚问题在哪里！华为的计委和企业计划部才是解决计划问题的关键组织。

在华为设计高层架构的时候，洪总不知道计委该怎么定位，人、财、事三巨头轮值机制中没有"物"的位置，最终洪总的地位就尴尬了。

告别文章

考虑到自己很快就要退休了，出于对华为的深厚感情，我还是想最后一次给公司提一点建议，我发表了在华为的最后一篇文章，题目是《有计划地交付是缩短 ITO 的关键》。当时，公司已经形成了重视库存周转率的氛围，但是很少有人知道怎么提升库存周转率，从供应链全景来看，还有一个金矿有待挖掘。任正非看了我的文章后批示一级管理团队学习讨论。顺便说一句，我在华为一共写了十篇文章，有五篇文章得到了任正非的批示，这是大部分高层领导也享受不到的待遇。

流程与 IT 部总裁费敏请我和他们团队交流。我说，供应链这几年上了一个大台阶，但是还有差距，就是发货后管理得不好，主要是安装环节与供应链计划没有拉通，结果造成货物在客户那里积压严重。只要没有完成安装、验收、结转，货物就仍然是华为的资产，这是管理的薄弱环节，也是供应链值得挖掘的地方，应该把发往客户那里的货物与公司内的库存同等对待，纳入统一的计划。

费敏认可我的观点，最后总结说："这个问题一直存在，公司搞了集成供应链，又运行了这么多年，为什么还有这么大的问题一直没有解决？作为流程与 IT 部门，我们要善于发现流程中的问题。"

P 总上任后，计划拉通反而倒退了，在 4G 时代到来时出现了供应困难。后来，任正非换掉了 P 总，安排有供应链经验的领导出任 GTS 总裁，且兼任一级计委主任和首席供应官。这是一个巧妙的布局，让安装与服务部门的领导兼管供应和计划，可以很容易地实现前后端计划拉通，经过几年的改进，发货后的库存周转率明显改善，华为供应链再上一台阶。当然，那是我退休几年后的事了。

2010 年 12 月，在过完 45 岁生日的第二周，我提出了退休申请。为了确保退休申请能够获得批准，我提出的理由是长期失眠和头痛，这是连医生也检查不出来的毛病。此后，为培养接班干部和交接工作，又拖了半年，我才获准退休。

5 重返华为

我在退休后游山玩水，轻松了几个月。在退休后的第五个月，我突然接到了余承东的电话。

余承东在担任无线产品线总裁的时候,我们有过不错的合作,他是无线计委主任,我是副主任。在 3G 到来的时候,华为打了个翻身仗,无线一举取得市场份额第一名,主要归功于华为产品的优势和市场部的努力,而供货保障也立了功,也有竞争对手因供货困难被华为抢了订单。为此,余承东还专门在行政楼的招待餐厅请我吃过一顿饭。

余承东先问我身体怎么样?我说很好。他问我为什么这么早退休?我说干得不开心。余承东说自己要到终端公司任一把手,让我去帮助理顺供应链,希望我重新入职,过去有什么委屈都会给我补回来。

我考虑了三天,打电话给华为的同事了解终端的情况,得知终端供应链还很落后,有很多方面需要改进,特别是库存周转慢,对于终端这类"海鲜"产品,库存积压是致命的威胁,我确信自己又可以一展拳脚了。

再次回到华为,我先去见了 P 总,希望他能支持我的工作。到了终端公司,我和供应链的一二把手交流,想拿到数据,却遇到了困难,多亏有几个从网络设备 BG 调过来的计划人员,他们给我提供了一些数据。

经过一个月的调研,我完成了一个报告,给余承东和万飚汇报,供应链部的领导也参加了。报告取得了很好的效果,供应链部的两个领导当场表态说自己不专业,希望向我学习,会好好配合我的工作。第二天,他们请我吃饭,说是接风洗尘,我当然愿意和他们好好合作,我们边喝酒边聊工作,气氛很好。

可是没过几天,气氛又变了,又像我刚来的时候那么冷淡。一个巧合的机会,我知道了原因:P 总不支持我。P 总对他说:"不要怕,我支持的是你,不是他,掌握资源的才是'王'!"

我最讨厌这种勾心斗角和拉帮结派,可是,为了把终端公司搞好,也为了报答余承东的知遇之恩,我不能走。我在调研的时候已经发现,虽然研发部是在余承东掌控之中,但市场部和供应链部都有不小的离心力，余承东的处境比我难多了。

我跟余承东说，我不入职了，以顾问的方式也能开展工作。余承东让我当总裁顾问，主抓供应链。我跟供应链部的两个领导交底：我当顾问，人可以不动，但业务上要听我的，咱们一起理顺供应链，把指标搞上去。他们欣然接受。

正式工作开始了。第一件事就是纠正过去的错误做法。终端供应链部的领导没什么专业经验，他们发明了一些不专业的名词和做法，需要加以纠正。就拿物料储备来说，他们储备通用器件而不是专用器件，理由是通用器件早晚能用掉。但专用物料才是供应的难点，没有专用器件的配套注定只能增加库存，对供应没有帮助。华为的风险物料储备已经很成熟了，可是终端却比网络设备落后十多年。

第二件事是结合终端产品特点，成立集成计划部和计划委员会，计划龙头放在产品线，计划运作开始规范化。

第三件事是和质量部一起梳理流程。终端产品比网络设备简单，属于短频快产品，流程必须精简。

当时，市场部的一些干部对余承东有抵触情绪，他们习惯于和运营商打交道，余承东要把B2B变成B2C，市场部不能适应。我跟余承东说，小米的电商模式值得借鉴，这可以减少对旧模式的依赖。会议讨论的时候，市场部提出反对意见，说电商模式很复杂，需要有强大供应链的支撑。我站起来说，电商模式供应链更简单，包在我身上。

通过一年的努力，供应链运作顺畅多了，库存周转率提升了30%，终端的库存安全有了质的提升。库存周转率的提升是慢功夫，一年提升30%在华为应该是空前绝后的了。终端公司和我签的合同为期两年，要求库存周转率每年提升10%，我已经超额完成了两年的任务。

当我提出再次离开华为的时候，余承东盛情挽留。我说："我不在乎给别人做嫁衣，但没有行政权，很难持续推动工作；水平问题和认识问题都好办，如果涉及利益问题，就叫不醒了。"

交接工作后，2013年3月，我再次离开了华为。

不久，终端公司查处了一批腐败干部，终端业务开始走上腾飞之路。

6 不忘初心

十六年的华为生涯是我人生中最宝贵的经历，酸甜苦辣都尝过，虽然有时还会为过去的不公平耿耿于怀，但从做事方面来说，我是相当成功的。能有机会在华为这样的公司做体系建设，是多么难得的经历，其间我和那么多大领导有过交集，还多次得到了任正非的支持，真是我的幸运。

早期我升职快，是因为在任正非身边工作，只要一心为公司做事并取得成效就能得到认可。后来到了业务部门，一心为公司做事就不一定行得通了。你行不行是领导说了算，要围着领导转才行，这时候我却不懂变通，也不善于和领导沟通。大多数领导喜欢埋头苦干的员工，不喜欢太有见解的下属。即便有独到的见解，也要与领导的利益捆绑在一起，像我这样几次给任正非提建议，没有领导会喜欢。

当然，如果我没有错过那次机会，就可以名正言顺地直接向任正非汇报，我对供应链的见解会成为助力我的优势。

想起任正非说过的一句话：如果你认为做了贡献却不被认可，你可以买来一只鸡、一瓶酒犒劳自己一下。我吃着鸡、喝着酒，再次拜读任正非的一些讲话，终有豁然开朗之感。我正是"不惑之年，却不懂开放、灰度、妥协"。任正非还要求员工学习韩信和阿庆嫂，我还差得远呐。但是，人要改变自己的性格是很难的，做一个纯真的人，一心为华为做贡献，我想我做到了，而且做得不错。

从最初任正非点名让我参加发正确货项目组，我一直在为华为实现一流供应链而默默奋斗，我在几个阶段的设计方案都得到了验证，收到了巨大成效，退休后我又在终端公司再次发挥，充分证明了我在供应链方面的专长。

当初我正是怀着产业报国的初心走出学校，离开学术圈，加入华为。现在我已经积累了这么多宝贵的经验，为什么不能再做点事？美国打压华为让我有了紧迫感，于是我给自己定下了新的目标：我要把自己的经验写成一本书，帮助有需要的企业提升管理水平，帮助有缘人，让中国出现更多像华为般优秀的企业。

第六章　华为集成产品开发

在群雄竞逐的市场上,企业老板就像国王,采用安全、高效、战斗力强的组织和流程架构,对其王国的生存和发展具有决定性意义。IPD就是这样的架构!

虽然IPD对于中小企业来说不一定完全适用,但IPD的基本原理对中小企业提升研发能力和综合管理水平也大有裨益。

1　IPD是什么

对于一家技术型公司来说,怎样才能不断开发出新产品?这是一个关系公司生死存亡的重大难题。要让公司的产品开发能力具备竞争优势,需要解决以下四个问题。

第一,开发什么产品?如何保证开发出来的产品适销对路?

第二,如何才能快速开发出产品?即便产品方向正确,但如果开发速度太慢,也会错失市场机会,且快速开发可降低成本。

第三,怎样才能保证产品的质量?产品质量必须从开发早期开始构建。

第四,高效的组织分工与技术保密。

IPD很好地解决了这四个问题,因此成为全球各大公司普遍采用的一种开发方式。毫不夸张地说,华为的腾飞始于IPD变革,IPD对华为的作用可以用脱胎换骨、如虎添翼形容。

集成产品开发(Integrated Product Development,IPD)是一套先进、成熟的研发管理思想、模式和方法。IPD强调以市场需求作为产品开发的驱动力,将产品开发作为一项投资进行管理,要求产品相关团队必须以产品需求与业务计划实现为中心展开工作,实现工作模式从"先实现/开发,后销售"到"先规划,后实现/开发"的转型。

起源:PACE(Product And Cycle-time Excellence,产品及周期优化)理论是由业界最佳产品开发模式提炼而成的。在PACE理论的基础上,经过IBM的实践、整理与提升,最终形成了IPD,现在已经成为一套先进的产品开发方法论。

1.1　整体框架

IPD框架如图1所示,从上到下主要包括四部分:市场管理流程

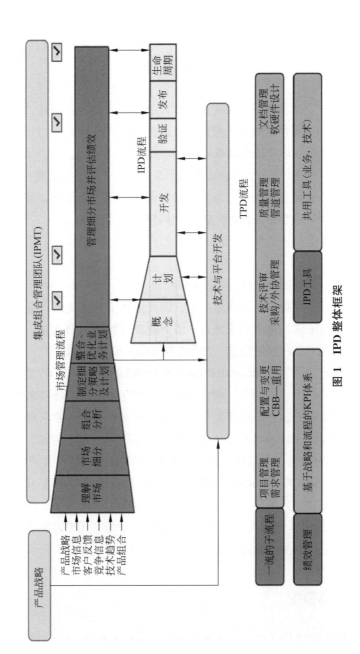

图 1 IPD 整体框架

（MM）、产品开发流程（狭义 IPD）、技术与平台开发流程（TPD）、支撑流程及工具。

IPD 以市场需求为核心，将产品开发看作一项投资，通过 CBB（公共基础模块）和跨部门的团队准确、快速、低成本、高质量地推出产品。

实施 IPD 需要进行以下四个重组。

市场重组：以需求为核心进行规划和设计，使营（Marketing）和销（Sales）分离。

产品重组：产品货架分层，建立 CBB 和平台，在 CBB 基础上进行异步开发。

流程重组：分别建立市场流程、产品开发流程、技术与平台开发流程，以及与流程匹配的跨部门的团队和项目管理体系。

财务重组：将项目当作一项投资，内部进行核算；从部门、产品线、项目三个维度进行预算和核算。

由此可见，IPD 与企业的各级人员、各个职能方向、企业整体运营管理均有着深刻的联系。

实际推行的经验：从华为的经验来看，推行 IPD 的第一步是"松土工程"，也就是要求与 IPD 相关的所有人员，特别是企业高管一定要了解并深入理解 IPD 的核心思想，知其然也知其所以然，理解 IPD 的先进高明之处。成功推行过 IPD 的咨询公司和企业都会把对 IPD 的理解列为推行成功与否的首要条件。另外，既然涉及种种公司级的重组和变革，就注定了推行 IPD 是企业的"一把手"工程。

1.2 三大业务流程

三大业务流程包括市场管理流程、产品开发流程、技术与平台开发流程。

市场管理流程是一个连贯一致的业务流程，包括理解市场，市场细分，组合分析，制定细分市场策略及计划（细分市场BP），整合、优化业务计划（产品线规划），管理细分市场并评估绩效（执行/监控）。

产品开发流程是 IPD 的核心，分为六个阶段，包括概念、计划、开发、验证、发布、生命周期。

技术与平台开发流程基于产品规划依次进行研发立项、开发与验证、内部客户化、归档。

1.3 核心组织

IPMT（Integrated Portfolio Management Team，集成组合管理团队）是 IPD 体系中的产品投资决策和评审机构，负责制定公司的使命愿景和战略方向，对各产品线的运作进行指导和监控，并推动各产品线、研发、市场、销售、事业部、服务和供应链等部门的全流程协作，制定均衡的公司业务计划，同时对新产品线的产生进行决策。IPMT 是一个高层的跨部门团队，成员包括产品线上各个部门的最高主管。

PMT（Portfolio Management Team，产品组合管理团队）是一个跨部门的团队，负责规划和定义产品，主要以市场管理流程开展工作。

PDT（Product Development Team，产品开发团队）是一个虚拟的组织，其成员在产品开发期间一起工作，一般是产品经理或项目经理负责的矩阵组织结构。

TMT（Technology Management Team，技术开发团队）利用从研究和试验获取的知识或技术为产品开发提供新的工艺和系统，从而进行实质性的改进。

1.4 评审机制

决策评审点（Decision Check Point，DCP）是集成组合管理团队管理产品投资的重要手段。在决策评审中，IPMT始终站在投资商的角度进行评审。

技术评审（Technology Review，TR）解决产品开发团队中存在的问题和风险，及时采取相应的措施，以保证产品开发质量，减少浪费。

评审是保障"第一次把事情做对"的重要手段。IPD强调的是"第一次把事情做对"，而不是"没有时间第一次把事情做对，却有时间多次返工"。

1.5 IPD核心思想

产品开发是投资行为

我们习惯于从技术的角度来看待产品开发，IPD则提醒我们首先要从投资的角度看待产品开发，强调用投资的理念和方法管理产品开发，主要包括对产品开发进行投资组合分析和管理，以及在产品开发过程中进行投资决策评审。

在此思想的指导下要求：

投资者（IPMT）要进行投资组合分析，决定产品组合；

管理者（部长/项目经理）要合理利用资源，控制好投入产出比；

工程师要从业务上把自己打造成为"工程商人"，强化成本意识。

基于市场的创新

IPD强调产品创新要以市场为基础，即在充分的市场分析及规划的基础上进行创新。在产品开发流程之前，要实施市场管理流程，充分开展需求分析、竞争分析、市场定位等市场管理活动；在产品开发过程中，需要正确定义市场需求和产品概念，贯彻以客户为中心的设计。

我们经常强调的消费者导向就是基于市场创新的要素之一。

跨部门协同

由于部门之间的职能化壁垒，加之产品开发的复杂性和对速度的要求，依靠部门之间分工协作已经难以保障产品开发的质量和速度，所以需要成立跨部门团队负责产品开发的决策、规划和实施，依据跨部门流程，通过协同的方式开展工作，确保沟通、协调和决策的高效。

IPD通过流程+组织+绩效的方式使团队凝聚作业，目标一致，即关注顾客而非上司，关注整体而非局部。在IPD体系中，常见的跨部门团队有以下几个。

IPMT：集成产品组合管理团队（投资决策委员会）。
ITMT：集成技术管理团队（技术决策委员会）。
PMT：产品规划团队。
PDT：产品开发团队。
TDT：技术开发团队。

职业化人才梯队建设

产品开发需要各种类别和各个层次的人才，企业必须系统性地规划和培养研发人才，建立职业化的人才梯队，以确保研发管理体系得到有效运行，以推动产品创新。通过IPD项目可以锻炼一批人、培养一批人、识别一批人，做到人尽其才。

产品线与能力线并重

在组织上,需要建立横向的产品线组织和纵向的能力线(资源部门),通过同时加强产品线和能力线的建设及运作不断提升各领域的专业能力,并支撑产品线实现全流程的管理,从而快速响应市场。

技术开发与产品开发分离

技术开发与产品开发分离是异步开发模式的重要体现;具体来说,就是关键技术和平台技术需要在产品开发之前由专业的团队开发出来,并能够实现技术转化,这样可以大幅减少产品开发的风险,加快产品开发周期,而且有利于技术的突破和进步。

基于平台的异步开发模式和重用策略

开发整个系列的众多产品时,应该在共同的产品平台上进行开发,进一步地,可以按照最终产品、平台、模块/组件、关键技术进行分层和分时段的异步开发,在不牺牲差异化的前提下尽可能地实现模块/组件和关键技术的重用,应用CBB(Common Building Block,公共基础模块)发挥平台的杠杆作用,从而"多、快、好、省"地开发产品。

异步开发模式和重用策略图示如图2所示。

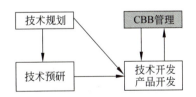

图2 异步开发模式和重用策略示意图

结构化的并行开发流程

所谓结构化，通俗地说就是"横向有节点，纵向有层次"，产品开发活动是可规范的、可管理的。

在 IPD 体系中，开发活动是以一个层次结构构架的，为了能管理庞大而复杂的产品开发活动，必须建立结构合理、定义清晰的开发流程。一旦开发人员理解了开发过程的结构，就能够将他们从繁杂的任务中解放出来，将更多的时间花在具有创造性的增值工作上。产品开发的各项技术活动和职能活动应尽量并行作业，以缩短开发周期，保证质量。

在对产品开发进行结构化定义时，通常情况下会出现以下两种极端倾向。

因没有结构化定义的过程，产品开发工作会失控。

- 具体表现为每个人都很忙，但没人有时间真正地思考，而且 PDT 成员不明白他们负责项目的那一小部分怎样与项目整体衔接。
- 通常，文档化的东西很少，高层管理人员必须把大部分时间用在与项目有关的"救火"上。
- 没有积累的经验可以参考，没有学习的榜样，所以当项目越做越大时，开发周期也会变得越来越长，成本质量不可控。

过度的结构化。

- 主要表现为每个人的电脑中都存放着大量开发文档和日志，开发人员遵循既定的开发过程行事。
- 过于烦冗的过程文件及过分的结构化影响了正常的产品开发效率和进程。

综合非结构化和过于结构化的弊端，必须正确理解结构化的意图，并在产品流程结构设计过程中做到以下两点。

- 需要可重复（明确的阶段划分）和可衡量（明确的阶段交付）的要求。
- 需要对新思想和新方法采取灵活和开放的态度，正确地进行结构层次的划分和定义等，以取得平衡。

2　市场管理

IPD基于市场管理把正确定义产品概念和市场需求作为流程的第一步，一开始就要把事情做正确。市场管理流程是IPD核心思想"基于市场的创新"和"产品开发是投资行为"的体现。

IPD强调产品创新要以市场为基础，即要在充分的市场分析及规划的基础上进行创新。在产品开发流程之前要实施市场管理流程，充分开展需求分析、竞争分析、市场定位等市场管理活动。

市场管理流程应对产品开发进行投资组合分析和管理。在此思想的指导下，要求投资者（IPMT）进行投资组合分析，决定产品组合。

2.1　市场、细分市场、产品线、产品族、产品（包）的关系

产品线（Product Line，PL）是根据某一大的细分市场或产品平台构建的一系列产品。

产品族（或产品系列，Product Family，PF）是产品线中按一定规格划分的一类产品。

产品线与市场的关系如图3所示。

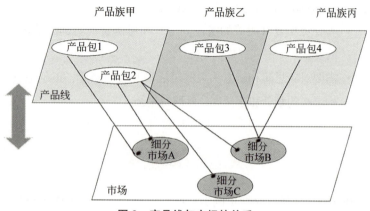

图 3　产品线与市场的关系

2.2 六个过程的主要活动及交付物

市场管理的六个过程：

市场管理是通过分析市场、业务要求及需求创建合理的市场细分规则，对要投资和取得领先地位的细分市场进行选择和优先级排序，从而制定可执行的业务计划，驱动新产品的开发和各领域的活动，并闭环管理业务计划。

在 IPD 框架图中，市场管理流程包含六个过程，分别是理解市场、市场细分、组合分析、制定细分市场策略及计划（细分市场 BP）、整合/优化市场业务计划（产品线规划）、管理细分市场并评估绩效（执行/监控）。

市场管理流程的六个过程的主要活动及交付物如表 1 所示。

市场管理流程的第 1～5 步是制定 BP 的过程，输出产品线业务计划（PL-BP）；第 6 步的核心任务是①启动产品开发项目；②管理业务计划运作。市场管理流程最终使客户需求转换为产品需求、产品需求转化为技术需求（如图 4 所示）。

表1 主要活动及交付物

过程	主要活动	主要交付物
理解市场	市场调查、数据收集、环境/市场/竞争分析、自身分析、SWOT分析、市场地图、业务设计评估	产品线愿景和目标、市场评估报告、市场地图和业务设计、市场细分架构及相关信息
市场细分	细分目的及框架、谁购买、购买什么、为什么购买、初选细分市场、验证细分市场、细分市场描述	
组合分析	战略地位分析、财务分析、组合分析、选择目标市场、更新细分市场描述	细分市场组合分析、产品包分析、产品包与细分市场的映射、细分市场业务计划
制定细分市场策略及计划	产品线目标假设、差距分析、ANSOFF增长分析、细分市场财务目标、细分市场战略目标、细分市场价值定位、细分市场业务计划	
整合/优化市场业务计划	产品线业务计划、产品策略分析、识别潜在项目、组合决策标准分析、输出项目清单、制定产品策略规划	决策框架、按优先级排序的项目组合、产品线业务计划、初始的产品包业务计划、产品和技术路标规划、项目任务书
管理细分市场并评估绩效	产品包业务计划、制定项目任务书、制定KPI考核表、业务计划执行、绩效监控及改进	

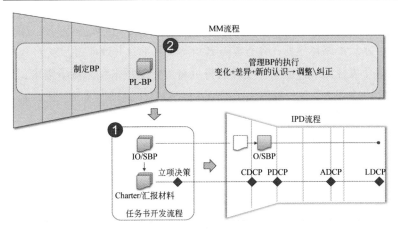

图4 市场管理流程

2.3 核心输出物介绍

产品线业务计划（PL-BP）

业务计划书也称商业计划书，是公司、企业或项目单位为了达到招商融资和其他发展目标，根据一定的格式和内容要求而编辑整理的一份向受众全面展示公司和项目目前状况、未来发展潜力的书面材料。一般，商业计划书都是以投资人或相关利益载体为目标阅读者，从而说服他们进行投资或合作。

产品线业务计划书就是产品线运作方式的总体性说明文档，用于内部交流和向投资方汇报，要把商业逻辑介绍清楚。

产品路标

产品路标是产品、服务或解决方案的发展方向和中长期规划，对内用于指导项目任务书开发和牵引技术规划，对外用于与客户互动以获取需求和支撑销售。产品路标也称产品线路图，是 SP 和 BP 的重要内容。与产品路标对应的是技术路标，也称技术线路图。

新产品路标规划：将基本需求和竞争需求合并成即将开发的 R 版本，下发任务书，每隔一段时间将可有可无的需求纳入竞争需求，形成下一个版本，这样就形成了产品路标规划（如图 5 所示）。

产品包/解决方案业务计划

初始的产品包/解决方案业务计划（O/SBP）包括以下部分。

概述：整个报告的概览。

市场理解：针对细分市场描述差异化的环境因素、客户需要及需求、顾客特点、竞争对手信息。

第六章 华为集成产品开发 | 235

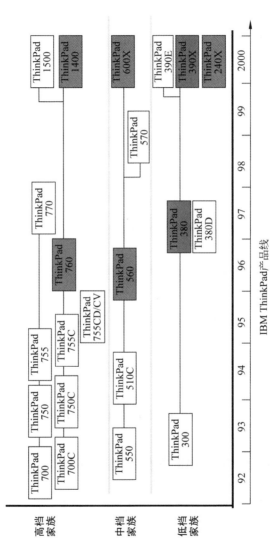

图 5 产品线路标规划示例

整个产品包/解决方案的策略：确定产品包/解决方案的关键性策略，提出产品包/解决方案在产品线组合中的定位，描述产品包/解决方案的目的和目标，给出投资该产品包/解决方案的理由和合理性。

产品包概览：对产品包/解决方案给出高层次的规格，描述产品包/解决方案需要满足的关键市场需求，以及如何设计以满足这些需要。

财务评估：产品包/解决方案的财务项目，包括收入、价格和毛利预测，以及财务评估的敏感度分析。

项目进度及资源：列出产品包/解决方案开发项目的关键里程碑和关键活动，开发项目的关键约束条件和假设，提出潜在的 PDT 成员和人员的需求。

风险评估和管理：根据标准的风险评估模板列出相关分析，包括市场/客户风险、技术风险、财务风险、制造风险、采购风险、技术支持风险等。

建议和替代方案：总结建议和替代方案，如需要，则向 IPMT 建议团队成员。

项目任务书

将初始的业务计划书中的关键部分形成项目任务书（Charter），作用是：正式启动项目、指导 PDT、初步市场情况的总结和产品定位、对项目提出高层次的要求和主要指标、任命 PDT 成员。

2.4　市场管理中使用的部分重要工具

市场管理流程将子流程/工具有机地结合起来，形成了规范的管理体系，其中，需求管理流程在下文有重点讲解，工具部分读者可通过阅读相关书籍了解。

子流程	
项目管理流程 市场调研流程 需求管理流程	预测流程 产品开发任务书开发流程
工具	
PESTEL 波特 5 力 BCG SWOT 分析 $ APPEALS 自身分析 市场地图 发现利润区 产品和技术生命周期分析	市场细分方法 细分市场验证方法 SPAN 细分市场组合分析 Ansoff 分析 波特竞争优势 细分市场战略和价值定位 SPAN/PDC 项目组合分析 产品线业务计划制定 产品路标规划

2.5 需求管理流程

需求管理流程的 5 个阶段

对需求进行管理就是要通过收集、分析有节奏地从时间维度把需求分配给不同的产品系列和产品包，从而满足客户的需求。需求管理流程包括需求收集、分析、分配、实现和验证 5 个阶段，每个阶段都包括若干工具和方法。

需求管理流程的步骤如图 6 所示。

客户需求的 8 个维度

需求管理对企业的要求是要针对细分市场的共同需求，而不是针对特定需求进行研发。

构建完整的客户需求框架是市场与需求调研、需求管理、产品规划

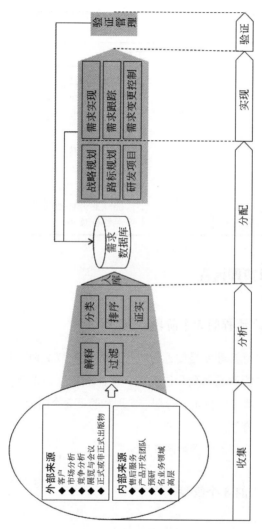

图 6 需求管理流程的步骤

和产品开发的基础工作。IPD 体系把客户需求抽象为 8 个维度"$ APPEALS",分别代表价格、可获取性、包装、性能、易用性、保证、生命周期成本、社会可接受程度(如图 7 所示)。每个维度的需求都要根据行业和产品特点进行细化,最终构建客户需求描述的分层结构。

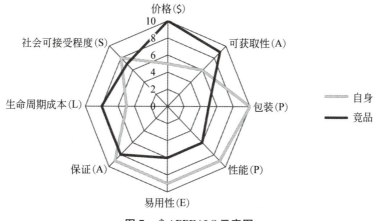

图 7　$ APPEALS 示意图

客户需要的不仅仅是具备某种功能及性能的产品,而是符合 $ APPEALS 的完整交付。

需求管理流程与市场管理流程的关系

需求管理是市场管理、产品开发、技术开发的基础(如图 8 所示)。对于某些长期和中期需求直接作为市场管理流程的输入端;对于中期需求,可以纳入现有产品和技术路标规划;对于中短期需求,可以纳入正在执行的项目任务书开发流程;有的需求可以通过已经启动的处于概念和计划阶段的研发项目实现,甚至有的需求可以纳入开发、验证和发布阶段的研发项目。

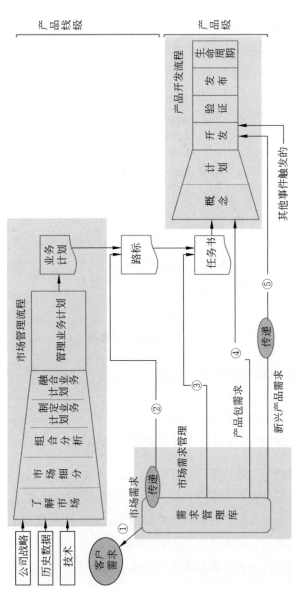

图 8 需求管理流程和市场管理流程

需求管理的团队

需求管理是一项日常工作,需要特定的部门或岗位承担把跨部门的需求工作协同起来的任务。在华为的实践中,和需求相关的团队有需求管理团队(RMT)和需求分析团队(RAT)。华为分层设立了公司级和产品线级需求管理团队。

华为专门针对"需求"设定了流程和组织,以及相应的绩效管理和激励机制,以确保整个公司都围绕客户需求进行运作。通过强化如何将客户需求转化和分解成华为内部各领域的要求,并进一步转化和延伸到对供应商的要求,从而做到需求的顺畅传递,公司内外部相互支撑和配合,以实现需求的闭环管理。

2.6 产品组合管理团队

产品组合管理团队(Portfolio Management Team,PMT)是一个跨部门的团队,负责规划和定义产品,主要以市场管理流程开展工作。作为一个参谋团队,PMT 没有最终决策权,只能在规划过程中设置决策评审点(DCP),由 IPMT 进行决策。在企业规划能力和 PMT 建设上,可以把技术和平台规划、需求管理、产品规划、产品定义等耦合度较高的工作纳入 PMT。企业可根据产品特点分层设置 PMT,如 C-PMT(公司级)、PL-PMT(产品线级)和 PMT(产品级)等。

产品线组合管理团队是支撑 IPMT 运作的跨部门团队,负责制定产品线的业务计划、产品组合及路标。

(1)制定和维护产品线业务计划。

(2)制定和维护产品组合与路标。

(3)制定项目任务书。

(4)审核产品线的技术路标规划,提出修订意见,保证技术规划与产品规划的一致性。

(5) 制定产品线的产品预研规划。

(6) 对产品线业务计划的执行情况进行评估，向 IPMT 提出纠正措施建议。

(7) 必要时成立专项小组，根据业务开展的需要，PL-PMT 可确定相关工作组处理本产品线的业务提升和机会捕捉，例如对主要竞争对手/客户进行价格调整、降低成本等的深入分析。

2.7 市场管理方法论的应用——华为基于市场管理方法论的规划体系

市场管理的总体逻辑是首先确定要服务的对象（细分市场）及其需求，用产品和服务进行匹配，确定交付物，同时确保能力可以支撑，最后形成闭环管理（如图 9 所示）。

基于市场管理的总体逻辑，市场管理是规划方法，为公司战略、业务战略、产品线业务计划、细分市场业务计划、单个产品的业务计划甚至职能部门的规划提供统一方法。

把企业所有要做的工作看作"业务"，都要满足外部或内部客户的需求，这些业务都需要进行规划和实施，需要相互之间的匹配。企业各层级的规划都基于市场管理方法论，实现"上下、左右、长中短期、内外部对齐"，制定的可执行的业务计划要被落地审视，并定期调整规划。

2.8 总结：市场管理的核心点

- 与公司战略有机融合，以产品线业务计划为核心。
- 用统一的方法制定公司、产品线、细分市场和产品包业务计划。

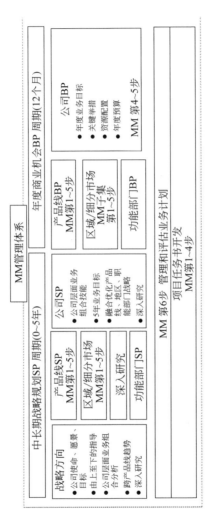

图 9 华为基于市场管理方法论的规划体系

- 打通市场和研发，使研发以市场为导向。
- 基于客户需求的结构化流程/分析工具体系。
- 贯穿始终的投资组合决策分析。
- 融合公司各职能规划的市场导向的业务计划。
- 跨部门团队运作。

3 产品开发流程（狭义 IPD）

有的企业的产品开发流程仅局限于研发工作的部门流程或者仅基于职能部门分割的串行流程；有的企业的产品开发流程没有统一方法，职责界定不清晰，理解不统一；有的企业的产品开发流程规定了很多条条框框和细枝末节上的要求，审批官僚化……

上述问题造成的最明显的结果就是企业开发效率低下，公司迟迟没有满足客户需求的产品能走向市场。

产品开发流程作为 IPD 体系中的关键流程，它通过建立结构合理、定义清晰、"端到端"跨部门的开发流程，使产品的各项开发活动和职能活动并行，高效开展沟通、协调和决策，缩短开发周期，提升产品开发质量，从而保证产品业务目标的成功。

产品体系的核心业务应通过成熟技术和平台快速、低成本地满足客户的要求；在周期、成本、可靠性以及可生产性和可保障性上领先对手，在市场和财务指标上构建核心竞争力。

3.1 结构化流程

产品开发流程被明确划分为概念、计划、开发、验证、发布、生命周期六个阶段，并且在流程中有定义清晰的决策评审点。

产品开发流程各阶段的输入和输出如图 10 所示。

第六章 华为集成产品开发 | 245

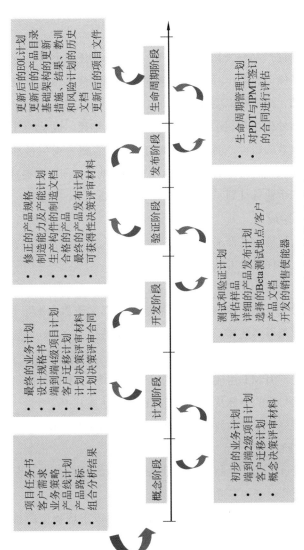

图 10 产品开发流程各阶段的输入和输出

产品开发流程的六个阶段

(1) 概念阶段。

目标：保证产品开发团队（PDT）根据项目任务书可以确定产品包需求和备选概念，对产品机会的总体吸引力以及各功能领域的策略做出快速评估，形成初步项目计划。

关注点：分析市场机会，包括估计的财务结果、成功的理由及风险；要基于有效的假设，而不是详细的数据。若概念得到批准，则在计划阶段将对假设进行证实；若概念没有得到批准，则不会浪费资源。

交付：初步业务计划、端到端2级项目计划。

(2) 计划阶段。

目标：清晰地定义产品方案及其竞争优势，制定详细的项目计划及资源计划，确保风险可以被合理管理。

关注点：最终的业务计划，这一业务计划定义了产品、市场需求及需要的各个业务部门的支持；评估是基于事实数据（而不是假设）的，因此若计划得到批准，则团队将与IPMT签订一个合同以完成产品开发；若计划没有得到批准，则不会浪费资源。对概念阶段的假设进行证实。通过与IPMT达成的"合同式"协议使PDT得到授权。在项目的每个后续阶段的目标及整个项目的目标上达成共识。

交付：最终的业务计划、产品规格、端到端3/4级项目计划。

(3) 开发阶段。

目标：设计产品，并将在最终业务计划中的特有技术开发、制造及营销策略上和计划内容进行集成。

关注点：确保产品在市场上获得成功，评审市场及客户需求，评审产品及财务假设；设计和集成满足产品规格的产品；准备和构建产品原型；确保制造准备就绪：明确、处理及减少风险和非确定性因素至可接受的水平；确保产品具有可制造性；准备发布制造过程技术文档；验证计划阶段的假设。

交付：测试和验证计划、评估首例样品、详细的产品发布计划、试用客户选择、产品文档。

(4) 验证阶段。

目标：进行制造系统批量验证和客户验证测试，以确定产品的可获得性，发布最终的产品规格及相关文档。

关注点：确保产品在市场上获得成功、审视市场及客户需求，审视产品及财务假设，审视发布计划；确保产品功能方面的信心，形成最终的产品规格，修改设计以满足规格要求（在工作原型中表现出来）；确保制造准备就绪；形成最终的制造过程技术文档；对供应商是否已验证进行确认；验证是否已开发主要制造工艺并且能在可接受的范围内发挥作用；证实开发阶段的假设。

交付：修正的产品规格、制造能力及产能计划、生产构件的制造文档、合格的产品及最终的产品发布计划。

(5) 发布阶段。

目标：发布产品并制造数量足够的产品以满足客户在性能、功能、可靠性及成本目标方面的需求。

关注点：验证制造准备计划；评估市场发布计划并进行必要的修改；准备生命周期管理计划；证实验证阶段的假设，确保产品在市场上获得成功。

交付：生命周期管理计划、对 PDT 与 IPMT 签订的合同进行评估。

(6) 生命周期阶段。

产品上市后必须进行价格核准和经营分析，不断寻找基于此产品平台的不同客户，以不改动核心技术做更多的产品，以适应不同的客户群。

目标：监控产品的市场表现并采取措施，及时的 EOM/EOP/EOS，以使产品（构成产品的单板、软件包括第三方软件）及系列版本生命周期阶段的利润和客户满意度达到最佳状态。

关注点：管理产品直至产品生命终止，注意收集内部和外部信号，以确定产品的过渡或替换，制定产品过渡策略，为客户提供产品工程支持以满足客户需求；证实发布阶段的假设。

交付：终止/替换产品。

新产品开发的营销管理

市场经理进行营销开发，包括样板客户总结、销售宣传策略、商务定价、完善销售工具包、销售培训、卖点设计、商标设计、命名设计、宣传策略、形成推广策略及样板店和销售工具包、销售人员培训。

卖点设计

根据客户的需要设计出客户关心因素的优势，卖点是针对竞争对手来说的；每种产品针对每个竞争对手的卖点可以是有差别的，卖点设计是所有营销活动的基础。

产品宣传

产品命名要突出卖点，要保持统一的品牌形象，由技术语言转化成市场语言。

产品宣传的 FFAB 策略是：将产品的技术卖点（F）、功能卖点（F）、优点（A）以及产品给客户带来的好处（B）进行明确区分，以使客户准确决策。

产品定价策略

在产品定价时，要考虑以下几点：在产品设计时要考虑产品成本及价格下滑的趋势，确定总体方案；将产品设计成不同的配置进行定价；产品独有部分的定价高，共有部分的定价低；要灵活定价，想要规模就定低价，想要利润就定高价；考虑产品组合的综合定价；把价格藏在服务里面。

定价步骤如下。

产品经理、市场经理和财务人员一起完成定价步骤：明确竞争对手的产品；建立价格拆分表，通过分析对手建立定价依据；根据 $ APPEALS 产品定价分析决定价格关键要素，确定定价依据；对产品进行成本分析，不同的配置均需要进行成本分析；重新审视产品在公司战略中的位置和 KPI，制定定价策略；细化并验证定价策略，及时调整定价策略。

客户分类如下。

战略客户：战略地位较高且能作为样板用户，可以带动其他客户消费的客户。

利润客户：能接受的价格给公司带来的利润大于利润客户。

非利润客户：能接受的价格给公司带来的利润小于利润客户甚至不赚钱的客户。

大客户：订单较多的客户。

价值客户：既是战略客户，又是利润客户，但不能是大客户的客户。

按照产品定价对客户进行分类时应注意以下几点：

① 避免大客户是非利润客户；

② 避免非利润客户中的战略客户太多；

③ 避免将战略客户等同于价值客户，战略客户不一定是利润客户，但价值客户一定是利润客户。

客户满意度并不是越高越好。价值客户的满意度要达到 100%；既是利润客户又是大客户的客户的满意度至少要达到 95%；非利润客户的满意度可以低于 50%；当客户既是非利润客户又是大客户时，要争取将其转变为利润客户或价值客户；要充分利用产品的组合策略，实现对价值客户的多产品销售。

产品营销及推广策略

销售工具包包括资料库和相关文档。资料库包括案例库、问题库、产品资料库、市场资料库、需求库、竞争对手资料库。相关文档包括销售指导书、售前胶片、产品"一纸禅"、成功案例分析、常见问题和产品配置。

销售指导书包括产品战略定位、针对主要竞争对手的竞争策略、产品卖点、商务策略,以及主要给产品线成员、营销负责人、区域客户经理、市场经理阅读的指导性纲领文件,其主要大纲为产品概述、目标市场和主要机会点、主要竞争对手优劣势比较及竞争策略、典型用户和产品负责人及其联系方式。此外要通过 $ APPEALS 模型整理卖点并培训销售人员,对常见的商务问题、技术问题和销售问题进行整理并纳入销售工具包,便于销售人员统一回答。

售前胶片根据客户经理、市场经理、技术经理分为三套,层次由浅到深,用来逐步引导客户,针对不同对象时其定义也不同。

客户经理使用的胶片,其对象为客户经理、公司高管、省办主任,重点描述 BAF(好处、优点和功能)和成功案例。

市场经理使用的胶片,其对象为市场经理,重点描述 BAF 和成功案例。

技术经理使用的胶片,其对象为技术经理,重点描述 FFAB 和成功案例。

产品推广手段:公司展厅、展览会、样板点、研讨交流会、广告/网站/网页/软性文章。

流程中的评审点

评审的目的是优化设计、发现错误、跟踪需求、质量评估、规避风险(如图11所示)。

在产品开发过程中必须设置合理的决策评审点(DCP)和技术评审点(TR),结合企业特点对评审点进行分层,提炼评审要素,确保相

第六章　华为集成产品开发 | 251

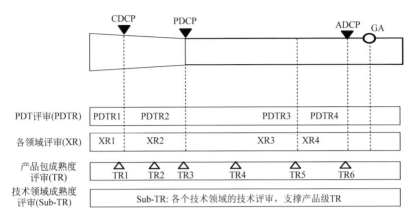

图 11　流程中的评审点

关人员合理介入。

决策评审点：高层决策评审关注的重点是产品包业务计划书，以公司或产品线战略目标为出发点，从商业角度审视业务计划内容。

产品开发流程在产品上市前建立了概念决策评审点（CDCP）、计划决策评审点（PDCP）、可获得性决策评审点（ADCP）这三个投资决策评审点，分别决策能否进入下一个阶段，并批准相应阶段的投资，形成分阶段投资的模型，以控制研发投资风险，减少研发投资浪费。产品上市后设置了生命周期终止（EDCP），包括停止营销与销售（EOM）、停止生产（EOP）和停止服务与支持（EOS）决策评审点，以确保产品适时有序地退出市场。

技术评审点：技术评审点以客户和市场需求为出发点，从技术角度审视方案和产品包。技术评审点的设置具有更大的行业和产品特征，一般原则为在DCP前必须设置TR；产品开发周期越长，TR越多；产品复杂度越高，TR越多。

技术评审的六个评审点如下。

TR1：产品包需求评审，重点关注产品包的需求。

TR2：产品规格评审，主要检查总体方案及系统设计规格。

TR3：概要设计评审，主要对概要设计进行评审。

TR4：模块或系统详细设计评审，关注的是模块或系统详细设计层面的问题是否已经解决，是否满足模块或系统的设计规格。

TR5：样机评审，主要确保初始产品的性能已经满足需求，所有已知的技术问题都已经解决。

TR6：小批量评审，主要评估生产级的技术成熟度，确认进入量产阶段的风险。

流程设计要点

① 流程结构化程度与行业特点、企业历史、规模、管理成熟度、产品复杂度等因素有关。

② 流程设计要基于价值体现，不为设计流程而设计流程，精简高效的流程依赖于合理的分工协作。

③ 需要明确阶段流程、子流程、活动、角色、评审点、交付物，产品开发流程需要各领域的流程支撑。

④ 一级流程（面向评审点的）：对全流程提供快速浏览，体现阶段和主要任务。二级流程（面向阶段）：指导 PDT 对项目进行计划和管理，体现所有任务，描述任务之间的依赖关系，建立流程和子流程、模板等之间的关系。二级支持流程（面向对象）：指导各功能部门的具体开发工作。

⑤ 将流程划分为阶段、步骤、任务和活动是为了更好地进行分层管理、监控和协同。步骤、任务和活动其实都是活动，但它们承担的责任主体和精细度不同（如图 12 所示）。

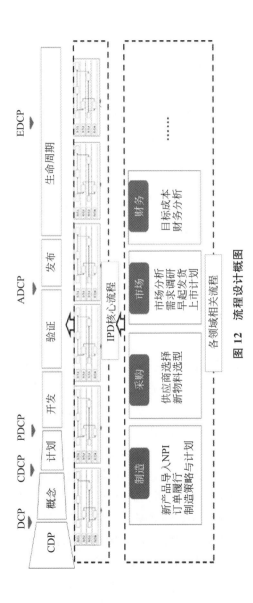

图 12 流程设计概览图

3.2 团队

组织结构是流程运作的基本保证。产品开发过程中有两类跨部门团队，一个是集成组合管理团队（IPMT），属于高层管理决策层；另一个是产品开发团队（PDT），属于项目执行层。IPD 团队框架可参考图 13。

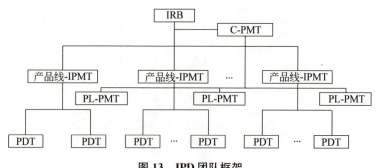

图 13　IPD 团队框架

集成产品组合管理团队

IPMT 是 IPD 体系中的产品投资决策和评审机构，负责制定公司总的使命愿景和战略方向，对各产品线运作进行指导和监控，并推动各产品线、研发、市场、销售、事业部、服务和供应链等部门的全流程协作，制定均衡的公司业务计划，并对新产品线的产生进行决策。IPMT 是一个高层跨部门团队，成员包括各个部门的最高主管。

对于一些规模较大、跨行业、产品线较多的公司，除了公司级的 IPMT 以外，在产品线、事业部、子公司还可以设立产品线 IPMT（PL-IPMT），负责根据公司总的战略制定某个产品线的使命愿景和目标，进行产品的投资决策和评审，其构成和职责可以参考公司级 IPMT，它同样是一个高层跨部门组织。

IPMT 的成员来自各大职能部门的高层，除了 IPMT 的业务，还有部门的大量工作，其承担的 IPMT 职责不是"专职"，这就要求有一个专职的秘书机构承担日常事务。这个秘书机构可能是战略管理部门、市场部门、产品线管理部门或者研发管理部门。一般说来，公司级 IPMT 的秘书机构由战略管理部门和市场部门承担比较好，产品线级的 IPMT 由产品线市场部门或者产品线管理办承担比较好。秘书机构的效率决定了 IPMT 的运作效率。

IPMT 同时管理多个 PDT，并从市场的角度考察他们是否盈利，适时终止前景不好的项目，保证将有限的资源投到高回报的项目上。

正确理解 IPMT 团队运作的核心

IPMT 的全称是集成组合管理团队，其中，"集成"和"组合"表达了 IPMT 团队的工作方式和工作内容。正确理解了这两个概念，也就把握了 IPMT 运作的核心思想。

（1）集成。

集成不是简单地将各个部门的领导召集在一起开会做决定，而是企业各种资源的有机结合。

集成首先表现在 IPMT 团队包括各个专业部门/职能部门的最高领导，他们代表了各个职能领域。这样一个团队可以解决有关产品开发的任何管理和决策方面的问题。也就是说，这个团队解决不了的管理问题肯定也会成为研发执行团队的（PDT/TDT 等）障碍。

集成还体现在高层团队相互之间要能够配合和互补，必须做到"1＋1＞2"。IPMT 团队要表现出强大的凝聚力，否则高层的冲突必然会在下级表现出来，并损害研发团队的效率。

集成要求在做决策时要综合各方面的意见，考虑各种决策对象和决策因素之间的相互关系，发挥集体决策的优势。

（2）组合。

"组合"体现在细分市场组合、投资组合、产品组合、竞争组合、资源组合等几个方面。

从客户的角度看，组合是细分市场的选择

每个公司都服务于整个市场中的特定细分市场，对这些细分市场的选择是产品规划和投资组合的基础。比如在手机终端行业,诺基亚选择服务于各个层面的客户,然后在此基础上面对不同的细分市场定义产品,而宇龙则选择商务人士作为服务对象。

从投资的角度看,组合是公司资源在各个产品线之间的分配

IPMT 就像银行家,通过各种决策决定公司的资金投向,这要求 IPMT 成员有强烈的责任感,公司的未来在于今天如何选择和投资。

从产品的角度看,组合是产品线规划和产品路标规划

IPMT 管理的不是单一的产品,而是公司过去、现在和未来的各种产品,这些产品相互关联,构成了公司的业务主体。今天的产品是过去规划的结果。比如,在数码相机领域,佳能的遥遥领先和其早期长远的产品规划不无关系,而柯达公司则错失机会。

从竞争的角度看,组合是充分考虑竞争对手产品组合后的选择

公司之间的竞争可以看作是细分市场组合之间和产品组合之间的竞争。在 IPMT 团队进行决策时,要充分考虑对手的组合情况。比如在油烟机行业,公司在设计自己的产品组合时要充分考虑在各个价位段上竞争对手的产品的情况,如果哪个公司缺少某个价位段的产品或者与竞争对手相比明显处于劣势,就需要在组合中考虑这个因素,否则就会在竞争中处于劣势。

从资源的角度看,组合是公司资源的优化配置和使用

资源包括人力资源、市场信息资源、采购资源、生产资源、测试资源、服务支持资源、财务资源等。在这些资源中,人力资源是最重要的资源。IPD 体系要想正常运作,就需要各种资源的保障和相互之间的匹配,而不仅仅是研发资源。当 IPMT 做出决策后,各个成员就要从自己部门的角度为决策的实施保证资源并协同作战。资源之间不匹配就会出现浪费,贻误市场机会。

IPMT 如何才能高效运作

(1) 企业最高领导的全力支持。

企业高层领导担心体系是否适合的问题,在引入体系阶段的前期

(调研和体系设计阶段)就应当彻底解决。在实施过程中,即便有各种各样的问题,也不能对整个体系产生怀疑,而是要积极解决问题。

一旦 IPD 的运作出现困难,比如跨部门之间的合作往往需要高层出面协调解决,而高层对体系的怀疑或犹豫不决无疑会加剧问题的困难程度,也会打击实施人员的信心,从而带来更多的问题,最终导致恶性循环。

(2) 构建民主决策机制。

IPMT 不同于很多企业的"委员会",这些"委员会"往往只承担参谋角色,最后还是由个人拍板决定。IPMT 会议也要避免 IPMT 主任一言堂,其他成员只是做参谋和附和,这样的机制不是民主决策。只有经过充分讨论,对各种可能出现的问题有充分的理解,决策质量才会高,决策才能得到良好的执行。

IPMT 决策机制作为一种企业内的民主决策机制,表决时每个人的投票都同等重要,出现平局时,可由 IPMT 主任裁决。各成员在 IPMT 决策会议上要充分表达自己的意见,一旦形成决议,就要不折不扣地执行。

(3) 做好会议管理。

IPMT 的决策大多通过会议的形式进行。IPMT 会议同时也是一个承诺会议和分工会议,在这个会议上,在做出决策的同时,各个职能部门的高层也做出了资源承诺。会议结束后,各个职能部门的高层要及时将工作安排下去,并敦促下属按时完成,从而在整个公司中保证工作目标和工作节奏的一致。所以,会议管理非常重要,除了要遵循一般的会议管理规则外,还需要做好会议日历,并在会前充分准备和沟通,同时做好会议跟踪和授权。

产品开发团队

新产品开发是企业经济增长的关键因素,更是企业长久生存、持续发展的重要基础。而在新产品开发过程中,项目团队的力量起到至关重要的作用。高效的 PDT 团队是一个公司将创新思想、理念、客户需求转化成产品的关键实现者。

PDT 是一个重量级的跨功能部门团队,它在概念阶段开始时正式组建,在 PMT 做好产品规划和定义,经 IPMT 审核通过后,从概念阶段一直到发布阶段都执行产品开发流程,对产品的市场和财务结果负责。PDT 团队在 PDT 经理(LPDT)的带领下形成矩阵组织结构,以一种跨功能部门的方式工作,各成员在所有的产品决策中代表本功能部门做出决策。PDT 团队框架可参考图 14。

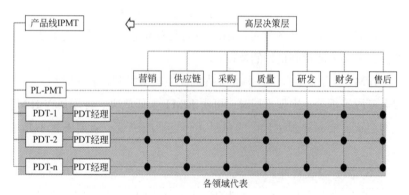

图 14　PDT 团队框架

PDT 团队组成

PDT 团队有三个组成部分:LPDT、核心组、外围组。以开发项目为核心,汇集各个领域的专业技能,融入整个项目的开发过程,使公司的新产品能够快速推向市场,有效保证开发项目的成功。常见的 PDT 团队组织结构模式如图 15 所示。

PDT 经理:由 IPMT 指定,一般是研发或市场人员。

核心组:研发、市场、财务、采购、制造、技术支援、项目操作(POP)、质量(PQA)。

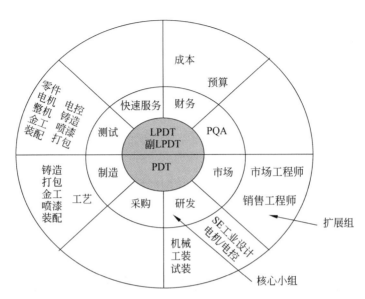

图 15 常见的 PDT 团队组织结构模式

PDT 团队之 LPDT 的要求与选取

LPDT 是核心人物,是这个团队的灵魂,他的职责是保证项目团队与公司达成的开发协议所规定的产品上市时间、产品质量、产品规格、产品费用、产品成本与市场占有率等项目目标的达成。LPDT 是项目开发组的最高长官,不仅要有效地领导和协调公司资源以完成项目,同时要带领并激励小组成员完成产品设计,实现项目开发目标。

PDT 团队之核心组成员的要求与选取

核心组成员是由公司的每一个职能部门派出的代表组成的,他们是部门技术专家,负责解决项目开发过程中的业务问题。他们与职能部门保持着紧密联系和信息共享,并在产品的计划、开发等决策点代表自己的职能领域发表观点。

PDT 团队之外围项目成员的要求与选取

外围组成员同样来自各个不同职能部门,由产品开发工程师、技术人员及专家组成，可以由核心组成员选取或直接由职能部门委派，他们直接参与项目开发过程中的部分工作，负责在各个专业领域支援项目组的开发工作。

PDT 团队的职责

① 对产品的整体成功，包括产品销路、开发、发布和质量负责。

② 管理和执行产品开发流程中各种不同的业务和技术要素，并及时做出决策。

③ 在 IPMT 和功能部门会议上定期汇报进展情况，或者定期提交书面报告。

④ 执行 PDCP 上签订的合同。

⑤ 完成所有阶段的活动和交付件。

⑥ 需要时，主动从功能部门管理层和 IPMT 那里寻求帮助。

⑦ 做好评估和审计的准备。

产品经理与项目经理的区别

产品经理是固定职位，项目经理是临时性职位，产品经理下设项目经理，产品经理可以兼任项目经理，但其角色和职责是不同的，在某个产品经理下通常有几个开发项目同时开展，又有老产品在维护，产品经理管理所有产品的 V 版本、R 版本和 M 版本，项目经理管理目前 R 版本的开发。

项目经理与资源部门经理的区别

项目经理不履行资源部门经理的职责，只关心项目的产出，不关心人员能力的提升和标准规范的制定，具体区别如下：

项目经理对产出负责；资源部门经理对资源负责，对人员的任职资格通道负责。

项目经理是临时机构负责人，负责项目的开发，主要对交付负责；资源部门经理是固定机构负责人，负责人员的培养和专业发展等。

从产品全生命周期看，产品经理是资源池，项目经理通过项目寻找资源部门经理，委托资源部门经理开发，或从资源部门经理那里承接资源。

资源部门经理管理人员的固定绩效，项目经理管理人员的变动绩效。

IPMT 和 PDT 的关系

① IPMT 通过项目任务书的方式向 PDT 团队下达开发任务，并在决策评审点进行决策（继续、停止、重新调整方向），根据情况可增加临时决策评审点。

② PDT 团队在 PDT 经理的领导下进行跨部门产品开发，向 IPMT 汇报并提供决策和过程信息。

③ IPMT 有义务协调公司功能部门和其他资源，解决 PDT 运作中遇到的技术和管理问题。

④ IPMT 对 PDT 实施绩效考核。

IPMT、功能部门和 PDT 的关系简单图示如图 16 所示。

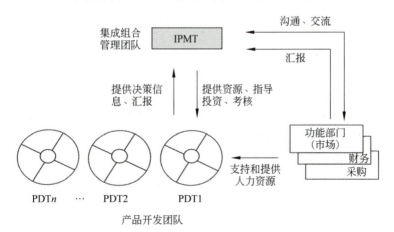

图 16 IPMT、功能部门和 PDT 的关系简图

PDT 如何才能高效运作

打破部门墙，强化跨部门协同

国内绝大多数企业都以职能部门为主线搭建组织结构，很多企业还强调部门负责制以强化部门意识。在 IPD 体系的推行中，很多阻力就来自这种狭隘的"部门负责制"。

只有打破部门之间的职能化壁垒，跨部门团队才能以项目方式运作跨部门流程，通过协同的方式开展工作，确保沟通、协调和决策的高效。

矩阵管理

产品开发团队的组织形式是一种矩阵结构，衍生了矩阵管理的概念。矩阵管理是通过横向联系和纵向联系的管理方式平衡企业运营中分权化与集权化的问题，使各个管理部门相互协调和相互监督，更加高效地实现企业的工作目标。

不同矩阵形式的特点

弱矩阵：一个人同时参加多个项目；签订任务外包合同，将任务外包给各个资源部门经理，由资源部门经理直接给开发管理人员下达任务；角色直接汇报给资源部门经理；资源部门经理根据项目的完成情况对角色进行绩效考核。

实施弱矩阵的三条原则：项目由企业成熟模块构成；项目投入量不超过 20%；项目排序靠后。

强矩阵：资源外包给项目部门，签订资源承接与释放合同，角色直接汇报给项目经理，绩效由项目经理考核，项目完成后回到资源部门。

实施强矩阵的三条原则是：项目投入量超过 80%，持续时间超 1 个月；项目成员位于项目的关键路径；项目排序为前三。

混合矩阵：一部分采用强矩阵，另一部分采用弱矩阵；一般对项目核心成员、项目关键路径上的关键资源等采用强矩阵管理方式。

职能式组织和弱矩阵式组织容易遇到的问题
- 职能部门经理处理本部门的所有决策;
- 当项目或组织变得很大或需要广泛的跨部门运作时难于协调;
- 不真正关注客户需求(我们按照市场部提出的要求开发产品);
- 各人自扫门前雪(这是你们的事情,而不是我们的事情);
- 签字审批手续繁杂,没完没了地转来转去,造成机构臃肿;
- 决策缓慢或者决策不当(踢皮球,由嗓门大或权力大的人进行决策);
- 协调沟通困难,各执己见(每个部门都认为自己是正确的);
- 关注所谓的部门利益,而不是公司产品的整体表现(在部门中表现好的人不一定对产品或公司好);

……

强矩阵式组织的优点
- 项目经理在不同功能中发挥直接、综合性的影响;
- 组员完全代表相应的职能部门;
- 项目经理和成员有项目权力和责任;
- 职能部门经理关注于建立优秀的部门,而不是日常的决策;
- 重度矩阵团队是复杂项目和组织最好的组织结构;

……

军队管理的矩阵型组织

矩阵的"纵轴":各军种部负责提供不同专业、训练有素的作战力量。

矩阵的"横轴":战区指挥机构被赋予作战筹划和组织指挥的职权,把海陆空力量集成起来,形成密切配合的立体作战能力,更加灵敏地实现战略战术目标(如图17所示)。

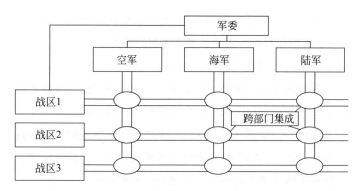

图17　军队管理的矩阵型组织

军队矩阵型组织的优点

- 共享行动平台，立体作战效果，打破军种壁垒，消除本位主义；
- 主动塑造战场态势，高效应对安全威胁；
- 一旦有事，不必再按传统方式进行跨机构临时协调，指挥决策的前瞻性、专业性、时效性大幅提高，对安全威胁具有更快的反应能力。

产品线作战模式

在强矩阵组织架构下，横向的基于流程运作的产品线或项目组是作战单元，纵向的功能部门是资源保障和服务部门。产品线发挥业务解码和产品策略的大脑作用，资源线发挥具体业务实施的功能专长；产品线对公司经营负责，资源线对产品线的产品进行支撑（如图18所示）。

矩阵管理的责权利

在强矩阵结构下，角色的责权利都是双向或多向的，对纵向和横向都提出了不同的管理要求。

功能部门的"本职工作"要纳入横向端到端的流程和为客户创造价值的工作中。纵向授权变成横向和纵向并重，人力资源配置横向倾斜，培养综合性人才。功能部门接受团队管理和考核，对团队目标负

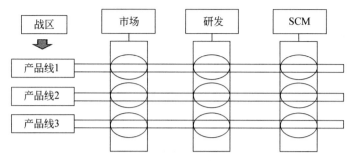

图 18　产品线作战模式

责。从服务和专业两个维度进行考核，才能充分发挥矩阵管理的威力。

① 分为两个维度：服务对象和主管部门。

② 服务对象 50% 考评权，第一考评权，主管部门 50% 考评权。

③ 两者考评结果差异超过一级时需要协商上报。

④ 发生考评不一致时要提供理由并知会对方，人力资源要统计。

⑤ 针对经常发生考评不一致的岗位，人力资源要介入。

矩阵组织面对的几大问题

（1）解决资源冲突问题。横向和纵向要基于计划开展工作，横向的产品线要做好战略、规划和计划，纵向内部的中长短规划要围绕横向产品的战略和规划进行，为其配置资源。发生冲突时，要根据承诺保障横向工作，并且工作质量要由横向团队衡量。

（2）解决组织设计问题。组织设计的最终目的是服务业务流程，在明确公司战略目标后，首先要制定业务流程框架，再进行组织结构框架设计。在变革中会面临流程变革和组织变革的顺序问题，最好的策略是在现有的组织框架下，让员工先通过培训参与流程设计、沙盘、试点等活动以深入理解流程，尤其是流程背后的原理和方法，在思想上认同新业务流程，再进行较大范围的组织变革，以降低变革失败的风险。

职业化人才梯队建设

产品开发需要各种类别和各个层次的人才,企业必须系统性地规划和培养研发人才,建立职业化的人才梯队,以确保开发管理体系得到有效运行,推动产品创新的成功。资源线需要不断提升各领域的专业能力,以支撑产品线实现全流程的管理,从而快速响应市场。

4 技术和平台开发

通过外包一般技术和通用技术形成立体研发结构,有利于打造平台竞争力。核心技术基于自主知识产权开发,要求绝对的控制权;对关键技术可进行战略合作或自主开发。平台中的核心技术或关键技术决定了产品的主要功能和性能,将成为公司的核心竞争力。世界顶尖公司都有超越竞争对手的平台,但随着行业的快速变化,平台的更新换代也决定着企业的发展进度。

开发整个系列的众多产品时,应该在共同的产品平台基础上进行开发,进一步可以按照最终产品、平台、模块/组件、关键技术进行分层或分时段的异步开发,在不牺牲差异化的前提下尽可能地实现模块/组件和关键技术的重用,应用 CBB 发挥平台的杠杆作用,从而"多、快、好、省"地开发产品。

4.1 技术规划流程

技术规划流程简称 TPP(Technology Planning Process),是指根据市场需求、技术发展趋势等制定未来中长期(3~5 年)的技术开发路标的过程。技术路标规划使得技术开发工作能够先于产品开发进行技术研发,从而降低产品开发项目的技术风险。技术规划最终输出技术路标和技术项目任务书,为技术开发提供输入。技术规划流程的框架如图 19 所示。

产品的路标规划对需求的技术进行分析，提出技术发展要求，开展技术预研。这样在产品开发中，需要的技术已经完成了前期开发，即可减少产品开发风险，缩短产品开发周期。

4.2 技术与平台开发流程

与产品开发流程相对应，技术与平台开发也需要通过结构化的技术与平台开发流程（TPD）进行管理。TPD 分为面向技术预研和应用技术的开发，以及面向每一个产品的共享的模块开发。技术与平台开发流程示意如图 20 所示。

通常，技术和平台在产品开发之前就要启动，其需求来源于多个相关联的产品，不同产品之间的共用部分构成平台。技术和平台开发成果需要在产品中验证，所以技术和平台开发流程由概念、计划、开发、切换构成。完成开发后，技术转移给产品开发团队，在产品中验证，技术开发团队支持 PDT 从 TR4 到批量生产（GA）的所有活动。

4.3 产品平台与公共基础模块

公共基础模块与产品平台的关系

产品平台战略是可以帮助企业解决多元化问题的工具。企业要想建立平台战略，首先要建立公共基础模块，建立产品成熟度的评估标准，建立鼓励平台形成和使用的激励机制，公共基础模块和平台的定义及相互关系如下。

公共基础模块是指组成产品（或产品系统、子系统）的、具有一项或多项独立功能的、具有稳定结构与标准接口的、可重用的单元，

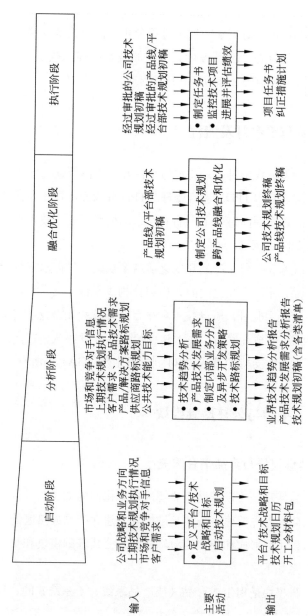

图 19　技术规划流程的框架

第六章 华为集成产品开发 | 269

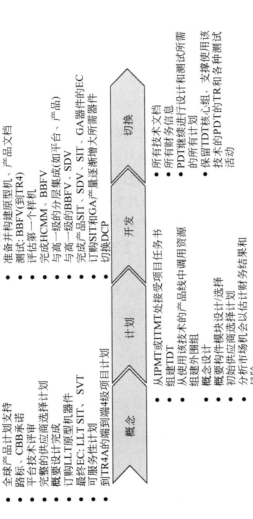

图 20 技术与平台开发流程示意

具备可组合、可替换、可变型等特性。

平台是整个系列产品采用的共同要素的集合,包括共用的系统架构、子系统、模块/组件、关键零件、核心技术、基本技术等。产品平台为产品提供通用基础能力,平台为多产品配套,在多产品之间共享。

平台既包括公共基础模块,也包括面向未来的共享系统。

平台的形成

平台的形成有两种方式,分别是规划和沉淀。

规划:具有较强的分析能力和良好的现金流来源以及明确的新产品架构的企业才能采取这种模式,这种模式通常通过产品路标规划和技术路标规划而规划出平台,然后在此平台的基础上开发产品。

沉淀:平台通常很难规划,一般都是经过多个项目的发展进行公共模块共享的分析和抽取,以形成一个基础的平台版本,在这个平台版本的基础上加上客户个性化的需求和特性,以开发新的产品,然后在新产品的基础上不断通过成熟度评估和量的积累,将新增加的需求和特性加入平台,逐步完善平台并清晰平台的需求,所以企业的通常做法是通过沉淀形成平台。

根据产品树分解和技术树分解构建平台的过程如图21所示。

平台化开发: 基于平台的异步开发模式及重用策略

产品开发应采用成熟技术并尽量共享技术和产品平台(如图22所示)。

技术开发提前进行,将不成熟的技术或没有解决的技术提前突破,并将各个细分客户群的公共部分按产品层级分层开发好,形成并行异步开发。这样,产品开发过程中即可共享下层部分,不再做重新开发,从而能准确、快速、低成本和高质量地满足客户的需求。

CBB是支撑异步开发、提高产品开发质量和进度的有效策略,是

第六章 华为集成产品开发 | 271

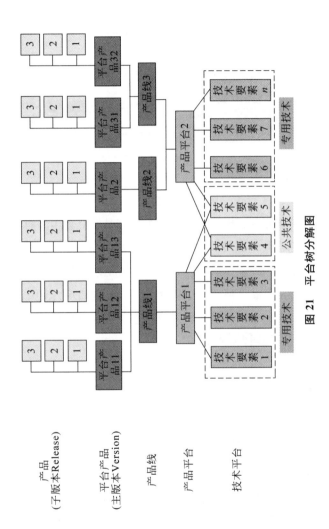

图 21 平台树分解图

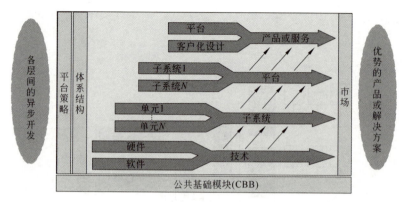

图 22 异步开发模式

实现"多、快、好、省"开发的关键。不同的产品和系统之间存在许多可以共用的零部件、模块和技术,如果产品在开发中尽可能多地采用这些成熟的公共基础模块和技术,则这一产品的质量、进度和成本必然会得到很好的控制和保证,产品开发中的技术风险也将大幅降低。

因此,通过产品重整建立 CBB 数据库,实现技术、模块、子系统、零部件在不同产品之间的重用和共享,就能极大地提升产品质量和降低成本,使研发周期大幅缩短。

4.4 团队

技术与产品开发团队

在 IPD 体系下,产品开发和技术开发是分开的,技术开发为产品开发服务,产品开发的目的是满足客户需求,最终取得市场成功。

技术开发团队

技术开发团队根据技术管理团队或者公司产品管理团队的任务书,负责技术、平台等的设计、开发与测试。支撑流程为技术和平台开发。

(1) TDT 职责。
- 对项目的成功负责，开发、验证并移交给用户 PDT，实现业务目标；
- 项目组成员在所有项目决策中代表自己的功能部门；
- 管理并执行平台、技术等开发的不同业务与技术要素；
- 在重要会议上定期汇报进展情况；
- 执行计划决策评审点（PDCP）合同，项目结束后移交所有阶段的活动与交付件；
- 根据需要，主动从功能部门管理层和技术管理团队处寻求帮助，并做好审计的准备。

(2) TDT 团队组成。

TDT 经理：由技术管理团队或产品管理团队指定和任命。

主要成员：开发、制造、采购、财务、质量等各个功能领域的代表。

次要成员：营销、技术支持等各个功能领域的代表。

产品预研/技术预研团队（PRT/TRT）

PRT/TRT 是类似 PDT/TDT 的团队，它是一个跨功能部门的团队，其工作重点是制定和执行项目计划、输出产品原型及相应的技术文档。PRT/TRT 根据产品管理团队或技术管理团队批准的项目任务书组建。支撑流程为产品/技术预研流程。

(1) PRT/TRT 职责。
- 按照预研项目决策团队颁发的项目任务书和在 PDCP 签订的合同中达成共识的成功标准做出承诺，对项目的成功负责；
- 制定、管理和维护跨功能部门的产品/技术项目计划，确保按照进度、预算和规格执行各项活动；
- 将项目的责任分配到各 PRT/TRT 成员，管理项目交付件的开发，实现预算和进度承诺，即对项目进行管理；

- 制定和执行成果转化计划；
- 明确项目风险，制定并执行相应的风险管理策略及计划，进行项目问题跟踪，直至解决；
- 分析选定的技术路线，确定需要对外合作解决的技术；
- 依据对产品/技术概念、技术路线和可能的资源状况分析提出资源外包可以解决的技术。

(2) PRT/TRT 团队组成。

PRT/TRT 经理：由 ITMT 或 PL-IPMT 指定和任命。

主要成员：开发、营销、采购、质量等各个功能领域的代表。

次要成员：制造、技术支持、财务等各个功能领域的代表。

技术预研团队一般放在预研部，预研完成以后，整个团队和项目成果会再切换回产品线。由于管理要求比较严格、风险管控比较清晰，技术攻关一般放在产品线进行，由产品线代管，作为产品开发的一部分。

四种研发团队的相互关系见表2。

表 2　四种研发团队的关系

团队	目标	相互关系	备注
PDT	为产品的市场成功负责；满足客户需要	集成 TDT 开发成功的技术	可以是长期团队，也可以是短期团队
TDT	为 PDT 服务；或者为内部生产制造服务，比如某种生产技术的开发	开发成功后迁移为 PDT 使用；内部使用	一般为已经存在的技术或者竞争对手已经采用的技术
PRT	提供产品原型；验证市场	为未来可能的产品开发做准备，市场得到验证后，部分 PRT 成员可进入 PDT	比如，3G/4G 产品开发
TRT	验证某种理论或非常不成熟的技术	一般为 PRT 或者 TDT 服务，成果也可能直接被 PDT 采用	不成熟的技术如 3G 中的某种技术开发

四种研发团队的关系简图如图 23 所示。

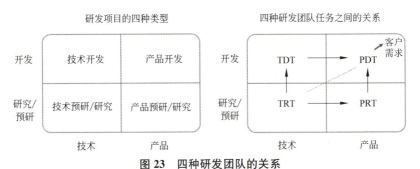

图 23　四种研发团队的关系

TDT 和 PDT 之间的关系

TDT 负责的技术和平台开发是产品开发的一部分，所以 TDT 不直接面向市场。PDT 负责集成 TDT 的技术（模块）和平台，以及其他部分的开发和公司积累的技术，并且将整个产品推向市场。TDT 和 PDT 的主要交互关系如下：

① 邀请对方或者受邀参加对方的技术评审（TR）和业务决策评审（DCP），提出评审意见或者决策建议；

② 在项目计划更改管理（PCR）上保持协调和一致；

③ TDT 制定迁移计划并与 PDT 进行沟通，最后经 PL-IPMT 评审同意后达成一致；

④ 为了让 TDT 能够顺利完成迁移计划安排的工作，用户 PDT 需要提供必要的支持，例如提供测试环境、软件测试人员等；

⑤ 双方在解决测试问题以及质量问题回溯等方面进行协调和配合；

⑥ 在项目过程中保持沟通。例如相互参加例会、相互抄送项目周报、质量/测试等领域的专题交流等。

5 支撑模块

5.1 项目管理

项目管理在研发体系中可以说是无处不在，它支撑着公司 IPD 体系的落地，在技术预研、技术开发、产品预研及产品开发的过程中都需要运用项目管理。

项目管理部如何开展工作

针对产品开发，企业应设立产品开发项目管理部，其工作内容包括项目管理体系建设、项目排序及决策支持、决议执行及资源调配、产品成本分析与控制、项目管理人员培养及绩效管理、计划监控与测评。

在项目管理方面，基于 PMBOK 中的"十大管理知识领域，五大管理过程"（如图 24 所示）对研发项目进行管理，包括项目综合管理、项目研发管理、范围管理、质量管理、时间管理、成本管理、沟通管理、人力资源管理、采购管理、风险管理。其中，成本管理又拓展为财务管理，其不仅考虑项目费用，还要考虑收益。

在项目排序方面，要素参考市场吸引力、竞争地位和财务回报三大方面进行选择和权限设置，并针对项目的性质进行项目分级和授权管理。

在资源配置方面，要建立企业项目资源池和重要资源池。资源使用内部核算原则，将资源使用纳入项目成本管理，建立资源等级与活动匹配映射表，保证投入项目的资源质量；收集各项目的资源需求，并制定公司资源需求计划；进行资源投入各项目的管道管理，对项目提出资源配置建议。产品开发流程有四次资源的投入和释放，进行下

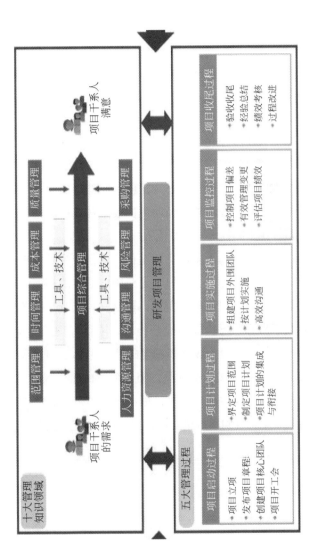

图 24 研发项目管理的十大管理知识领域与五大管理过程

一阶段的资源投入和及时释放上一阶段的资源可以有效提高资源使用效率，最大限度地控制项目风险，降低项目失败带来的损失。

在成员管理及绩效方面，根据组织形式，项目经理管理成员会有所区别。

强矩阵组织：签订资源承接协议，保证资源及时投入，根据项目进度保证资源及时释放；个人项目绩效考核由项目经理给出考核结果并直接反映到个人绩效工资上。

弱矩阵组织：任务外包给资源部门，资源部门保证按计划完成任务，并保证质量。资源部门经理负责内部项目工作计划的分解，向项目经理定期汇报任务外包的进展情况，项目经理给出绩效考核结果并应用到资源部门经理，资源部门经理负责根据各项目的考核结果对参与项目的成员按预定的权重进行绩效考核。

在计划管理方面，为了明确责任主体，项目应分级管理。各层级计划经过评审、监控及测评、计划变更而确定最终的计划。首先以项目任务书的形式确定项目目标及范围，包括交付指标、财务指标、共享指标、被共享指标、团队能力提升指标、项目经理能力提升指标；然后制定项目计划，项目一级计划制定的责任主体是项目经理，项目在一开始时制定项目一级计划初稿，随着项目的推进及时优化调整，直到计划决策评审完成后确定项目目标。项目二级计划随着项目的推进程度分阶段制定，直到项目概要设计完成后形成全流程的项目二级、三级计划。

5.2　质量管理

质量管理业务总览

华为的业务流程架构的核心业务领域包括战略规划与市场

(Marketing)、集成产品开发（IPD）、客户关系管理（CRM，含 CS 非工程实施部分）和集成供应链（ISC，含 CS 的工程实施部分）；华为的质量管理活动已有效融入各主要业务流程（如图 25 所示）。

在战略规划与市场业务中，为了确保客户的需求能得到及时满足，华为对需求建立了跟踪机制，并在实现活动完毕后增加了对需求实现的验证；对制定出来的业务计划定期评估其执行的绩效，发现有问题就及时调整。

在 IPD 流程中，华为设立有四个决策评审点和七个技术评审点。开发各阶段有评审和测试活动，以确保产品开发成功。在生命周期管理阶段收集网上反馈的问题，及时分析改进，使产品充分满足客户需求。

在 CRM 管理中，华为的宣传介绍材料必须经过正式的开发和评审，以确保产品描述准确无误。在招投标上，华为采用项目管理的方式，必确保方案的准确性和承诺的可行性。在客户服务中，在技术支持和网上问题管理活动中华为设置了相应的评审环节，按照集成产品开发的模式开发培训课程和材料。

在 ISC 业务中，华为对供应商进行认证和管理，并对采购原材料进行检验，以保证生产原材料的质量。在生产制造过程中，在线检验、设备自动化检测、组装检验和包装发货检验等确保了产品的制造质量和交付质量。在工程安装及服务的交付过程中，华为应用项目管理模式管理工程的质量，对工程分包商进行认证和管理，同时进行客户培训，以确保工程和服务的质量。

除了对具体业务进行质量管理外，华为还对整个质量体系的充分性、有效性和适宜性进行管理，包括质量体系的内部审计、外部审计、管理评审活动，传递质量文化，引入新的工程方法和质量改进技术，进行质量能力的分析和持续改进等。

质量管理组织架构如图 26 所示。

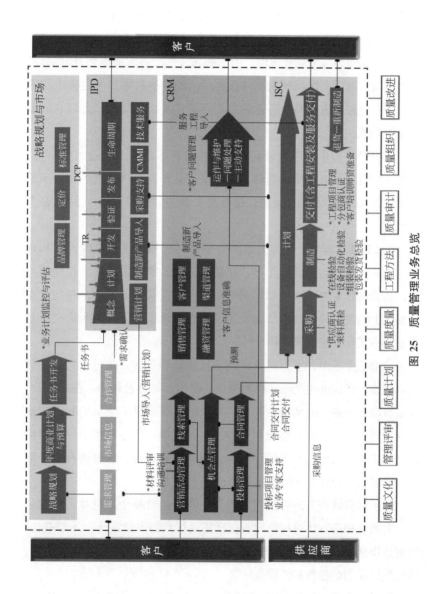

图 25 质量管理业务总览

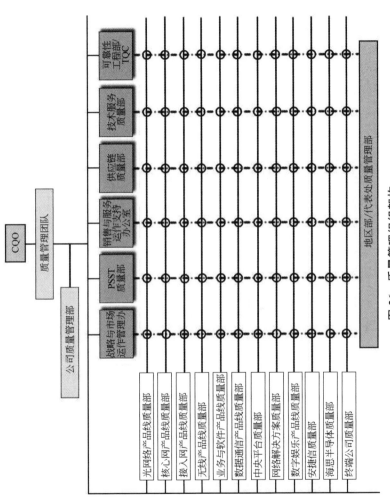

图 26 质量管理组织架构

各业务部门的质量管理部和产品线的质量管理部对各自领域的质量管理负责；市场业务和市场业务的质量管理由其运作管理办公室负责；公司质量管理部负责整个质量体系的管理以及跨领域、跨部门的质量问题的协调。

为了更好地管理质量，有效解决跨部门的质量问题，及时共享跨产品的质量管理经验和教训，确保华为的质量管理体系持续改进，华为成立了由公司质量管理部主管、各产品线质量部主管和功能部门质量部主管组成的**质量管理团队（QMT）**。质量管理团队每月会定期召开会议，对重大质量问题进行决策，定期评估质量管理体系的现状和问题，识别改进点，并组织资源完成改进活动。

质量管理团队的领导是华为公司的首席质量官，也是质量管理者代表，他将对公司的重大质量问题负责并直接和总裁沟通对话，以确保质量工作的顺利进行。

研发过程中的质量管理

如何"一次把事情做对"

质量管理不是事后优化和缺陷归零的管理，而是要在产品设计阶段构筑产品质量。

- 为了提高质量，应该对需要应用的技术和没有认证的核心器件提前进行**规划和预研**，以确保产品开发中没有未突破的技术难题和未论证的器件；
- 要想进行**产品成熟度评估**，应对各个层次的产品进行定型鉴定，否则不要放到大系统中，而要进行外挂；
- 建立 **CBB 和产品货架**，必须保证成熟模块占一定的比例；
- 将质量管理体系与产品开发流程统一，在产品开发中设计**评审点**，保障质量活动很好地衔接到产品开发中。资源部门充分发挥专业特长，确保产品在原料、工艺、性能等方面上综合考虑；

- 在概念阶段，启动**供应商认证**流程。在开发阶段，**设计与实现分离**：集中公司的高手设计方案和基线控制，低级别的工程师在实现中不允许更改基线。**实现与测试分离**：产品开发的实现由开发工程师完成，测试由独立的部门进行，必要时开发测试工具和设计测试样例。**测试与验证分离**：验证必须在实体环境中进行，不能只通过测试就直接批量销售。一个质量好的产品应该在测试和验证以后将几乎所有的质量问题都解决，而不是进行质量改进、优化和缺陷归零管理。发布阶段建立**转量产标准（新产品导入流程）**，确保放大后质量稳定。

产品开发质量体系涉及的重要角色：系统级工程师和 PQA

系统级工程师的职责：产品需求管理、产品开发总体方案管理、技术领域开发项目的质量管理、技术基线控制，以及开发、验证、制作和维护工作的协调。

PQA 的职责：确保产品开发按照公司的产品开发流程进行，负责全流程统筹协调各功能领域的质量保证活动。IPD 流程中的质量保证活动如下。

(1) 制定"产品质量计划"。

PDT 根据项目任务书中确定的质量类别制定本项目的"产品质量计划"并把产品质量计划中的各项要求落实在具体活动中，并遵照执行。

PQA 在 IPD 各阶段对产品质量计划的各部分执行情况进行跟踪监控，并指导相关人员解决产品质量计划在执行中出现的问题。如有必要，可以按照问题上升渠道将问题上升。如发现质量风险，则将其纳入产品的风险管理。

(2) IPD 各阶段的技术评审点。

为保证产品能实现最终目标，在 IPD 开发过程中应设置相关的关键点进行质量控制，用于检查 IPD 实施到一定阶段以后产品的技术成熟度，发现遗留的技术问题，检查产品质量计划的执行情况，包括检查是否达到质量目标以及是否满足质量基线的要求等，评估存在的技术风险，给出技术上的操作建议。IPD 流程中定义有 TR1、TR2、TR3、TR4、TR4A、TR5、TR6 等技术评审点。

（3）IPD 各阶段的决策评审点。

IPD 过程中应定义若干决策评审点，用于审视项目是否能够进入下一阶段，如果没有获得批准，则取消项目或重新确定方向。

（4）缺陷预防。

针对产品研发活动设立一次性做好的目标，各产品参考历史的缺陷分析数据制定计划并实施缺陷预防活动，同时监控预防措施的效果。对于网上问题和测试问题，对发现的重要缺陷和问题进行根源分析，制定解决预防措施并跟踪关闭。

各产品线建立团队负责组织级缺陷预防活动，针对缺陷预防活动制定计划和策略，建立组织级和产品级的缺陷库，供产品开发参考。

（5）质量保证和审计。

针对所有产品线设立独立于产品的质量团队（QA）负责产品质量工作的引导、监控和审计。针对所有产品进行计划并开展交付审计、内部审计以及专项审计，以检查产品过程以及工作产品是否遵循相关的过程、标准和规范，并记录不符合项。在研发过程的每个阶段对工程文档、代码以及测试结果进行交付审计。对于内部审计，对每个产品在结束前至少进行一次内部审计。所有审计结果均应通报各级主管，对不符合项标识出纠正和预防措施，并跟踪关闭。质量部定期进行审计发现问题的综合分析，标识出好的经验以及组织过程改进点。

（6）IPD-CMMI。

华为参考业界的 CMMI 模型建立了 IPD-CMMI，它覆盖了系统设计、软硬件开发、资料开发、产品测试和维护等核心业务，并以研发需求管理、配置管理、项目管理、质量保证和 IT 工具为支撑，是支撑

IPD 的跨学科持续改进的产品开发过程。公司的所有产品开发必须遵照 IPD-CMMI 进行。各级产品体系运作和质量部负责 IPD-CMMI 的推行及持续改进。

IPD-CMMI 是不断优化、持续改进的系统，公司鼓励所有员工积极参与过程改进，并对优秀的改进建议和经验共享给予奖励。质量体系定期对 IPD-CMMI 进行审计和评估，以确定流程的弱点和优势，从而不断优化。

(7) 委托开发项目管理。

委托开发项目管理应遵循的过程和活动定义如下。

提出委托开发需求并立项评审

在 PDT 开发代表明确产品对外合作策略（委托开发）后，开发代表指定委托方项目经理。委托方项目经理必须进行委托开发项目规模、工作量与进度的估计。估计结果必须经过 QA 审核，由开发代表和产品线质量部经理批准，并将估计结果与委托开发项目需求报告提交 CEG 评审。

认证与选择合作方

委托方项目经理将作为 CEG 的成员参与合作方的选择。

签订承包合同

委托方项目经理和合作经理均参与委托开发合同的谈判，确保工作任务书中的需求被合作方充分理解。

监控委托开发项目

委托方项目经理、QA、开发代表、合作经理将评审合作方的项目计划。委托方项目经理需要定期与合作方项目经理共同检查项目进展，识别关键问题，协调技术问题解决，识别项目风险，跟踪问题解决并定期向开发代表与合作经理汇报委托项目状态。委托方项目经理应协调与控制需求变更，并参与评审与批准合作方的关键技术文档等。委托方 QA 应选择性地对合作方的关键开发过程与交付物进行审计。

验收与交接

委托方项目经理组织阶段验收与完成验收。验收完成后，与合作方进行交接活动。

维护

委托方项目经理应监督合作方按照合同对交付物进行维护。

委托开发项目关闭、中止或暂停

对委托开发项目的交付物进行归档，由委托方项目经理组织项目关闭会议与报告，总结合作经验与教训。

5.3 研发财务与成本管理

研发财务与成本管理是 IPD 体系的重要支撑模块，贯穿于产品与技术研发的全过程。以投资为导向，以财务数据为衡量指标，才能有效地衡量产品的市场价值和贡献，保证产品的真正商业成功。

产品开发的财务代表要以专家的身份参与和指导产品经理、系统级工程师的相关财务成本活动。对产品经理进行财务管理培训是必要的，产品经理必须掌握以下财务成本知识：

① 了解财务基本专业知识，定期查看部门的财务报表，分析部门的内部核算表；

② 了解核算原则，学会用比例定岗定编；

③ 了解公司和部门的固定成本和变动成本，学会控制成本；

④ 知道如何计算部门内部盈亏平衡点；

⑤ 知道如何做预算，亲自做预算和审核下级预算及费用；

⑥ 关注项目回款，明白影响现金流的原因；

⑦ 熟悉公司的各种财务制度；

⑧ 了解老产品开发的财务活动，最重要的是产品生命周期的成本跟踪及实施目标的成本控制。

产品经理的主要财务与成本活动

产品经理针对每个产品进行独立内部虚拟核算,根据独立核算明确产品经理的财务指标和各项费用。

主要财务与成本活动:产品的收入成本分析;产品的盈亏平衡点;产品的投入产出分析;产品的人均利润;产品的现金流;审核新产品开发项目中的预算;定期进行经营分析,及时分析产品成本和调整产品定价策略;量产后的成本分析,降低使用得最多的新器件的采购成本,有必要进行器件重新选型的产品改进。

产品开发项目经理的主要财务活动

项目的预算及核算;项目业务计划书中的相关内容(投入产出比、现金流占比、毛利率、盈亏平衡点等);每月进行项目的预核算分析。

产品开发系统级工程师的主要财务活动

分析价格和产品的毛利率;根据价格和产品的毛利率选择设计方案;在设计方案的过程中,不仅要考虑方案的经济性和综合成本(综合经济成本主要包括物料成本、研发设计成本、维护和生产成本),还要考虑因平台共享而带来的分摊成本及因共享器件而带来的采购成本下降。

研发人员的定岗定编

通常进行内部虚拟核算的公司会将费用分解成销售费用包、产品及研发费用包、市场费用包、生产及供应链费用包、售后服务费用包和管理费用包,并同步规定了与收入相关的费用包占比,产品经理通过这个比例下达预算和控制人员的定岗定编。

产品综合成本过程控制

IPD 在成本控制方面的两个目标为降低开发成本和降低产品本身的结构成本。

① 通过市场需求与规划区分基本需求、竞争需求和可有可无的需求,开发精准满足客户需求的产品,避免过度开发导致的成本增加;

② 通过产品化共享减少低水平的重复开发；

③ 通过技术分类，核心技术和关键技术采取自主研发形式，通用技术和一般技术采取外包形式，以降低研发成本；

④ 在设计中控制成本。由高手设计，专家群体负责评审，不具备任职资格的人员不得做设计。分析产品的客户可接受价格与竞争状态，确定目标成本。在设计中采用多方案选择，充分继承共享模块，优化BOM清单，减少开发与设计成本。对方案设计中的新模块要尽可能地寻找其他系统中的应用，开发新的共享模块，丰富产品化货架；

⑤ 确定合理的质量目标，在满足需求的基础上控制质量成本；

⑥ 在开发与制造中进行成本过程控制。严格进行开发过程中的技术评审，避免因评审走过场而带来的返工成本。执行采购、外协控制、第三方成本控制的三权分立原则；

⑦ 采用经营分析预警。

5.4 研发绩效管理

绩效管理不仅仅是绩效考核，绩效管理要围绕目标是什么，如何达成目标，需要哪些资源，有了问题如何解决。完整的绩效管理过程包括绩效目标制定、绩效执行与辅导、绩效沟通和评价、考核结果应用四个阶段（如图 27 所示）。绩效管理是完整的闭环管理过程，绩效考核只是其中的一个环节。

绩效目标制定

目标不等同于指标，完成了指标并不等于就达成了目标。在绩效目标和计划制定阶段，关注指标的同时更要关注目标。把目标量化为具体的指标，就要注意两者之间是否已经产生了偏差。

很多企业把专利数量、新产品开发数量、软件代码数量等作为考核指标，这些指标完成了并不等于它们代表的目标完成了，真正的目标

第六章 华为集成产品开发 | 289

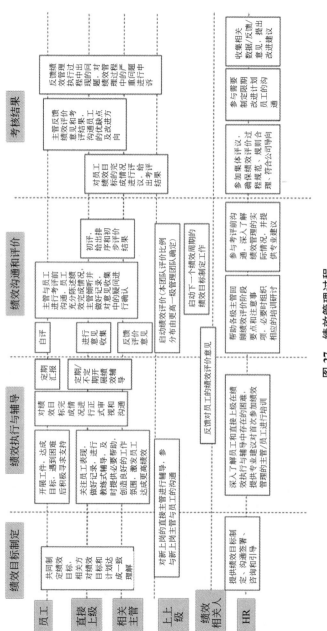

图 27 绩效管理过程

是技术水平、产品开发能力、质量等方面的提高。

绩效执行与辅导

绩效执行与辅导阶段是绩效管理的主体部分，这个阶段有几个共同点：

① 采取定期和不定期的方式对绩效进行阶段性回顾；
② 帮助员工及时解决绩效执行中的问题和冲突；
③ 积累相关数据，为绩效考核做好准备；
④ 如有必要，应对计划做相应的调整；
⑤ 在实现组织目标的同时实现个人目标；
⑥ 上下级要达成共识。

绩效评价

绩效评价的目的是扫除障碍，为提高下一个周期的绩效做好准备。华为的绩效评价标准是分等级的，A是卓越，B是良好，C是合格，D是待改进。绩效评价包括员工自评和主管评价，主管根据员工表现和自评结果，并结合其他员工的表现给出初步评价意见。在所有同一级别的主管评价结束后，上级组织集体评议，以使不同主管之间的评价标准一致。

对于强矩阵：项目绩效考核结果直接由项目经理决定，上报研发部或人力资源部发放绩效工资。

对于弱矩阵：各项目经理分别将项目考核的结果上报研究部或人力资源部，由人力资源部经理根据项目考核的结果，按照研发人员在各项目中的权重分别给出各项目的个人绩效考核结果，并给出最终绩效考核结果，发送给相关项目经理确认后，提交人力资源部发放其绩效工资。

项目经理的绩效考核一般等同于项目的绩效考核，由项目管理部负责，项目组成员的绩效考核受其结果影响，项目组成员的绩效考核结果要按照公司规定的比例进行优秀、良、中、差的强制分布，项目考核结果的不同将影响强制分布的比例。

绩效沟通

考评前沟通主要听取员工对绩效完成情况的陈述，核实各方面收集到的信息，做好记录，不涉及绩效评价结果；绩效反馈沟通关注员工的优缺点和改进建议，反馈绩效评价结果。

绩效管理和员工激励的核心理念

组织目标和个人目标并重

要想让员工有积极性，必须确保员工在帮助企业达成组织目标后同时实现个人目标。研发人员的个人需求除薪酬福利外，还包括能力提升、发展机会、工作环境等，这些需求的满足要融入绩效管理过程，而不是单独成为一个循环，只有这样才能把组织目标和个人目标协同起来。

持续沟通贯穿于绩效管理循环的始终

辅导和执行阶段占据整个绩效周期90%以上的时间，是真正产生绩效的阶段。由于外界环境的变化和自身能力的局限，"计划赶不上变化"是常态，在这个过程中，上下级之间要通过定期和不定期的沟通确保下级的工作始终走在正确的路上。这种有效的反馈能及时发现问题并解决问题，使目标能够达成。

全程激励

激励不是一个点上的行动，而是一个过程。采用灵活多样的激励措施，而不是在绩效考核结果出来后进行，这样能够逐步加强个人成就感，助推目标的达成。在计划阶段就要明确绩效目标和物质激励的关系，让下级明白目标达成程度和报酬之间的关系。在绩效辅导阶段，要让下级知晓现状和目标的距离，做好期望管理。在绩效评价和结果应用阶段，要兑现物质激励。

适度量化考核

研发工作的量化首先是要建立结构化流程，通过流程把工作进行分解，同时建立与流程相适配的组织结构，否则量化数据就没有客观依据。但是为了量化考核，各部门投入大量时间搜集和杜撰数据，甚至在制定评价标准时夸大工作难度和工作所需时间。所以，量化考核是一把双刃剑。

精确量化不能明显提高考核的客观性，真正客观的考评是考评主管有意愿且有能力不失偏颇地评价下属的工作。

基于关键事件的考核是对量化考核最有效的补充。

绩效考核手段

组织绩效考核

KPI（Key Performance Indicator）指关键绩效指标，通常对组织进行考核，来自企业的发展战略、财务指标、市场指标和必须解决的问题，更多的是强调组织绩效，强调实现战略目标的挑战性指标。

（1）组织 KPI 分为三层。

公司的 KPI 为第一层，财务指标包括销售收入和毛利额及增长率、新业务在销售中所占的比例、人均毛利及增长率、非薪酬包费用占比降低率。核心竞争力指标包括核心产品收入占比、优质客户收入占比、重点区域和战略区域收入占比、员工结构和任职资格能力的合理性。

产品线的 KPI 为第二层，通常为八大指标，可以分解为产品和客户群指标。

节点的 KPI 为第三层，主要是将各产品线分解到参与该产品线的研发、市场、采购、制造和相关职能部门的节点的指标，强调的是支撑产品线必须要完成的细化指标。

（2）IPD 体系的绩效考核指标。

研发体系通常包括产品开发和预研开发，产品开发的 KPI 指标原则上应与公司的指标一致，但细化了更多与研发相关的指标。

产品线的 KPI 包括销售收入及增长率、老产品毛利率提升、新产品的收入增加、重点产品份额、产品规划准确率、产品计划完成率、客户满意度、成本降低度、员工人数增长率、版本发布周期、研发及服务成本、CBB、核心员工收入增长率、人员培训费。

预研部要考虑科研成果如何才能转化为产出，因此预研部的 KPI 通常包括预研成果转化为产品的比例、预研技术水平先进度、对国内标准的影响度、项目计划完成率、技术成果应用率、预研牵引出的产品比例。

预研的考核存在一定的滞后期，企业可按前三年的研发预研成果转化成的产品收入追溯考核。

个人绩效考核

（1）组织绩效的分解。

先进行组织 KPI 的分解，通过对组织 KPI 按产品线分解到一级、二级部门，再寻找路径落实到个人，再加上个人的能力提升指标，形成个人 IPI，最终落实到月度计划，形成 PBC（如图 28 所示）。

（2）IPI。

IPI（Individual Performance Indicator）指个人绩效指标，通常是对**产出关键人员**进行的考核，个人 IPI 结合了组织 KPI、PBC、OKR，将企业发展战略、组织及个人重点工作、团队工作和必须遵守的行为准则，以及关键事件里程碑有效地衔接在一起。

基于组织绩效基础上的个人绩效分为以下五类。

开关指标：决定绩效工资的有无，一般取人均毛利、新产品、新业务占比等指标（核心员工必须完成公司的战略指标）。

组织指标：决定绩效工资的多少，通常基于组织发展的要求选取最重要的一个指标，以确保公司发展得以实现。通常选取毛利额（员工所有的绩效薪酬来源于毛利额和增长率）。

个人增量重点指标：考核职位个人的独特贡献，增量重点指标为 3~5 个，最多不超过 5 个，占部门绩效的权重不低于 50%。个人增量

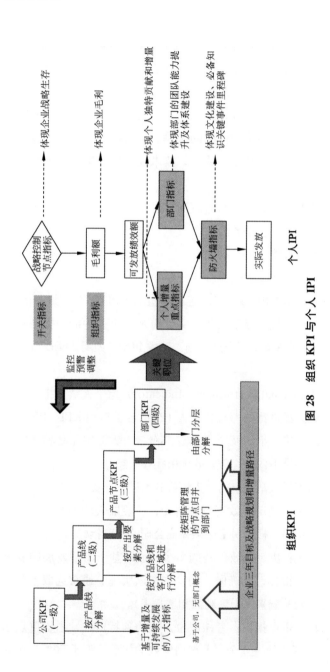

图 28 组织 KPI 与个人 IPI

重点指标强调高手的独特贡献，充分体现个人的独特贡献或亲自主抓的创新业务和增量业务（核心员工独特贡献和增量活动）。

部门指标：根据部门发展目标从部门 KPI 指标库中选择若干项指标构成，占部门绩效的权重不高于 50%（核心员工完成部门团队贡献的指标）。

防火墙指标：规定员工必须完成的基本行为动作，如果没有完成，则按比例扣除（员工必须遵守企业文化、掌握必备知识、完成关键里程碑）。

通常情况下，员工的年度绩效考核流程如下。

第一步，进行开关指标考核。开关指标未完成的不进行年度绩效考核，年终绩效奖金为 0。

第二步，进行组织指标考核。组织指标考核毛利额，根据毛利额的完成情况，不同的完成区间对应不同的可发放绩效额度。

第三步，进行个人增量重点指标和部门指标的考核。根据实际完成情况，按照权重进行核算。

第四步，进行防火墙指标的考核。如果防火墙指标中某一项未完成，则扣减一定的绩效额。

第五步，通过以上五类指标的考核，最终核算出该员工的年度绩效的实际发放值。

(3) PBC。

PBC（Personal Business Commitment）即个人业务承诺，PBC 是基于战略制定的，是保障战略执行落地的工具。PBC 是一个业绩管理系统，所有员工都要围绕"力争取胜、快速执行、团队精神"的价值观设定各自的 PBC。

对于结果目标，一般应有衡量指标，说明做到什么程度或何时做完，这是季度末衡量员工绩效是否达成的主要依据。**结果目标承诺：**员工承诺的本人在考核期内所要达成的**绩效结果目标**，以支持部门或项目组总目标的实现。

对于执行目标，由于是一种过程性的描述，因此不一定有明确的衡量指标。在进行绩效评价时，主要看员工是否按照规范的要求执行。**执行措施承诺**：为达成绩效目标，员工与考核者对完成目标的**方法及执行措施**达成共识，并将执行措施作为考核的重要部分，以确保结果目标的最终达成。

对于团队目标，主要是一种导向和牵引，强调对周边、流程上下游及上级的支持与配合。对于难以明确衡量指标的，可以不写。**团队合作承诺**：为保证团队整体绩效的达成，以及更加高效地推进关键措施的执行和结果目标的达成，员工必须就交流、参与、理解和相互支持等方面做出承诺。

PBC考核的原则是以责任结果为导向，同时关注关键行为（过程），因此结果目标所占的权重相对较大，比例范围为70%左右，执行目标是过程性的，比例范围一般为20%左右，团队目标一般为10%左右。以上比例范围仅作参考，应视部门的业务特点和性质由管理者与员工共同确定。

（4）PBC和KPI的联系与区别。

相同之处：无论是KPI还是PBC，都是为了保证员工能完成自己的工作任务，从而更好地支撑企业战略目标的实现。

不同之处：KPI是理解企业目标以后制定出的反映成果的绩效指标，通常步骤是先确定组织目标，然后对组织目标进行分解，直到个人目标，然后对个人目标进行量化；它的产出是对目标成果衡量的量化指标；而PBC是目标确定之后的一步，它是一种为了促进员工更好地完成任务的手段——签订个人业务承诺书，通过这种方式，员工会更加投入地工作，从而更高效地完成目标。

在企业日常实践中，PBC的内容比KPI的内容更加丰富，PBC弱化了KPI分数作为唯一的评价标准，增加了关键任务、胜任力等其他要素对评估的影响。企业在选择 KPI 或 PBC 时，可以从其适用性和企业付诸实践管理成本进行考虑，PBC 无疑需要花费更多的管理成本，针对中高层和项目管理类等对业绩要求外，其他要求也比较高的岗位可以投入精力去做；而对结果（业绩）导向性的岗位，KPI 可能会是一个更好的选择。

（5）任职资格。

任职资格从胜任工作的角度出发，建立以结果为导向的技能和行为标准，包括基本条件、参考项、资格标准。

基本条件：低层次员工主要看学历和工作经历，高层次员工主要看跨部门的工作经验，管理干部主要看管理经验。

参考项用于对员工资格标准认证的结果进行调整。

资格标准主要包括基本素质、关键业务活动和必备知识。

任职资格在绩效管理中的主要作用：通过基本素质考核员工对公司价值导向的认可和是否具备胜任职位的潜力；通过必备知识考核员工是否有胜任职位的知识结构；通过关键业务活动考核员工是否具备完成工作的能力；通过工作经历考核员工对相关部门业务的熟悉程度。

（6）行为准则。

行为准则考核要素来自该职位承担的关键业务活动，对该活动设立一个最低指标，即行为准则。行为准则没有达标的不允许承担 KPI 和 PBC 指标；行为准则没有达标的可以直接扣款或降级。

（7）KCP。

针对公司重大项目设立项目奖金，项目奖金并不是所有的员工都有，主要是考核项目的关键点，项目人员是否获得项目奖金可参考以下六条。

是否在关键项目的关键路径上；是否付出个人额外的努力；是否有独特贡献；是否是关键资源；是否冒了一定的风险；是否代表一定的价值导向。

针对 KCP 的完成情况设立相应的奖励,可以在项目完成后发放项目奖金,也可以在年度末发放。

(8) 组合考核。

企业对人员的绩效管理不仅包括能力、结果和过程,还要结合不同类型的项目(预研项目、产品开发项目、技术项目、平台项目),通过多种手段实现产品与技术人员的分层、分级、分项目的绩效管理。

第七章　华为集成供应链

在当今全球化商业竞争的时代，企业的竞争不再是单打独斗，而是供应链与供应链之间的竞争。

如何提高供应链的竞争优势呢？只有在供应链的体系化运作上实现突破，才能让企业在成本、交付、质量等方面上一个大台阶。

华为的集成供应链管理变革践行了华为"以客户为中心"的核心价值观，提升了客户满意度，使公司在供应的质量、成本、柔性和客户响应速度上都取得了根本性的改善，有效地促进了华为的全球业务大发展。

1　ISC是什么

1.1　集成供应链概念

（1）定义。

集成供应链（Integrated Supply Chain，ISC）指相互通过提供原材料、零部件、产品和服务的供应商、厂家、分销商、零售商、客户组成的复杂网络。对集成供应链网络中的物流、信息流和资金流进行计划、协调、控制等，使其成为一个无缝衔接的过程，以保证在正确的时间把正确的产品或服务送到正确的地方，从而提高客户的满意度，降低供应链成本。

（2）目标。

第一，以客户为中心，也就是说，实施集成供应链将重点关注客户需求，提高服务水平。

第二，成本最低，随着技术的发展和竞争的加剧，必然导致市场销售价格呈下降趋势，竞争的焦点最后将集中到成本上，降低供应链的运作成本是增加企业利润的重要途径。

第三，提高灵活性和快速反应能力，这意味着供应链各组成部分之间的集成度高、协同性好，以及供应链的运作周期短。

（3）参考模型。

SCOR（Supply-Chain Operations Reference-model）是由国际供应链协会开发的供应链运作参考模型，目前已成为公认的国际标准。

SCOR 模型按流程定义可分为三个层次，每层都可用于分析企业供应链的运作。在第三层以下，还可以有更详细的属于各企业特有的流程描述层次，这些层次中的流程定义不包括在 SCOR 模型中。SCOR 模型的第一层描述了五个基本流程：计划（Plan）、采购（Source）、生产（Make）、配送（Deliver）和退货（Return），它定义了 SCOR 模型的范围和内容，并确定了企业竞争指标（如图 29 所示）。

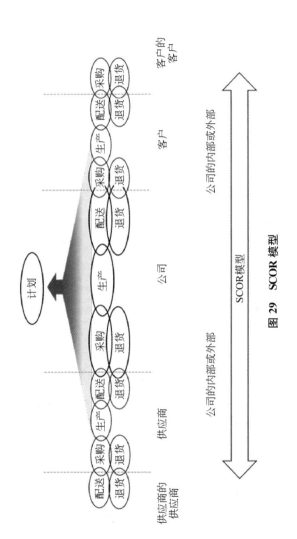

图 29 SCOR 模型

SCOR 模型的三个层次如表 3 所示。

表 3 SCOR 模型的层次

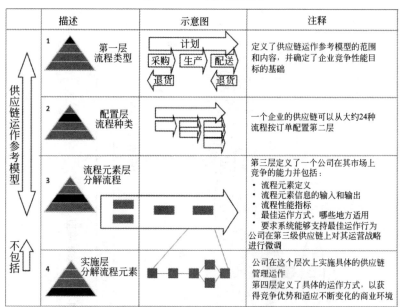

（4）绩效衡量。

供应链绩效衡量主要包括四个方面：供应链可靠性、资产利用、供应链柔性及响应能力、供应链成本，它们分别对应 ISC 层面的 KPI，并分解为功能层面五大流程（计划、采购、生产、配送、退货）的 KPI。

供应链可靠性：供应链在正确的时间给正确的客户提供正确的产品。ISC 层面的 KPI 为及时齐套发货率和完美订单履行率。

供应链响应性：供应链响应客户需求和为客户提供产品的速度。

供应链柔性：供应链为赢得或维持竞争优势而响应市场变化的敏捷度。ISC 层面的 KPI 为订单履行提前期和供应链响应周期。

供应链成本：供应链运作相关成本。功能领域的 KPI 为产品销售成本、供应链管理总成本、增值生产力、产品保证成本/退货处理成本。

资产利用：管理资产以满足需求的效果。ISC 层面的 KPI 为库存周转天数/周转率。

(5) ISC 业界最佳实践。

ISC 业界最佳实践包括但不限于：制定清晰的供应链策略，计划运用 S&OP 进行供需平衡，识别约束物料，使用配置器生成并管理订单，基于库存和供应能力进行交货期承诺，订单交付状态透明化及可追踪，采购业务采用一揽子协议、VMI、DUN、物料免检等。

(6) 三流集成。

物流是产品的物理流动，涉及采购、生产、仓储、运输等，其管理重点是以最经济、有效的方式采购、制造、运输和销售产品。

信息流与物流结伴而行，对一个多重、复杂的供应链，信息的有效流通非常重要，也往往比产品流更难管理。信息技术是信息流的保障，信息技术可以降低信息处理和传递的成本，并减少传递时的失真，但无法克服供求各方的人为壁垒。业务流程不清、商业关系不顺的供应链绝不可能解决信息流不畅的问题。

资金流是盘活供应链的关键。供应链的资金流出现问题会导致企业整体陷入困境。2008 年的金融危机，美国政府之所以注资 7000 亿美元给各大金融机构并大幅降低利率，就是为降低企业的融资成本，确保资金流的通畅。资金流是企业的血液，造成企业倒闭的第一原因不是资不抵债，也不是亏损，而是资金周转不灵。亏损是慢性病，就如吃不饱饭，饿是饿着，但不会立即饿死；资金周转不灵则如脑中风，用不了多久就会死亡。

很多情况下，资金流问题与信息流问题是并存的。需求预测信息传递给供应链时的失真和放大会导致整条供应链过量生产、过度扩张、库存积压，从而导致资金积压严重；采购方面对物料供应形势判断不清,过量储备会造成库存积压,部分物料供不上也会造成其他物料积压且出货困难。所以资金流问题往往取决于信息流的解决方案和准确性。"拿信息换库存"也是"拿信息换资金",即通过供应链伙伴及时、准确地共享信息而减少"牛鞭效应",减小库存和资金积压,从而盘活整个供应链。

物流管理力求以最经济、迅捷的方式把货物从 A 地流动到 B 地,是供应链的实物流(方向从客户向供应商,称为逆向物流);资金流是从客户流向供应商,是供应链的血液,而信息流则是双向流通,构成供应链的神经系统;先进的供应链管理软件可以促进信息共享。所以,要想对整个供应链的物流、信息流、资金流进行集成管理,必须把眼光放到供应链全局。通过协调、沟通整个供应链提高物流、资金流、信息流的效率和有效性,达到供应链价值的最大化。

(7) 供应链改进的最大障碍。

很多企业深受供应链落后的制约,供货困难、客户不满、库存积压、资金周转慢,但改进供应链的动力却不足,根源在于认识问题。

第一,对供应链的重要性认识不足。企业都知道市场重要、研发重要,但能把供应链看作同等重要的就很少了。供应链不仅关系交付质量和成本,直接影响客户满意度,而且会占用大部分资金,库存跌价及报废会不断蚕食公司的利润。一般地,小公司重视市场,中等规模的公司重视研发,只有大型公司才会重视供应链;也可以说,不重视供应链的公司是难以发展壮大的。

第二,对供应链的复杂性认识不足。很多公司愿意在研发、市场、战略、人力资源等方面花大钱,但不愿意在供应链改进方面做投入——"不就是买物料搞生产嘛,有何难哉?每年都在提不切实际的供应链改进目标,却总也见不到效果"。

1.2 华为ISC的范围、目标及成果

华为在 1998 年启动 ISC 项目,开始了循序渐进的改进过程,涉及市场、订单、客服、采购、制造、计划、物流等诸多环节,并和研发、财务等业务也有密切的联系。ISC 项目的目标首先是建立完善的内部供应链的运作流程,建立起支持供应链运作的组织体系和 IT 体系,形成综合的集成供应链评价系统。

集成供应链的建设包括以下几方面的内容。

(1) 制定供应链策略。

基于市场和客户需求,首先规划供应链的策略和结构优化方案。供应链策略包括供应链布局及计划策略、采购策略、制造策略、库存策略。

(2) 转变供应链模式。

企业需要转变传统的功能模式,从孤岛式转型成内外协同式。

① 内部协同。

内部协同包括市场和供应的协同、计划和采购的协同、计划和生产的协同,等等。公司内部各部门,通过集成管理模式,打破部门墙,实现协同运作。

② 外部协同。

企业与客户及供应商的协同是供应链的难点。企业需要与供应链中的相关企业建立合作伙伴关系,实现信息共享和优势互补。

(3) 流程建设。

建立管理体系,流程是基础。流程是为了实现分工协作,指导正确、高效地做事。分工是为了专业化,协作就是取长补短。合理的流程可以保证质量、提升效率,并降低对人才技能的要求。

(4) 组织保障。

传统的功能型组织不利于供应链的运作，还需要建立流程型组织，即按流程确定责权，淡化功能组织的权威，以保证业务活动的高效运转。例如，可以成立决策委员会，以协调资源，平衡部门利益。组织保障还包括人才保障，流程需要合适的人才作为支撑，如果只建流程，却没有合适的人才，那么流程也是玩不转的。

(5) 信息化建设。

虽然条条道路通罗马，但若没有交通工具则很难到达罗马。在全球化时代，供应链的复杂度超出一般人的想象，没有IT的支撑，供应链根本无法运转。IT建设首先要梳理好供应链的业务和流程，才能识别信息化功能需求，然后进行IT规划和实施。

华为的集成供应链项目在以下方面取得了成果。

① 与供应商界面。建立供应商认证体系，实行供应商分层分级管理，实施考核淘汰机制，开展应付款（AP）变革流程，利用SCC（供应链协作系统）和B2B信息系统支撑业务运作。

② 华为内部集成。根据SCOR模型，在计划、订单履行、采购、生产、物流业务领域建立供应链主流程和50多个子流程，以及近200个孙流程，并制定了4大类、30项考核指标，实现了自动化生产物流系统。利用ERP、APS（先进计划调度系统）、WMS（仓库管理系统）、RF（条码管理系统）信息系统支撑业务运作。

③ 与客户界面。市场需求管理，产品开发流程，E2E端到端交付过程，应收款（AR）变革流程。

④ 供应链体系组织架构。ISC项目周期内对组织设计的考虑较少，项目上线后，华为自己又补充建设了一些组织，并取得了很好的效果。按照流程型组织的设计理念，华为设立了整合的供应链管理部，把订单履行、计划、制造、采购等整合到一起。总部层面建立了公司级计委（一级、二级计委）和运作计划部（EPU），负责计划组织体系建

设、能力方法建设、供需平衡决策、计划策略决策；按产品线设立计划部，支撑上层计划组织决策。后期延展到工程业务，设立工程计委。随着全球化进程的推进，GSC（全球供应链）建设完成，并设立了区域组织（如图30所示）。

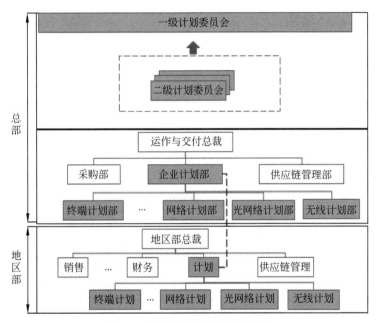

图30 华为供应链体系组织架构

⑤ 供应链绩效指标。

财务维度：库存周转率、采购成本下降率、万元发货费用、人均发货额。

顾客维度：及时交付率/订单承诺周期、客户满意度、客户合同投诉率。

学习与成长：TPM（变革进展衡量指标）、每年重点建设性工作。

内部业务流程：供应链响应周期、各环节运作周期、质量指标。

以下内容将针对集成供应链涉及的市场预测、计划平衡、订单履行、采购管理、制造管理、物流管理、库存管理等分别展开讲述。

2　计划与订单履行

2.1　市场预测

什么是预测

销售预测是对未来最可能出现的销售水平的判断。要货预测是对未来最可能出现的发货需求量的判断。基于销售和要货预测制定计划，驱动物料、制造和工程能力规划，为满足客户需求做好资源准备。

预测的分类如表 4 所示。

表 4　预测的分类

预测分类	跨度	频率	时间	层次	作用
月度滚动销售预测	12 个月	每月一次	每月底下月初	产品线（金额）	是销售目标和要货预测的基础
月度滚动要货预测	12 个月	每月一次	每月底下月初	具体机型和部件（数量）	输入供应链 S&OP 计划，驱动生产加工计划和物料采购计划的制定，满足市场供应
年度销售预测	1 年	每半年一次	年中和年终	产品线（金额、总量）	驱动公司各环节的年度规划，如人力资源、财务预算、资金计划等
年度要货预测	18 个月	每季度一次	每季度初	产品线（金额）、具体机型和部件（数量）	驱动制定产能规划及与供应商进行采购配额谈判等
5 年预测	5 年	每半年一次	年中和年初	产品族（金额）	作为公司业务计划（C-BP）的输入，驱动各环节的长期规划和策略的制定

市场一线提供的信息是预测的源头和基础。一线市场相关信息包括市场动态周报、项目一览表、重大项目周报、代表处区域预测、项目详细配置、季度/半年/年度市场目标和销售目标、其他专项市场调研信息。

预测是供应链运作的关键输入，是客户服务水平的重要保证。之所以需要预测未来，是因为在全球化竞争的背景下，客户需求的周期短而供应链资源的准备周期长。

提高预测准确率

提高市场预测的准确率是保证供货和库存控制的关键，减小需求变动和控制牛鞭效应，能够从根本上降低供应链成本。提高预测准确性可以从以下几点着手（如图31所示）。

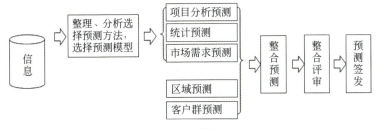

图31　预测的重点

（1）地区部各部门在预测流程中承担主要责任。

地区部/代表处提供区域预测，产品行销部提供市场分析报告，营销管理部提供区域短期销售，大客户系统部提供大客户要货预测。

（2）重点关注项目信息反馈和特殊需求信息反馈。

项目信息是短期预测的基础，必须全面反馈项目一览表，及时更新动态信息，严禁漏报、不报，对一线人员瞒报项目的倾向要有管理办法。项目信息从立项开始就要上报，不要等到中标甚至合同签订后再报，否则会造成物料准备期不足，导致供货延迟。重大项目要尽可能将进展信息反馈详细，包括项目背景、特征、有利和不利因素、关键问题等，有助于做出正确判断。要重点把握住这几个关键要素：把握度、预计签订时间和要货时间、项目配置情况等。

专有产品及部件、处于版本切换状态和受控销售状态的产品及部件一定要单列，特殊需求也要单列，需求信息反馈和沟通要及时，同时引导客户减少配置更改，在货期上留有余地。受控销售类产品及部件在报价前必须要报产品行销部批准，以确认是否可以供货。对于突破 ESS（早期发货量）计划量的，还要反馈 PDT，报公司 IRB（投资决策委员会）批准。

(3) 信息的分析和处理能力是制定预测的核心。

预测人员需要甄别、核实已收集信息的真伪，错误的信息可能会给公司造成损失。重大项目及机会点对最终预测结果的影响巨大，需要重点关注和分析。在收集市场信息数据后要进行处理和分析，选择适当的预测方法和模型，最后完成向预测结果转变的深加工过程，这是预测全过程中最困难但最关键的一步。

预测方法分为定量方法和定性方法。

定量方法包括回归分析法和时间序列法。回归分析法包括两种，即从市场空间及份额推导预测和项目把握度加权分析法；时间序列法包括移动平均法、指数平滑法和季节指数法。定性方法包括趋势分析法、经验判断法、因果分析法、销售人员意见综合法和专家意见综合法。

在制定预测的过程中，要综合运用各种预测方法，将宏观分析和微观分析相结合，定性预测和定量预测相结合，项目分析与趋势分析相结合。

(4) 加强与客户的沟通是关键。

要想提高预测的准确性，加强与客户的沟通是关键。预测数据处理方法和预测工具只是辅助手段。

(5) 用销售考核方式提高预测准确性。

资源存折法：对市场营销行为的一种独立核算的方法，把销售额作为收入，成本、费用等作为成本，收入减去成本就是该销售员的业绩。

资源存折法与传统的销售业绩考核方法的最大区别是：除了考核业务人员的销售额之外，还要对相关的成本进行核算扣减。核算的成本除了传统的运输、办公等常规费用以外，还包括库存持有成本和追急单的资源占用成本。

2.2　计划平衡

很多公司都会根据市场需求预测安排物料等资源准备，这是错误的！市场需求预测相对独立，也容易发生变化，供应链后端部门根据预测准备资源会跟不上市场的变化。一味地强调后端部门应无条件地满足一线需求是不理解供应链复杂性的表现，会导致大量库存积压且供货困难。

市场和供应之间需要进行计划平衡，即结合预测和供应现状制定 S&OP，这个过程称为计划平衡。华为建成 S&OP 运作机制是在 ISC 项目上线之后，标志着华为供应链走向成熟，华为在此之前进行了十多年的探索，经历了混乱而艰难的历程。

华为供应链计划业务发展历程

1995 年之前，手工计划。

1995 年，MRP 计划，基于自研的小工具。

1997 年，Oracle MRP Ⅱ 系统上线，强化预测组织，成立计划委员会（简称计委），结果计委运作失败。

2001 年，分四个产品线成立了计委 + 订单部，计划与订单履行分组织运作。

2003 年，ISC 推行，i2 APS 系统上线，支持日计划，计划效率提升。

2005 年，成立企业计划部和一级计委，开始 S&OP 运作，全球计划模式初成，GSC 项目启动，APS 系统优化，支持多供应中心计划。

2010 年，成立工程计委，开始计划集成及多业务模式 IT 支撑建设。

2014 年，集成服务交付项目（ISDP）把安装交付与前端拉通，实现 IT 化。

2017 年，基于开放平台的数字化转型，重构 IT。

计划业务模式

从 SCOR 模型看，计划贯穿于整个交付过程，是端到端交付体系的纽带和控制中心，驱动其他各业务流程正常有序的运作。计划是供应链的核心，就像人的中枢神经系统，企业通过对计划的制定、执行、检查、调整的全过程合理利用人力、物力和财力等资源，有效协调企业内外各方面的生产经营活动，提高企业效益。

华为的计划模式从原来的 MRP 向 S&OP 升级，基于 S&OP 理念重组计划流程，其计划业务主要由以下三部分构成。

企业运作计划：S&OP 也称销售与运作计划，用来支撑 BP（经营计划）的实现，由企业计划部（EPU）主导，主要负责 S&OP 会议的召开，协调相关部门一起制定并发布 S&OP，S&OP 调整与计划管理，计划策略制定及战略储备等。

市场计划：属于市场体系，主要负责各片区的要货计划（预测）的制定、评审和汇总，并定期输出市场要货计划，参与季度及年度销售计划的制定等。

生产计划：为 S&OP 的制定提供物料和产能数据支撑，并根据 S&OP 制定相应的物料需求计划和生产计划。实时监控库存水平/到货控制和生产状况，保证订单的及时交付，可细分为主生产计划、采购计划、加工计划等。

S&OP 的重要性

S&OP 是一个业务过程，通过对市场、研发、采购、生产和财务等部门的沟通协调，在供应和需求之间寻找平衡，制定出可执行的供货计划，其指导原则是公司利益最大化。

S&OP 能够提高计划的可执行性，对于暂时不能满足的需求也会做出安排，实现一个计划拉通全局，减少前后端的 PK，能够以经营利润为目标考虑各种制约因素。

S&OP 可以大幅提升计划质量与运作效率，推动供应链绩效的提升。S&OP 的主要测量指标有执行过程指标、业务运作指标、供应链绩效指标。各指标的关系如图 32 所示。

S&OP 在公司运作中起到承上启下的作用，S&OP 可以支撑 BP 的有效落实，也是指导生产、采购等业务环节开展工作的重要依据。S&OP 计划是指挥棒，可以统筹供应链运作，避免由于部门墙及部门局部利益影响企业的整体效益。

S&OP 的统一作战方针是在专业化分工的基础上建立协同运作机制，通过跨部门团队（研发、市场、采购、生产、财务等）的决策机制统筹销、采、产、流、存的整体平衡，实现集成、协调的计划。

S&OP 运作还可以发起重要的改善项目，从全局出发改善供应链的运行。

S&OP 流程

通用的 S&OP 流程包括制定要货计划、供货计划、财务评审，通过 S&OP 会议输出分产品线的 S&OP，在公司级 S&OP 会议上进行确认或跨产品线的平衡调整。华为的 S&OP 流程首先是由地区部先对本区域的需

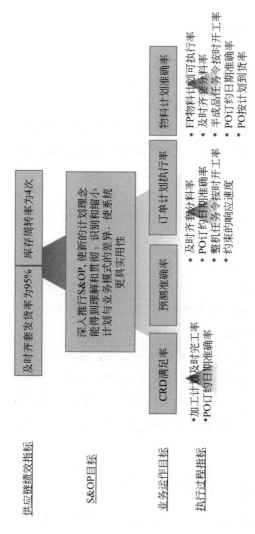

图 32 S&OP 各指标的关系

求进行优先级排序，制定初步"平衡"的计划并呈递总部，总部将按不同产品线分别操作。

(1) 从市场预测到 S&OP。

S&OP 的输入包括需求信息和能力信息，需求信息分为市场预测、客户订单信息，能力信息分为物料约束和产能约束。进行平衡决策后的 S&OP 计划输出综合考虑了能力约束的解决方案和市场需求的满足方案，对于需要推迟供应的客户需求，市场部门应与客户沟通。平衡过程要考虑对财务指标的影响，这是 S&OP 平衡的难点（如图 33 所示）。

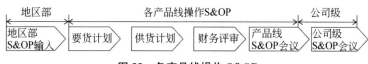

图 33　各产品线操作 S&OP

要货计划：由销售和市场人员制定，根据客观事实或数据，结合主观判断，用科学的方法和工具对将来的需求进行预测，输出销售要货计划。

供货计划：首先提出分产品的供应能力评估结果，然后制定与要货计划尽量匹配的供货计划建议。

财务评审：从资金支撑能力、资金占用与呆滞的风险、盈利水平评估供货计划。

产品线 S&OP 会议：分产品线独立运作，产品线总裁担任主任。

公司级 S&OP 会议：由具备公司级影响力的领导担任计委主任，以解决跨产品线的 S&OP 问题，并就最终的 S&OP 计划达成决策。

(2) S&OP 决策原则。

S&OP 决策的制定应遵循一套统一、系统化的方法，以生成最优化的 S&OP 计划（如图 34 所示）。

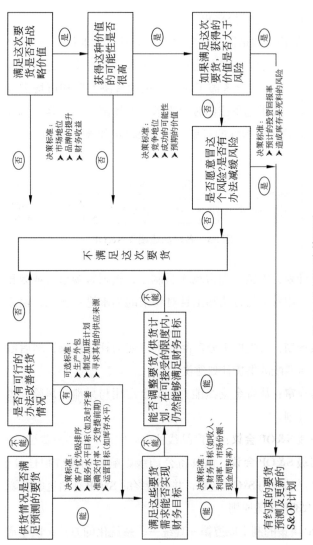

图 34 S&OP 决策原则

(3) 基于 S&OP 的其他计划。

基于 S&OP 计划及 S&OP 会议纪要，各部门将制定以下计划。

市场交付计划： 制定交付计划，做好客户沟通，有序满足市场需求。

物料计划： 指导物料采购及提供给供应商备料的预测。

产能计划： 根据 S&OP 计划调整产能，主要包括设备和人力等。

物流计划： 根据 S&OP 计划，物流部门规划物流能力。

库存计划： 包括成品、半成品、原材料库存量安排及库存预算。

财务计划： 财务资金计划及预算。

S&OP 计划还是运输计划、安装资源计划、长单及战略储备计划的依据，也是供应商认证及价格谈判的重要输入。

根据 S&OP 计划制定采购及生产计划的逻辑图如图 35 所示。

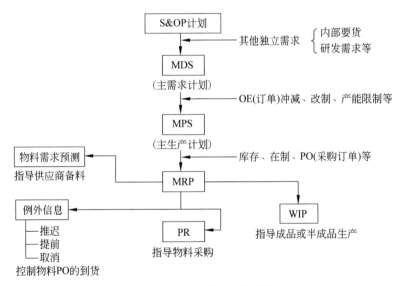

图 35　制定采购及生产计划

组织保障

为了推动 S&OP 流程的落实，实现有效的 S&OP 决策，华为在公司层面设立了计委（一级计委、二级计委）和企业运作计划部（EPU），并在地区部建立计划部，把计划触角延伸到一线。

(1) 计划委员会——高层领导参与供需平衡。

一级计委：负责对月度 S&OP 计划及相关问题进行审批和决策，识别中长期的供需矛盾，决策物料战略储备，以及资源紧张情况下的跨产品线 S&OP 决策。

二级计委：产品线二级计委的主要职责是从产品线层面针对供货和要货平衡问题进行决策。

(2) 企业运作计划部（EPU）——支撑 S&OP 运作的一级部门。

EPU 作为计委的参谋机构负责建立计划流程，监控流程的实施及评价；对公司各计划部门进行行业管理，提升全公司的计划能力；提出月度 S&OP 计划建议，提交计委审批决策；监控 S&OP 计划的执行并协调运作相关事宜。计划是涉及全局的重要工作，EPU 的一级部门定位可保证其中立性和推动工作的有效性。

(3) 地区部层面的 EPU——落实计划的执行者。

地区部层面的 EPU 负责确保地区部层面的销售预测及要货计划的健全性，推动 S&OP 流程的落实，提出地区部层面的要货和供货计划，提交地区部总裁审批，执行地区部层面的 S&OP 计划。

IT 支撑

华为支撑计划业务的 IT 系统框架为 ERP + APS，如图 36 所示。

通过引入 APS 排产系统，业务流程从原来的 MRP 计划升级为以 S&OP 为核心的高级计划，增加了需求计划、S&OP、主计划、订单承诺

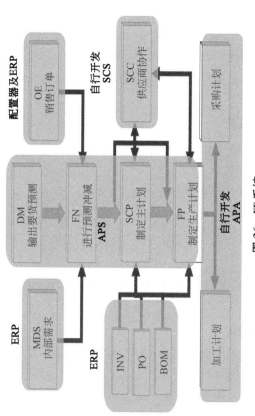

图 36 IT 系统

和工厂排产等功能模块,以大幅减少人工干预计划结果的情况。

ERP 系统获取实时的基础数据、生产数据及交易数据,为 APS 提供数据库支撑,主要计划运作在 APS 中实现,这样做的好处有两点,一是可以保证更快速地制定计划,二是可以通过模拟排产发现约束物料。

库存控制

做好计划对库存控制而言是第一要务。除此之外,还有一些常用的库存控制方法。库存控制的原则是既要保证及时交货,又要尽量减少库存。

ABC 分类管理

A 类:品种、实物量少而价值高的物料,其成本金额约占 70%,实物量不超过 20%。

C 类:品种、实物量多而价值低的物料,其成本金额约占 10%,实物量不低于 50%。

B 类:介于 A 类和 C 类之间的物料,其成本金额约占 20%,实物量不超过 30%。

固定供应天数的设定:A 类一般设定为 7 天,C 类设定为 30~60 天。

关键物料储备

对战略性物料要做适当的长单或储备,根据一定的方法(如根据其历史用量和未来 6 个月的需求量)对各种物料设定安全库存。对于较大规模的储备,需要升级决策。

灵活的配送方式

针对价值高、需求较平稳的物料,可以采取 VMI 采购模式。VMI 采购模式是减少库存的好办法,但如果与供应商协同不好,只是把库存转移给了供应商,则会造成采购价上涨。

针对专用性强或体积大的物料,可以采取 JIT 或 DUN 采购模式。

这类物料在供应商选型阶段就要考虑近距离运输的方便。

加强齐套性管理

计划的下达要尽量保证物料到货的齐套性，减少大量物料等待少部分物料的情况。通过预缺料管理、风险预警和风险升级机制可以提高齐套性。

2.3 订单履行

经过客户优先级排序和供需匹配，市场部门在接单时应充分考虑生产能力和资源状况，对客户的承诺基本上应是可实现的。合同管理专员负责订单履行的全过程管理。

OTC 与订单履行

OTC（Order To Cash，订单到现金）是从客户订单到回款的过程。订单履行是从接受订单到完成订单的全过程。华为的 OTC 项目整合了 CRM、ISC 等多个系统，支持端到端项目运作。OTC 的范围包括立项、投标、合同签订、制造发货和工程准备、工程实施、开票及回款、合同关闭（如图 37 所示）。

其中，供应链订单履行范围包括参与投标、合同管理、合同处理、合同统筹和产品备货、运输、齐套交付产生应收。订单履行业务流程如图 38 所示。

计划线与订单线

基于 S&OP 驱动周物料需求计划、库存计划、加工计划等，为日订单交付提供资源支撑。周计划与日计划的关系如图 39 所示。

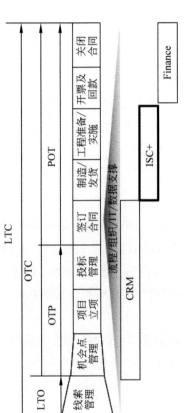

图 37 OTC 过程

第七章 华为集成供应链 | 323

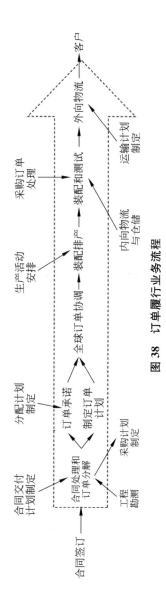

图 38 订单履行业务流程

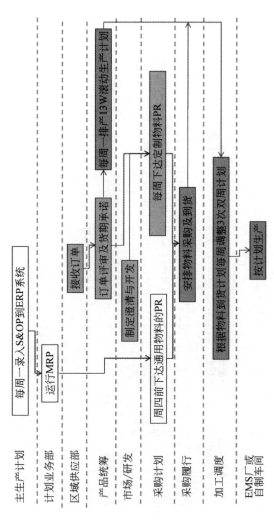

图 39 周计划与日计划的关系

订单履行的指导原则

① 四个一：软件交付一分钟、大合同评审一天、从订单到发货一周、安装交付一个月。

② 主动管理订单，而不是被动响应。

③ 供应链前端介入销售环节，参与合同评审。

④ 使用 ATP 工具，为合同签订环节提供准确的合同交付承诺时间。

⑤ 在制定计划阶段而不是执行阶段区分不同客户的服务水平。

根据客户群/客户区分服务水平；将产品的配额在逻辑上分配给客户群；建立排产规则，以在订单排产阶段区分不同客户；在执行阶段，根据排产订单的承诺日期决定优先权。

⑥ 按照唯一、可执行的发货计划运作。

发货计划是一个唯一的数据流，可以从不同细节层面上提供给多个部门浏览。

⑦ 所有承诺必须"一言九鼎"。

对客户订单的承诺包括：能力计划（预测/ERP 与交付能力计划）、订单承诺（预排产，客户订单承诺，出货计划安排）、订单可视（处理客户查询，报价，管理合同订单）、交付衔接（控制发货及安排物流承运和清关计划）、物流运输（多场景管理物料收货，入库，储存，验货）、外包协同（货物的安装计划协同，验收，开票与收款）。

⑧ 订单履行过程可视。

如何提高订单履行的质量和柔性

第一，利用合同配置器减少发错货的机会，提高交付质量。

第二，规范评审和高质量的订单承诺，保证后期交付过程的有效执行。

第三，利用合理的库存策略保证物料齐套交付。

第四，优化客户 PO 例外信息处理规则，利用窗口期保证自身柔性供应，降低库存持有成本。

第五，优化成品及时交货率以及成品、半成品的缓冲库存的比例。成品的及时交货率既包括对外部客户的及时交货，也包括对内部生产计划的及时达成，为了保证及时交货，应建立适当的成品、半成品缓冲库存。

3 采购管理

采购作为供应链的关键业务环节，其直接影响到公司的正常运作。高效率、专业化、内控风险低的采购流程才能满足公司的持续快速发展。华为把采购提高到了战略层面，通过集中认证选择供应商，借助高效的运作系统实现分散采购过程，打造先进的供应商管理系统，建立长期的供应商合作伙伴关系，实现低成本、高品质、稳交付的采购竞争优势。

3.1 华为采购与认证体系组织架构

华为将采购认证与履行分离，采购认证管理部独立成一级部门，供应链管理部下设采购履行。这就是业界主流公司的采购原则：集中认证、分散采购。在此原则的指导下，建立物料专家团（Commodity Expert Groups, CEG）进行集中采购认证的组织，进行商务谈判和供应资源管理工作。

各 CEG 负责采购某一类/一族的物料。按物料族进行采购运作的目的是提高采购业务的运作效率，并运用二八规则在全球范围内最大限度地形成规模采购（如图 40 所示）。

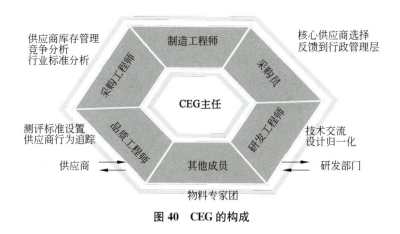

图 40　CEG 的构成

每个 CEG 都是一个跨部门的团队，通过统一的物料族策略、集中控制的供应商管理和合同管理提高采购效率。

在这个架构下，上层设立了集团采购委员会、采委会生产分会、采委会行政分会、采委会工程分会、采委会基建分会等，进行分层审批和采购项目的评审决策。同时，这个架构可以同质复制，也可以随物料种类的增减而改变专家团的数量。

3.2　采购认证与选择

任职资格与采购授权

如何实现"集中认证"呢？这是一个自下而上进行业务批准的决策架构，对于人员的能力要求、组织的授权原则都有明确规定：每个职位的人员都要有相应的任职资格要求，业务运作采取分级授权的原则。

（1）任职资格。

专家团的每位成员都有各自不同的任职资格要求。采购作为一个敏感的职业，有其自身特有的一些职业素质要求。

(2) 采购授权。

采购授权对于采购业务的及时决策具有很重要的意义。对于一个集团公司来说，采购业务领域、采购资源、采购金额、商务条件、付款条款、验收条款等各不相同，需要依据不同情况设立相应的采购组织，且对采购金额进行相应的授权，依据采购金额分层级管理各层次的采购业务。对于采购效率来说，分层级的权签有利于业务的及时决策和重大事项的升级处理。

① 金额授权：对于生产采购来说，分为研发采购和量产采购，设定专家团主任、分团主任可以进行商务谈判的金额；设定分团主任、专家团主任、采购认证部长可以审批的金额；采委会生产分会、集团采购委员会可以集体决策的金额。

② 工作委托：为保证采购业务不会由于临时或较长时间的人员离岗而停滞，CEG一定要对其离岗期间的具体工作项目进行委托，且指明问题升级处理的决策人员。

③ 授权原则：对某物料类别的CEG进行工作委托时，只能授权给同一分团的CEG同事处理其业务；上级向下级进行工作授权时，只能授权给负责相应物料的分团进行相应的采购业务，所有采购信息只能在本分团和上一级采购组织范围内共享。

认证业务的模式

采购认证人员要遵守一个基本的工作原则：规则在前，操作在后，异常情况，集体决策。采购认证人员通过各种信息搜索方式获取长名单，对长名单进行资质、体系认证及小批量验证，对长名单供应商提供的物料/服务能否满足要求进行认证，此时的评价重点考虑供应商资质、管理体系、物料及服务的质量和技术以及持续供应能力等。

执行的步骤为：供应商问卷及资质调查、问卷及资质审视、供应商体系现场考察、样品认证、小批量试用、综合评估、签署TQRDCES

协议、合格供应商上网（如图 41 所示）。

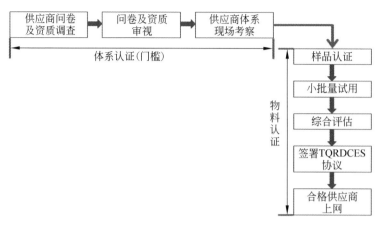

图 41　认证执行步骤

各角色的工作内容如下。

(1) TQC 的认证工作。

TQC 的核心工作是技术质量认证，包括供应商认证、物料技术质量认证、来料质量异常处理、供应商质量表现管理。同时，还要配合周边部门的工作，如研发过程中的技术支持、质量标准的评审、配合 CEG 和采购员一起管理供应商、协调供应商配合公司的例外需求。

TQC 的工作流程包括新供应商认证流程、新物料认证流程、结构件签样流程、SCAR 流程等。

(2) CEG 的认证工作。

CEG 的核心工作是商务认证，包括供应商认证、物料价格认证、商务条款谈判。同时要指导 TQC、采购员管理供应商。

(3) 专家团主任的工作。

专家团主任的核心工作是制定年度采购策略以符合公司的年度采购预算，并分解任务到下属，考核每一个 CEG 成员的采购 KPI 指标，如降价幅度、成本节约率、重点 ITEM 降幅达成率、供货及时率、来料不良率、市场返修率等。还要管理本专家团的供应商资源池，制定策略以进行供应商的优胜劣汰，从而引进业界的优秀企业并淘汰劣质供应商。

专家团模式的优点

专家团模式可以很好地体现"集中认证"原则，所有与采购相关的技术、质量、商务等核心要素都由一个团队完成，能保证认证效率和采购综合成本最低。专家团成员是联系供应商的窗口，只有这个部门的人员可以对供应商进行采购承诺，能够规避商务风险。专家团承担采购的主要责任，方便公司审计。

供应商选择

(1) 供应商选择的目标。

负责供应商选择的主体部门是采购部的各物料专家团（CEG）。采购部在向外部供应商采购物品、服务和知识资产时，有责任为公司获取最佳的整体价值。因此在选择供应商时，CEG 有以下两个主要目标：

- 选择最好的供应商；
- 评定公平价值。

(2) 机制保证。

完善的供应商选择/公平价值判断流程可以确保公司选择最符合自身利益的供应商，使采购获得最公平的价值，同时保证向所有供应商给予平等的赢得生意的机会。该流程的基本原则是公平、公开和诚信，并由以下机制保证：

采购集中控制：采购是公司内部唯一授权向供应商做出资金承诺、获得物品和/或服务的组织。除此以外的任何承诺都视为绕过行为和对公司政策的违背。

供应商选择团队：供应商选择将由相关专家团主任组建团队进行，成员包括采购和内部客户的代表。小组的使命是制定报价邀请书

（RFQ）和建议邀请书（RFP），确定能够按照公司要求提供所需产品或服务的现有的合格供应商名单。这个团队管理供应商选择流程，参与评估供应商的回复以及选择供应商。

供应商反馈办公室：如果供应商在与公司的交往中有任何不满意的地方，则有专门的帮助中心负责收集供应商的反馈和投诉。

(3) 供应商选择的方法。

在合格供应商（短名单）的基础上通过竞争的方式进行供应商选择，最终输出中标供应商的信息及价格等商务信息。

供应商选择的方法：竞争性评估、招标、价格比较、成本分析。由于在前端考虑了技术、质量等因素，所以此时重点关注价格，具体体现为竞争性评估中的商务部分要求超过70%。

供应商选择的终极目标是确保谈判成功。谈判不仅是采购部门的单独行动，更是一个企业的整体行动。通常，谈判准备小组需要以下部门人员的支持。

采购：引发变化，主导采购谈判准备工作，收集供应商信息。

财务：帮助团队分析供应商的成本结构、报价组成及其合理性。

物流：帮助合理安排运输，提供供应商分布合理性的建议，实现总采购成本的最低。

研发/工程/生产/技术：共同确定供应商评估要素，保证采购物资的可操作性。

整个谈判的关键点是：明确分工、主谈与辅助默契一致、出牌顺序与节奏把控、策略性妥协、固化结论。

3.3　采购降成本手段

降价是一项系统工程，要建立相应的流程以帮助采购人员确定目标、制定战略、落实目标。降价指标对内是衡量供应管理部门成绩的标准，对外是驱动供应商不断提高的动力。

首先要统一降价基准，要关注以下几个方面。

第一，统计口径要统一，方法要客观，整个降价的成本核算工作由财务部门牵头。

第二，一定要与降价总量和其他指标挂钩，如库存周转率、质量合格率、按时交货率等。

第三，只能把实际发生的计入降价。

第四，要"翻译"成公司或事业部的大目标，如提高公司总利润率0.5%、降低最终产品成本2%。

降价手段可以采用以下几种方法。

第一，集中采购，通过整合供应商将采购额集中，取得更好的议价优势和规模效益。但集中采购往往会降低采购灵活性、采购响应速度、内部用户的选择余地。所以，集中采购有一个度的问题。不管采用哪种采购方式，其目的都要与公司的战略重点结合，而不是为了整合供应商而整合供应商。

第二，部件标准化有助于降低研发成本，减少一次性费用的支出，减少品质管控的难度，增加单件的采购量，缩短交货时间，减少装配过程中可能出现的错误，从而降低成本。

部件标准化可从以下几个方面着手。

① 采用供应商现成的规格和型号。对于供应商已经量产的成熟部品，其质量和供货均有保障，可以大幅降低研发成本、工模具投入、交货周期。但风险是将来的替代成本会比较高，因此最好选择多个供应商都有的部品和型号。

② 产品开发时采用模块化设计方案，使产品中的功能模块独立，并使不同产品中的功能模块标准化，从而降低研发成本，缩短研发时间和交货周期，加大单个功能模块的采购量。

③ 内部结构件要尽量标准化。

④ 螺丝及其他紧固件使用标准件。部件标准化是一项系统工程，贯穿从产品开发到生产的全过程，需要建立跨部门小组协调。

第三，采购早期介入产品设计阶段。

70%~80%的成本是设计阶段决定的。如果采购想提升对公司的贡献，就要有效地介入需求确定阶段，帮助做好设计和规划工作。供应商早期介入，即把供应商的好点子及早纳入设计，使设计更合理，从设计角度降低成本。

第四，建立战略供应商关系。建立长期互惠的战略伙伴关系有利于新产品的开发、关键资源的获得、发掘新的市场机会和提升核心竞争力，同时可以成为促进供应链合作提高效率的基础。

第五，在管理同一类物料供应商时，为了降低总体采购成本并控制风险，采购人员需要对供应商的供应份额进行管理。

① 运用供应商份额管理让供应商提供更优惠的价格。采购人员在准备RFQ时，提供预计的总订单规模，使供应商能了解报价基础，给出合理的价格。通常，供应商的初次报价会比较保守，在接下来的几轮讨价还价中，提高供应份额可以提高议价能力，供应商的价格会逐渐趋于合理。在季度降价或年度议价时，份额管理是采购人员达成目标的重要议价手段。

② 应用供应商份额管理进行风险防范。供应商如果出现某方面的问题，不管是质量和交货问题还是财务恶化，都会直接影响采购交付。对于量大或关键的产品，尤其要监控供应商的各方面状况，做好备份计划，随时调整份额，甚至变更供应商。

③ 对于不同的产品生命周期，采用不同的份额管理方案。

- 引入期：份额侧重于技术领先的供应商；
- 成长期：份额侧重于质量领先的供应商；
- 成熟期：份额侧重于质量和价格均衡的供应商；
- 衰退期：份额侧重于价格领先的供应商。

④ 对于不同的采购物料，采取不同的份额管理方案。
- 一般物料（Routine）：份额侧重于有价格优势的供应商；
- 杠杆物料（Leverage）：量大金额高，份额侧重于有价格优势的供应商；
- 瓶颈物料（Bottomneck）：份额侧重于价格和质量均衡的供应商；
- 战略物料（Strategic）：份额侧重于技术和质量均衡的供应商。

⑤ 如果一定要使用独家供应商，则要定期进行市场调查，确保价格的合理性和供应的顺畅。同时，必须有后备供应商计划，确保在独家供应商出现状况时能及时切换。

⑥ 对于新进入的供应商，双方需要一定的磨合，即使决定给予较大份额，也不宜一开始就直接给予较大份额，可采用逐步加大份额的策略。

⑦ 同一物料建议采用三层次供应商策略。份额较大的为主力供应商，份额较小的为追赶者，份额最小或暂无份额的为挑战者。这种健康的竞争格局可以使每个供应商时刻都有竞争压力，迫使它们主动改进自己各方面的表现以维持或提高其地位，从而使整体的供应商表现得到持续改善。

3.4　采购履行

采购履行具体包括参与供应商选择与管理，控制具体采购成本；按计划要求下达采购订单，跟踪到货，收取、验收及转运货物，申付供应商的货款；分析供需情况，向供应商发放预测；根据计划调整信息和设计更改信息，及时调整订单，控制到货（提前、推迟和取消订单）。

生产采购和行政采购负责日常采购的运作，以及与供应商和内部客户的沟通,及时处理采购请求和解决双方的问题。

供应商的交货柔性和及时交货

供应商的交货表现是影响物料齐套率的第一因素。

当交货柔性比较低时,库存是不配套或者短缺的,或者呆滞过多;当交货柔性比较高时,库存的配套率也会比较高。那么,如何提高供应商的交货柔性呢?先看整个供应链的采购过程,如图42所示。

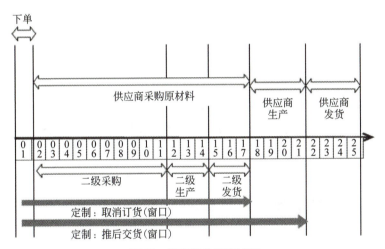

图 42 供应链的采购过程

在给供应商下 PO 单后,供应商需要采购、准备生产并做最终发货,供应商的供应商也同样存在一个采购、生产、发货的过程,称为二级采购。也就是说,供应商的交货柔性取决于它的采购、生产、发货周期及二级采购的整个周期。因此,可以从以下几点着手提高交货柔性。

(1)供应商的库存储备。

在预测比较准确的基础上,供应商有一定的成品或者原材料储备,整个采购周期就会缩短。

(2)共享信息实现及时交付。

与供应商共享项目总体计划及滚动项目需求预测,使供应商能够较早地在资源和材料方面做出准备,可以有效缩短交付时间。

(3)采购窗口期操作。

窗口期操作(取消订单的窗口期和推后交货窗口期)可以提高供应柔性。

(4)及时执行基于约束物料的 MRP 重新计划。

某物料的交货延迟会影响与之配套的其他物料的交货时间,这会引起 MRP 重新计划,及早发现约束物料并进行 MRP 重新计划可以提高齐套率。

(5)供应商及时交货。

采购追踪的过程就是一个风险的预防与控制过程,对发出的 PO 进行周期性循环盘点,以保证 PO 在绝对掌握之中。在货物实际到厂之前与供应商沟通多次,以确保及时准确地得到物料。

3.5 供应商管理

供应商管理要系统化、流程化,以便有章可循,减少人为因素的影响。

第一步:供应商分层分级。

供应商分类策略,区别对待供应商(如图 43 所示)。把供应商分为战略供应商、核心供应商、合格供应商、潜在供应商等不同类别,以区别对待(如图 43 所示)。没有分类,供应商策略就难以对症下药,例如花费太多精力淘汰战略供应商,而不是从战略层面改善关系或协调双方的目标。

第二步:整合供应商。

淘汰低效者,整合供应商,与战略供应商和核心供应商建立长期

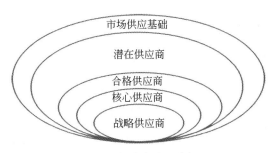

图 43　供应商分层分级

合作的伙伴关系。例如，与战略供应商制定技术和新产品的开发蓝图，确保双方的发展战略一致。战略供应商关系到公司的兴衰存亡，战略关系要看长远。

第三步：供应商绩效管理。

依据供应商的等级进行半年度和年度的供应商评审工作。CEG 组织 TQC、采购员一起填写"供应商表现评定表"，从技术、质量、响应、交货、成本、环境、社会责任（TQRDCES）七个方面对供应商进行全方位的评定，以此决策该供应商在某类物料供应商资源池中的地位，并依据年度采购策略增减供应商（如图 44 所示）。

图 44　供应商资格

现场管理和定期评估相结合是对项目供应商进行绩效管理的好办

法。工程项目现场交付管理的职责由现场工程师承担，负责辖区内供应商的交付质量、进度的监控和管理，在现场管理和物料/服务交付管理的基础上定期对供应商进行绩效评估，数据来源于现场管理工程师和物料品质检验/服务接受部门。通过对供应商交付和响应的持续关注并纳入绩效管理，促使供应商持续提升服务水平。

供应商绩效评估的步骤分为：制定评估标准和计划、全流程过程监控、集体绩效评估、供应商考核、供应商改进。

第四步：供应商与公司的集成。

集成也意味着将供应商在早期纳入设计阶段，确保从一开始就选择最合适的合作伙伴，从而减少以后的问题。

3.6 监督与风控机制

监督机制

公司要建立审计和日常业务监督机制，保证采购的内控风险降至最低。

① 审计部要从流程的符合度和重大项目的稽查上保证采购的内控风险处于受控状态；

② 运作支持部要从日常运作和数据维护等方面及时发现不规范或违规的采购业务；

③ 干部部要对监督机制的有效运作提供人力资源保障，对违规行为和人员进行实时处理。

风控机制

（1）早期介入产品开发和市场投标。

CEG 和技术认证中心在研发部和供应商之间架起了沟通的桥梁，

推动供应商早期参与华为的产品设计，取得双方的技术融合以及在成本、产品供应能力和功能方面的竞争优势。在产品设计阶段，采购的介入可有效地把控物料的可获取性、可采购性、产品的可制造性，以及可能的模具化、归一化、模块化、标准化、通用化，提早发现约束物料。

工程采购部和销售部门一起参与客户标书的制作，使采购部尽早了解到客户配套产品的需求，从而确保解决方案能够及时交付。

(2) 岗位轮换制度。

岗位轮换制度可以降低采购内控风险。对已经在公司工作一定年限的采购人员，要进行采购组织内部的不同物料族岗位轮换，以及公司范围的职能岗位轮换。

(3) 符合业务循环监控要求。

采购四分离：采购执行过程中的申购、采购、验收、支付须职责分离；重大项目要求决策与运作分离；需求必须经过审批；采购订单的下达必须遵从认证结果；采购物品/服务须经过独立的验收。

(4) 招标内控要求。

规则在前，操作在后；供应商资质、技术/质量认证在前，价格确定在后；不允许在评标环节以结果逆向改变规则，对于招标结果不满足业务要求的，需要重新立项；招标策略/方案及评标结果应根据标的大小报上层决策，决策层级包括采购管理委员会、二级分会、专家团/项目评审组；除明确价格跟随策略外，揭标后不再接受新报价。

对于框架招标内的项目性需求，也可以单独进行项目竞价。

(5) 供应商过渡风险控制。

在新供应商的引入过程中，需要制定相应的过渡时间计划，从确保稳定的供货，不因为供应商的变更而发生中断，影响生产。

在从原供应商向新供应商过渡的过程中，通常还要保持与原供应商的供货关系，新供应商需要一个"试用期"，先从较小的量开始，直到供应量稳定后才能与原供应商脱离关系,各采购类别的过渡时间应根据实际情况确定。

(6) 主动寻源,减少独家和双唯一。

4 制造管理

制造管理包括产能管理、设备管理、工艺管理、现场管理、质量管理、制造自动化及信息化等内容。制造管理的重点是工艺管理、质量管理和设备管理。新产品导入是构建新产品供应链的关键阶段,也考验着制造管理的综合水平。

4.1 新产品导入

(1) 定义。

新产品导入(New Product Introduction,NPI)是指在新产品的研发样机开发完成后,由 NPI 团队在生产试制线根据新产品导入流程完成新产品的试生产,把新物料、新工艺导入生产环节,使新产品符合量产标准。

(2) NPI 流程。

从广义上说,从产品开始研发立项开始,目标就是导入量产。所以,广义的 NPI 流程分为图 45 所示的七个阶段。其中,P1~P3 为研发阶段,P4~P7 为狭义 NPI。也可以把 P1~P7 称为研发性 NPI,P4~P7 为 OEM 生产性 NPI。华为的新产品导入早期由制造代表介入研发评审,后期的四个阶段,制造代表承担主导和把关责任。新产品导入一般是指后面四个阶段。

依据产品图样及规格要求,首先进行工程性评审验证(EVT),然后进行设计验证(DVT)及量产验证(PVT),达到量产标准后才可以

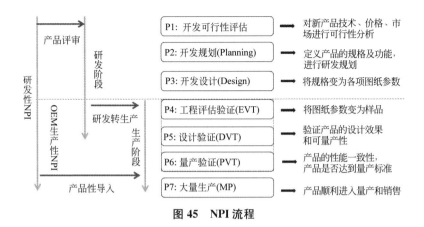

图 45 NPI 流程

转量产（MP）。

在 EVT（Engineering Verification Test）阶段，过程失效模式及后果分析（Process Failure Mode and Effects Analysis，PFMEA）是 NPI 的关键环节，它是负责制造/装配的工程师/小组主要采用的一种分析技术，用来最大限度地保证各种潜在的失效模式及其相关的起因/机理已得到充分的考虑和应对，其中包含所有的产品关键点、装配关键点和 QA 重点管控点，据此可以知道生产该产品的风险在哪里以及需要预防的措施有哪些，可以为 QA 提供很好的质量控制节点。

在 DVT（Design Verification Test）阶段应当完成生产制程管理计划（Process Management Plan，PMP）初稿，目的是通过合理的流程与方式对关键制程规划出适当的管理方式，并于试产实施前依据 PMP 内容完成标准作业指导书（Standard Operation Procedure，SOP），并且于试产过程中验证 SOP 内容的有效性。

在 PVT（Process Verification Test）阶段验证产品是否达到量产标准。试产后可转为批量生产的品质要求：一般来说，合格率应达到 95% 或以上，低于 95% 的合格率需要在评审后进行改善，并在改善完成后安排第二次试产。文控室将产品检验标准、工艺文件等技术文件资料受控后发给相关部门,以便在量产时有章可循。当第一次量产出现设计性问题时,NPI 有责任协助解决问题。

MP 阶段要做好新产品量产追踪,NPI 工程师还需要深入制造现场,生产中可能存在一些潜在的未发现的问题,为了再现性预防及校正,要做量产后追踪。量产追踪时,针对生产线的测试数据和生产记录做统计,如果各种报告数据显示此产品没有问题,完全可以大量投产时,则把追踪报告提出存档,至此,新产品导入生产作业完成。

(3) 量产标准。

量产标准是产品最重要的质量标准,用来从多方面衡量产品是否可以转量产。就供应链运作而言,量产评价可以分为以下五个方面。

技术:从性能指标及良品率和稳定性等方面进行评价。

制造:从工艺、装备准备度等方面评判是否达到量产的效率要求。

采购:从物料可获得性方面评价是否支持规模化供应。

计划:检查现实的物料风险、质量风险等影响量产交付的因素。

其他:检查量产运作的配套能力,如工程安装及维护准备度等。

(4) NPI 项目的三个重点跟进点。

在新产品导入过程中,为了缩短试生产过程,项目的重点是做到三个跟进:文件跟进、物料跟进和问题跟进(如图 46 所示)。

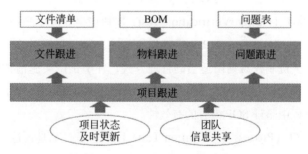

图 46 NPI 项目的三个重要跟进点

(5) 对 NPI 工程师的要求。

在试产过程中，NPI 工程师必须协调各相关环节发现和排除问题，以免把设计上的问题和制程上的问题带入量产。NPI 工程师既要了解产品技术，也要熟悉制造技术及供应链运作，所以 NPI 工程师应该是综合型技术人才。事实上，优秀的 NPI 工程师可以作为制造代表加入 PDT 团队，代表供应链部门帮助塑造产品的可生产性。

(6) 华为制造代表的培养历程。

华为早期产品的问题很多，公司要求研发人员要成为工程商人，开发产品时要考虑可生产性和能否卖得出去。后来发现，研发工程师不可能是全才，IPD 流程解决了研发分工协作问题，十多个角色配合解决产品的 DFx 问题（设计阶段构建可生产性、可采购性、可服务性、可销售性等）。

研发的产品要具备可生产性，制造代表要发挥关键作用。制造代表要比研发工程师更懂可生产性，这样的制造代表从哪里来？如果生产部门没有这样的能与研发人员对话甚至 PK 的人才，研发部仍然是我行我素，只能按照自己的理解设计产品。

华为制造代表的培养历程如图 47 所示，分为四个阶段。

NPI 是供应链的把关者，它将转量产标准融入 IPD，确保在产品开发阶段就构筑产品质量，并保证产品的可供应性，从而提升供应链水平。

新产品导入部门根据新产品的开发进度分阶段地参与产品开发，使新产品能够快速、稳定、及时、高效、高质量地导入供应链制造系统。制造代表作为 PDT 核心组的成员参与各 TR 技术评审及产品、模块、单板规格变更评审，组织工艺设计人员参与 PCB 布局、布线、投板评审，早期销售评估，试产工艺验证，总体制造准备完成度评估，订单履行准备评估等活动。

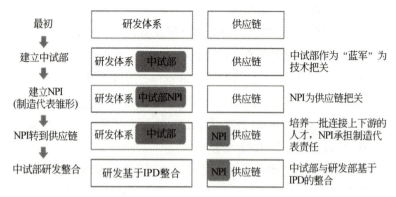

图 47 华为制造代表的培养历程

4.2 生产工艺管理

生产工艺管理是对企业生产工艺准备活动进行的组织、协调和控制,其主要目的是在保证产品的设计要求和质量的前提下,最经济合理地将产品制造出来,它是产品设计与制造相连接的关键所在。搞好生产工艺管理可以实现:

- 缩短产品生产周期,提高产品竞争力;
- 提高产品的质量;
- 降低物料消耗,降低生产成本;
- 提高劳动生产率。

生产工艺管理的主要内容如下:

- 产品设计的工艺性分析与审查;
- 工艺方案的制定;
- 工艺规程的编制;
- 质量控制计划的制定;
- 工艺装备设计、选择与制造;

- 材料消耗定额及工时定额的审定；
- 旧工艺的改进和新工艺的推广；
- 工艺管理制度的制定和工艺管理方法与手段的完善；
- 新产品试制的组织与鉴定。

生产工艺管理的基本方法如下：

- 重视工艺情报工作，定期、及时地收集和管理国内外有关生产技术的发展动态和先进工艺方法并充分加以利用；
- 重视现有工艺手法和手段的改良研究，尽快、尽可能地采用新工艺和新方法；
- 重视工艺典型化和标准化工作，减少工艺准备工作量，缩短工艺准备时间；
- 健全的工艺文件管理。

精益生产

精益生产包括的范围很广，按照丰田生产方式创始人大野耐一的说法：“我们所做的，就是不断压缩从客户下单到我们收到货款所用的时间；我们通过减少无附加价值的浪费而缩短时间。”精益生产的基本要求是准时生产和全员积极参与改善。精益生产常用的十大工具包括价值流分析、标准化作业、目视化管理、全员设备保全（TPM）、精益质量管理（LQM）、均衡化生产、拉动式计划、快速切换、准时化生产（JIT）、全员革新管理（TIM）。

精益生产主要是自下而上的改进，一般是由工艺部门推动和管理。多年来，华为的制造部门持续不断地进行精益改进，并取得了很好的效果。

有一种看法认为只要抓了精益，一切问题皆可解决。其实，精益生产主要适用于制造部门的改善，在面对更大范围的系统性问题时，需要自上而下的框架设计，IPD/ISC方法则更为有效。

4.3 生产设备管理

设备管理是指通过设备保全保养人员对设备进行维护和保养，以便使设备能正常运转，延长设备的使用寿命，提高产品质量，以做到优质、高产、低耗。

经常保持机器设备的完好状态，充分发挥设备效能和延长其使用寿命，是保障正常生产的不可缺少的条件。设备的维护和保养工作必须密切结合生产，贯彻预防为主和保全保养并重的原则，即严格按照周期规定做好预防性的维修保养工作，恢复机器设备的工作能力。

5 物流管理

华为的物流系统主要分为厂内物流和成品运输两个部分。厂内物流按生产工序划分为半成品加工前端物流（原材料物流）和整机装配物流，分别由中央收发监控部和生产部门负责。成品运输主要由国际物流部门负责。此外，区域销售中心（全球分为6大区域）肩负二次物流的功能，主要负责成品分拨。

5.1 厂内物流中心

物流系统功能

物流中心实现了仓储和分拣无人化作业，保证了物料的先进先出和准确的存储期限控制，库存数据正确率为100%。同时，WMS 与 Oracle ERP 系统相集成，实现实时数据交换，以保证物流信息的实时可视化（如图48所示）。

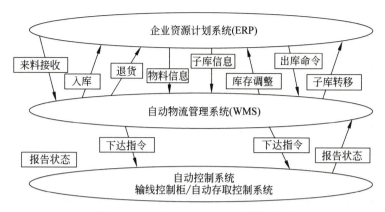

图 48　WMS 与 Oracle ERP 系统相集成

自动物流信息系统采用双机备份方式，重要数据定期备份，保障系统能够在意外情况下恢复。控制系统的应用程序存储于 EPROM 卡，不会因停电而丢失（如图 49 所示）。

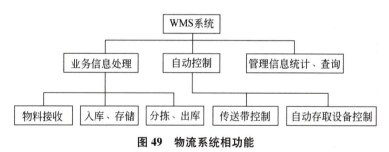

图 49　物流系统相功能

物流中心目标

满足市场的物流业务量，作为华为的中央库房（一级库）存储全球采购的原材料，包括 PCB 板、元器件、部分电缆、部分结构件等。自动物流中心由以自动化立体仓库为核心的仓储系统、自动分拣与输送系统、条码与 RF 系统等组成，在 WMS 的指挥协调下完成原材料的入库、存储、分拣、出库。

优化系统流程

(1) 收货与入库。

供应商将预发货通知单（ASN）通过 EDI 的方式发送给华为的 ERP 系统，华为按照生产计划安排供应商送货。供应商到达物流中心，按照车辆排队系统的指示等待卸货。在收货区，操作人员将整箱货物码放在托盘上或者放置在料箱里，并将预先打印好的条码标签贴在托盘或者料箱上，再扫描条码标签，使托盘/料箱与货物（SKU）建立关联关系。此后，SKU 进入 WMS 系统的控制范围，可以通过托盘/料箱条码实现对货物的管理。

货物在进入托盘或者料箱立体库前必须经过检验，未检验的货物放置在暂存区。已检验合格的托盘货物由入库人员采用叉车搬运至入库输送线（链式输送机），进入托盘立体库存放。料箱货物直接放在输送线上入库存放。

(2) 存储。

存储系统由托盘自动化立体库和料箱自动化立体库组成。托盘自动化立体库高 8 米，有 13 个巷道，13 台堆垛机，2 万多个货位。料箱自动化立体库用于存放小型物料，有 7 个巷道，7 台堆垛机，4 万多个货位。

(3) 分拣与出库。

在分拣区，WMS 系统根据 ERP 系统的生产计划模块发出的指令调出所需物料。两台穿梭机分别对应于托盘自动化立体库和料箱自动化立体库的出库货物运输线。已出库的托盘货物被送至分拣区，操作人员按照 WMS 系统的指示将相应数量的货物搬卸下来，放入出库输送机完成分拣。已出库的纸箱货物通过连接自动物流中心和生产线的输送系统进入生产车间，而剩下的托盘货物再重新送回立体库存放。料箱货物不需要分拣，直接通过连接自动物流中心和生产线的输送系统进入生产车间。在入库区设有紧急出库口，一些急需使用的货物可以不再入库而直接经过分拣进入生产线。

除了在自动物流中心存储大批量原材料外，华为在生产线旁还设有小型的线旁库（二级库），其中包括10台自动货柜，可以存放一至两天生产所需的物料。线旁物料管理也采用了条码和RF系统，实现了实时的批次拣料、理货、成品存放以及员工的工作量管理等功能，并降低了发错货的概率。

（4）实施效果。

华为自动物流中心已成为华为物流系统的核心环节，对优化物流作业、提高物流环节的效率、节约整个公司管理成本起到了重要作用。

具体来讲，自动物流系统给华为带来的效益主要表现在以下方面。

① 改善物料管理：通过采用WMS系统与条码系统实现货位管理，物料全部先进先出，且存储期限得到有效控制；可以对不合格物料进行隔离和系统管理，简化了盘点操作，满足了不断加快的生产节拍的需要；由于实现了WMS系统与公司主系统ERP的对接和实时监控，可自动生成和运行库存报表，以得到实时的库存金额，便于领导层决策；

② 采用自动化物流设备实现物料的自动存取、输送与分拣，大幅提高了作业效率，同时防止了人为操作产生的差错，使库存物料的准确率几乎达到100%；

③ 节省了仓库占地面积：自动物流中心建成之前，原材料平铺码放，占地面积很大；而自动物流中心的立体仓库的占地面积约为1.1万平方米，其存储能力相当于原来的4~5万平方米的平面仓库，大幅降低了仓储成本；

④ 物料安全有了可靠保障，几乎杜绝了物料丢失和损毁现象；

⑤ 供应链得到了优化，市场竞争力进一步提升。

(5) 持续改进。

随着华为的生产规模不断扩大,每年都要对生产线,包括物流系统进行比较大的调整,以满足现实需要。特别是通信行业的市场竞争也越来越激烈,企业的研发成本不断增加,给公司的管理和发展带来了很大的压力。随着华为与供应商伙伴关系的逐步建立,VMI 业务模式被广泛采用。通过系统优化,华为自动物流中心向供应商开放,支持华为的 VMI 业务。供应商将物料存放在华为的自动物流中心,在华为需要时将物料出库,实现拉式生产,从而提高库存周转率。

华为已经将全球供应链能力建设视为企业竞争力的重要组成部分,更加关注全流程的物流与供应链效率的提升和成本的降低,已在国外建立分拨中心,以缩短物流运输时间,进一步减少运输成本。

5.2 第三方物流

第三方物流是指生产经营企业为集中精力搞好主业,把原来属于自己处理的物流活动以合同的方式委托给专业物流服务企业,同时通过信息系统与物流服务企业保持密切联系,以达到对物流的全程管理和控制的一种物流运作与管理方式。因此,第三方物流又称合同制物流。从事第三方物流的企业在委托方物流需求的推动下,从提供简单的存储、运输等单项活动转为全面的物流服务,其中包括物流活动的组织、协调和管理、设计最优物流方案、物流全程的信息搜集和管理等。

基本特征

(1) 关系合同化。

第三方物流是通过契约形式规范物流经营者与物流消费者之间的关系的。物流经营者根据契约规定的要求提供多功能直至全方位一体化的物流服务，并通过契约管理所有提供的物流服务活动及其过程。其次，第三方物流发展联盟也是通过契约的形式明确各物流联盟参加者之间的权责利关系的。

(2) 服务个性化。

首先，不同的物流消费者存在不同的物流服务要求，第三方物流需要根据不同消费者在企业形象、业务流程、产品特征、顾客需求特征、竞争需要等方面的不同要求，提供针对性更强的个性化物流服务和增值服务。其次，从事第三方物流的经营者也因为市场竞争、物流资源、物流能力的影响需要形成核心业务，不断强化所提供的物流服务的个性化和特色化，以增强其在物流市场的竞争能力。

(3) 功能专业化。

第三方物流提供的是专业的物流服务。从物流设计、物流操作过程、物流技术工具、物流设施到物流管理都必须体现专门化和专业水平，这既是物流消费者的需要，也是第三方物流自身发展的基本要求。

(4) 管理系统化。

第三方物流应具有系统的物流功能，这是第三方物流产生和发展的基本要求，第三方物流需要建立现代管理系统，才能满足运行和发展的基本要求。

(5) 信息网络化。

信息技术是第三方物流的发展基础。在物流服务过程中，信息技术的发展实现了信息实时共享，促进了物流管理的科学化，极大地提高了物流效率和物流效益。

第三方物流的益处

在当今竞争日趋激烈和社会分工日益细化的大背景下，物流外协具有明显的优越性，具体表现在以下方面。

企业集中精力于核心业务。由于任何企业的资源都是有限的，业务上很难做到全能冠军。为此,企业应把自己的主要资源集中于自己擅长的主业,而把物流等辅助功能留给物流公司。

灵活运用新技术,实现用信息换库存,降低成本。第三方物流提供者借助精心策划的物流计划和适时的运送手段最大限度地减少库存,改善企业的现金流量,实现成本优势。专业的第三方物流提供者利用规模生产的专业优势和成本优势,通过提高各环节能力的利用率实现费用节省,使企业能从分离费用结构中获益。

减少固定资产投资,加速资金周转。企业自建物流需要投入大量的资金购买物流设备,以建设仓库和信息网络等专业物流设备。这些资源对于缺乏资金的企业,特别是中小型企业而言是一个沉重的负担。如果使用第三方物流公司,不仅可以减少设施的投资,还解放了仓库和车队方面的资金占用,加速了资金周转。

提供灵活多样的客户服务,为客户创造更多的价值。第三方物流提供者是物流专家,他们通过遍布全球的运送网络和服务提供者(分承包方)大幅缩短了交货期,帮助客户改进服务,树立自己的品牌形象。第三方物流提供者通过"量体裁衣"式的设计制定出以客户为导向的低成本、高效率的物流方案,使客户从同行者中脱颖而出,为企业在竞争中的取胜创造了有利条件。

6　供应链质量管理

产品的质量控制重点在前端研发阶段,但产品质量问题的爆发通常出现在后端交付阶段。制造是交付的中心环节,在制造阶段控制质量既便于发现质量问题,也便于把问题解决在公司内部。所以,供应链全过程的质量管控重心在研发,监控中心在制造(如图50所示)。

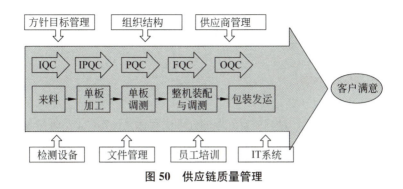

图 50 供应链质量管理

6.1 质量指标体系

质量管理部门应建立供应链管理全过程的质量指标考核系统,包括从来料、生产过程到市场的各个业务环节,通过层层分解落实考核,定期监控指标的达成状况,并且每年都要重新审视目标的设定,以确保供应链质量的水平能够不断提升。

6.2 质量控制

制造过程的质量控制主要以预防与过程控制为主,采取多种质量控制手段,包括合理设立 IQC、IPQC、PQC、FQC 和 OQC 质控点;对关键工序、关键工艺参数落实统计制程控制(SPC),对工序能力(CPK)进行评估;对各工序实施规范化的巡检工作;对于生产过程的变异,制定实施生产变异质量控制方案;建立全过程的质量预警制度,通过质量数据的定期统计及时发现质量异常状况,并及时纠正和改进。

6.3 质量信息系统

建立完善的质量信息系统,实现各项质量指标的统计和分析;建立生产过程产品条形码采集系统,通过条形码系统实现产品过程质量信息的前追后溯、质量信息的实时采集以及过程质量的 SPC 控制。

6.4 质量改进

建立完善的生产过程质量问题的处理流程体系,7×24 小时接收客户投诉。质量问题的处理应以跨部门团队的形式进行,对于重要问题成立专项小组进行处理;生产问题处理应使用"生产质量问题处理单"和"进料不合格处理"电子流作为支持。产品质量改进活动以两层质量例会的形式运作,广泛开展 QCC 和合理化建议活动,实施全员质量改进;引进六西格玛管理方法,并在供应链制造领域全面推广。

6.5 生产过程的控制

供应链质量、工艺和生产部门策划应在受控条件下进行,受控条件包括但不限于:
- 通过产品标准或技术规范等获得表述产品特性的信息;
- 具备必要的作业指导书;
- 使用适宜的设备;
- 使用监视和测量装置,对生产和服务过程进行监测;
- 有效实施产品/服务的放行、交付和交付后的活动;
- 通过软件生产质量控制、软件检验规范控制软件复制。

6.6 特殊过程的确认

对于生产中的特殊过程(SMT、波峰焊、老化),应采取如下措施进行控制:提供经批准的作业指导书;对操作人员进行培训和资格认可；对过程和设备进行认可；对使用的工艺材料进行控制；对过程参数进行连续监控；操作更改等。

6.7 标识和可追溯性

使用条码系统控制并记录产品的唯一性标识，工艺部门规定相对应的产品状态标识要求，制定相应的规范或操作指导书对各环节的标识进行控制。

通过公司条码系统和部件升级 ECA 执行控制，实现回收的可追溯及设计更改的可追溯。

6.8 产品防护

在供应链内部处理和交付到预定地点期间，针对产品及其主要部件的符合性提供防护，包括标识、搬运、包装、储存和保护。建立完善的 ESD 组织机构、培训和审查机制、文件体系和持续改进流程。各业务部门按 ESD 控制规范在工作环境、包装、储存、转运等作业环节采用静电防护；将产品包装和标签的审核纳入出货检验项目，确保发货产品规范的标记及数量正确；物料品质部门制定物料的储存期限，并对超出储存期限物料重新进行检验，防止物料变质；规范公司 IT 桌面标准，明确软件加工与复制过程、载体与工具的杀毒要求，以确保可交付产品上的软件病毒保护。

6.9 产品的监控和测量

为了验证产品要求是否得到满足，检验部门应依据质量、工艺策划的安排在产品实现过程的适当阶段对产品的特性进行监控和测量，并保留符合接收准则的证据和记录授权放行产品的人员。产品需要紧急放行的需求应经相应授权人员的批准（适用时要得到客户的批准），否则在策划的安排圆满完成之前不得放行产品。

6.10 不合格品控制

为了确保不合格的产品得到识别和控制，防止其被非预期地使用和交付，供应链应制定不合格品各处理环节的控制流程和操作指导书，并对不合格品处置的方式做出规定。

6.11 生产外包过程

为确保外包生产质量，华为制定了生产外包相关管理流程，包括可行性分析、试制检查、规模外包准备审核等措施，用来进行合格外包生产商的选择控制；产品 OEM 切换后应参照产品 OEM 切换流程和外包厂的相关流程进行管理。

后 记

这本书写了将近两年的时间，工作量之大是我当初没有想到的。

一个人观点错误只是他自己的事，但若写出书来，则会误导大众。出于对读者负责，我在写作过程中反复推敲修改，第一次体会到写作的艰辛，甚至曾经出现过放弃的念头——反正这本书面向的是小众市场，也不可能赚钱。但一想到很多企业都存在管理方面的误区，而我的经验确实能帮助到不少人，因此，我很快又坚定了信心。

在写作的过程中，我查阅了大量资料，一些网络上的内容难以注明出处，在此一并向提供者表示由衷的感谢。

最应该感谢的人是华为的领导和同事，他们在我的成长过程中给予了我很多帮助。特别要感谢任正非老板，他对我的提拔和指导决定了我在华为的成长轨迹，没有他的支持，我也不可能为华为做出像样的贡献。

最后要感谢清华大学出版社的编辑，他们对本书的定稿提出了许多有益的建议。

延俊华

2022 年 3 月